KB234168

창조경제

정말 어려운가?

창조경제

정말 어려운가?

창조경제
정말 어려운가?

이명우 외 지음

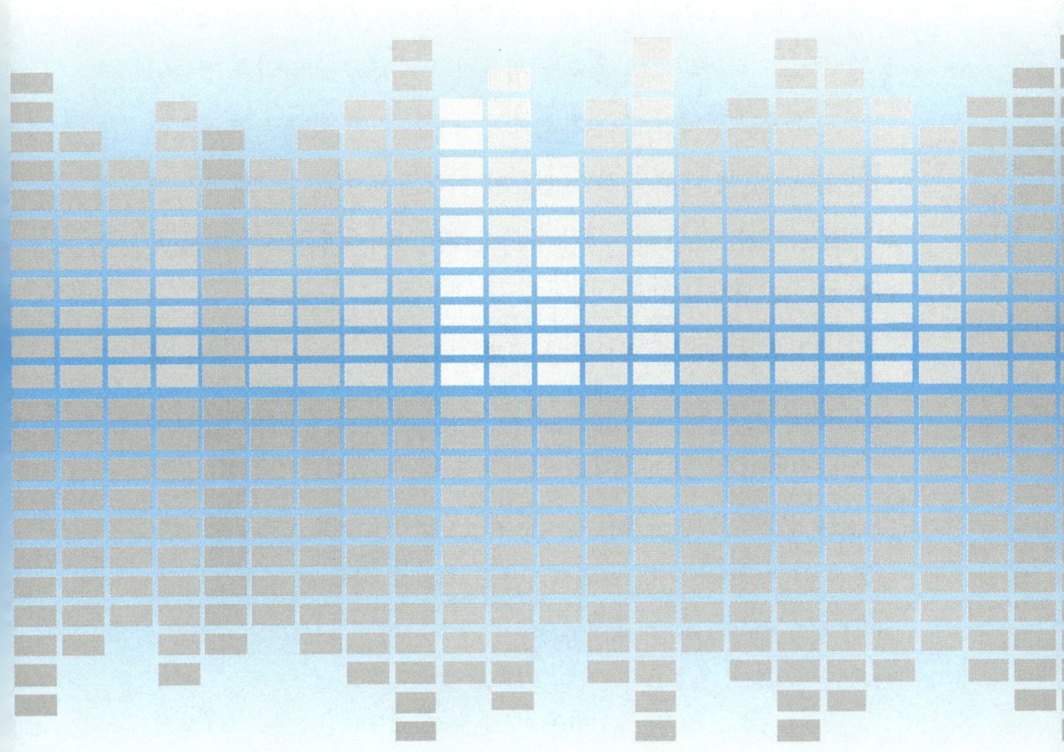

창조경제를 '상상력과 창의성, 과학기술에 기반을 둔 경제운영을 통해 새로운 국가의 성장동력을 창출하고 새로운 일자리를 만들어가는 정책'으로 말하고 있습니다. 창조경제는 기존 경제가 안고 있는 여러 문제점들에 대해 정부와 민간이 머리를 맞대어 발상의 전환으로 얻을 수 있는 창의적인 생각과 혁신적인 아이디어로 그 해법을 찾아야 한다고 생각합니다.

최근 창조경제의 한 축으로서 세계화되고 있는 한류(韓流)의 근원인 각종 공연과 영화산업도 3D 첨단기술을 이용한 창조적 아이디어가 뒷받침하고 있는 것이 대표적 사례라 할 수 있겠습니다. 각 분야의 민간 전문가들로 구성된 창조경제지원협동조합의 창조경제 지침서격인 〈창조경제, 정말 어려운가?〉의 출간은 매우 뜻 깊은 작업으로 이 책을 모든 분에게 추천합니다.

권혁조 3D국제영화제조직위원회 조직위원장
(전 광운대 정보통신대학원장)

최근 창조경제가 국내외를 막론하고 새로운 시대적 화두가 되고 있습니다. 창조경제는 요소 투입형 우리 경제의 성장전략의 한계를 극복하고 상상력과 창의성, 과학기술과 ICT를 기반으로 하는 경제운영을 통해 새로운 성장 동력을 창출하고 새로운 시장과 일자리를 만들어가기 위한 것으로 박근혜 정부의 가장 중요한 국정과제 중의 하나이기도 합니다.

우리 정부에서는 미래창조과학부를 중심으로 새로운 창조경제의 틀을 짜기 위해 혼신의 노력을 다하고 있으며, 이제 그 모습이 조금씩 구체화되어 가고 있습니다. 그러나 창조경제의 성공적 실현을 위해서는 경제의 주체인 민간기업의 적극적인 참여와 활약이 무엇보다 중요합니다.

이번에 창조경제지원협동조합에서 출간하는 〈창조경제, 정말 어려운가?〉는 다양한 분야의 전문가들이 창조경제의 방향과 대안을 제시한 매우 의미 있는 작업이라 생각해 환영하는 바입니다. 특히 세계

적으로 급변하는 기술혁신 추세에 적절하게 대응할 수 있는 매우 실
천적인 방법을 기술한 책이 아닌가 생각하면서, 이 책을 독자 여러분
에게 강력 추천합니다.

김창곤 과학ICT융합포럼 공동의장, 한국디지털케이블연구원장
(전 정보통신부 차관)

창조경제의 성공적인 발전을 위해서는 정부와 민간 기업이 모두 주체가 되어 협력하여야 합니다. 이번에 창조경제지원협동조합에서 다양한 분야의 전문가들이 모여 창조경제의 방향과 대안을 제시해준 것은 매우 의미 있는 일로서 〈창조경제, 정말 어려운가?〉의 출간을 적극 환영합니다. 창조경제는 특정 분야의 전유물이 될 수 없으며 국민 모두가 참여하는 경제운동으로 승화시켜야 한다는 취지에 공감하여, 이 책을 독자 여러분들에게 적극 추천합니다.

박철곤 혁신창조경제포럼 회장, 한국전기안전공사 사장
(전 국무총리실 국무차장)

Contents

각 분야 전문가들이 보는 또 다른 창조경제

독자 여러분들은 존 그레이(John Gray)의 〈화성에서 온 남자 금성에서 온 여자〉를 잘 알고 있을 것입니다. 이 책에서 보듯이 우리나라에는 개성과 인격이 다른 많은 사람들이 공존하며 나라의 발전과 모두의 행복을 위해 열심히 살고 있습니다. 박근혜 정부의 국정목표인 '창조경제' 내용을 들여다보면, 정부의 계획과 내용을 잘 알지도 못하면서 많은 사람들이 각자 자기 스타일에 따라 나름대로의 견해와 목소리로 떠들 수 있습니다. 그러나 이 책을 집필한 21명의 각 분야 전문가들은 나름대로 창조경제 지원 방안의 일환으로 다른 견해와 정책을 제안하고자 이 책을 발간했습니다.

새 정부가 추진하는 대부분의 창조경제 정책이 일리가 있고 실현 가능하지만, 진정으로 창조경제가 잘 되기를 염원하는 많은 사람들의 다양한 견해도 경청하면 정부와 국민 모두가 소통이 이루어져서 창업이 활성화되고, 일자리 창출이 더 잘 될 것이라고 생각합니다.

제1부 '창조경제에 대한 올바른 이해'는 새 정부의 창조경제를 많은 사람들이 이해할 수 있도록 설명하고 창조경제지원협동조합에서 제시하는 창조경제의 실천 해법과 전략, 문명의 서진(西進)에 따른 한국 경제의 부흥에 대한 역사적 관점, 그리고 다산 정약용이 강조한 경제부국의 길을 제시했습니다. 또한 남북통일이 가져다줄 동북아 경제의 희망과 세계 경제의 전망을 살펴보았습니다.

제2부 '창조경제, 어떻게 달성할 것인가?'는 자기 분야에서 전문가로 지식과 경험을 쌓아온 조합원들이 창조경제를 지원하는 지혜를 담아 보았습니다. 세계적으로 널리 인정받고 있는 한글의 산업화 및 세계화에 대한 방안도 제시했습니다. 또한 고도의 산업사회에서 발생하는 많은 기술적 문제점과 해결 방법을 선진국에서 활용하는 시스템 과학과 시스템 엔지니어링으로 해결해보는 방법도 제시했습니다. 나아가 안전하고 지속 가능한 에너지 정책, 발명과 아이디어의 생활화, 첨단 디자인 산업과 새로운 교통 시스템, 도시농업에 대한 육성 방안, 일자리 창출에 대한 제안 등을 담고 있습니다.

제3부 '창조경제를 받쳐주는 사람들'은 창조경제를 이끌어가는 공직자의 마음 자세와 예비 창업자들에게 들려주는 지식과 지혜, 베이비부머 세대를 위한 제2 인생설계 방법 등이 제시돼 있습니다. 순탄한 직장을 버리고 어려운 창업의 길로 들어서면서 겪었던 고난에 대한 진솔한 인생 이야기와 성공 스토리, 소상공인이 갖추어야 할 리더십 등을 흐르는 물처럼 잔잔하게 소개했습니다.

끝으로, 이 책을 읽는 독자들과 창조경제를 이끌어가는 정부와 기업체 및 경제계, 언론계, 노동계, 사회단체 등 모든 분들이 이 책에 제시된 각 분야 전문가들이 생각해본 창조적 발상의 정책 제안과 창조적 아이디어를 상호 공유하는 계기가 마련되기를 집필진 모두는 기대해봅니다.

이 책을 발간하기 위해 수고를 아끼지 않은 조합의 집필진과 편집위원, 발간에 선뜻 수락해주신 W미디어의 박영발 사장과 멋진 책을 만드느라 고생하시는 임직원 모두에게 감사드립니다. 앞으로도 창조경제지원협동조합의 글쓰기 여정은 계속될 것입니다.

창조경제지원협동조합
이사장 **이명우**

제1부

창조경제에 대한 올바른 이해

박근혜 정부가 제시하는
창조경제

이명우

1. 국정목표인 창조경제의 주요 전략과 정책 과제

새 정부의 국정목표이자 운영철학인 '창조경제'는 박근혜 대통령이 2012년 10월 후보자 시절에 발표한 것으로, '상상력과 창의성, 과학 기술에 기반을 둔 경제 운영을 통해 새로운 국가 성장 동력을 창출하고, 새로운 일자리를 만들어가는 정책'으로 정의하였다.

박 후보가 대통령 당선 후 조각(組閣)하면서 창조경제의 목표와 방향을 제시할 청와대 미래수석실과 창조경제를 주도적으로 실행할 미래창조과학부를 신설하였다. 이에 따라 청와대 미래수석실과의 협조로 2013년 4월 초에 미래창조과학부는 '과학기술과 ICT로 창조경제와 국민행복 실현'이라는 주제의 업무보고서를 만들어 대통령에게 보고하였다.

미래창조과학부의 업무보고서는 서두에서 우리나라의 현실을 '국가는 성장했으나 국민의 행복은 그에 못 미치는 나라'로 규정하고 '행복지수가 OECD 36개국 중에서 24위에 해당된다'고 지적하면서 국민행복지수를 끌어올리는 경제정책 방향을 잡고자 현재 우리나라가 갖고 있는 성장 잠재력과 나아가야 할 경제정책 방향에 대해 아래 도표로 요약하여 제시하였다.

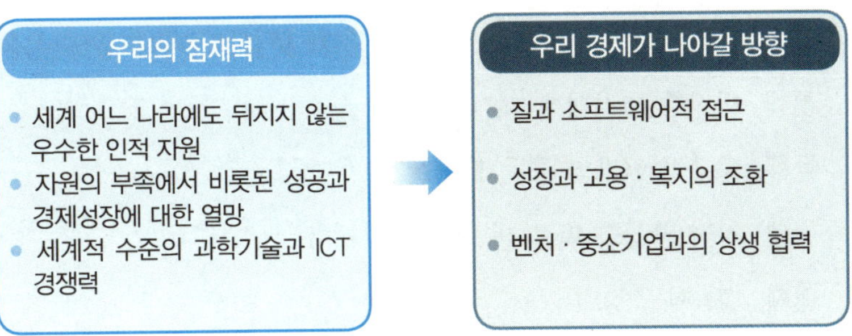

이 업무보고서에서 창조경제를 '상상력 · 창의성 · 과학기술과 ICT를 바탕으로 새로운 산업과 시장을 창출하고 기존 산업을 강화'시키는 국정의 핵심 코드로 정의하면서, 새로운 시장 창출에 따른 좋은 일자리 창출을 목표로 하는 새로운 정책 패러다임을 다음과 같이 제시하였다.

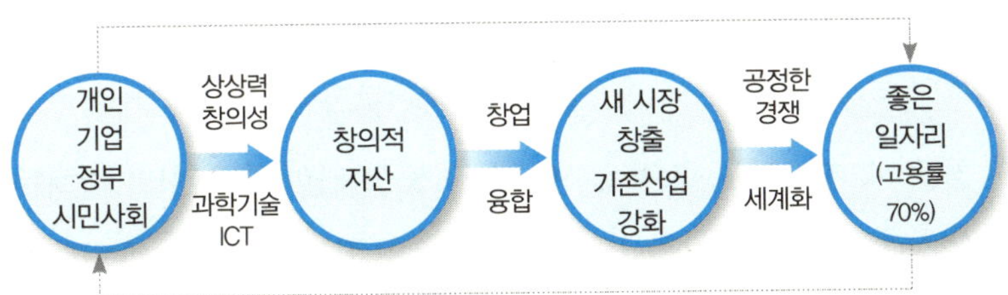

1960년대 과학기술처로 출발하여 1990년대 과학기술부를 거쳐 2000년대 정보통신부로 거듭 발전하여 새 정부의 창조경제의 중추로 자리매김한 미래창조과학부는 창조경제의 역할로 '과학기술과 ICT를 세계 최고의 수준으로 육성하여 신(新)산업을 창출하고, 각 산업에 융합·확산시켜 창조경제를 실현하겠다'는 야심찬 목표를 제시하였다. 미래창조과학부는 그 실현 방법으로 다음 5가지 실천목표를 확정했다.

첫째, 범정부 추진체계 마련

둘째, 정부와 민간의 공동체 구현

셋째, 창업 활성화 및 상생 협력

넷째, 법·제도 정비

다섯째, 창조경제 지수 개발

그리고 정책 추진 과제로서의 비전과 전략을 아래와 같이 5가지로 압축하여 발표하였다.

첫째, 창조경제 생태계 조성

둘째, 국가 연구개발 및 혁신역량 강화

셋째, SW·콘텐츠를 핵심 산업화

넷째, 국제 협력과 글로벌화

다섯째, 국민을 위한 과학기술과 ICT 구현

첫 번째 전략인 '창조경제 생태계 조성'은 관련 각 부처의 정책들을 연계·지원하고, 기술형·융합형 창업을 활성화하도록 보증하며, 대출 중심의 벤처 자금 조달 방식을 직접 투자로 전환토록 하는 정책 방법 개선으로 창업 단계에서부터 성장 단계를 거쳐 성공 과실을 회수하고, 실패한 창업자들도 재도전할 수 있는 창업 생태계를 조성한다는 내용이다.

창조경제 생태계 조성의 실천과제로서 '창의적인 아이디어를 발굴'하는 방법으로는 2013년에 국민의 상상력과 창의성을 키우는 '무한 상상실' 5개소를 시범운영하고, '무한 상상마당'이라는 아이디어 페스티벌을 개최한다는 계획이다. 융합형 과학인재를 육성하기 위하여 영재학교와 과학고에 연구 경험 기회를 확대하는 교과목을 편성하고, 과학기술특성화대학을 융합인재 양성을 위한 핵심 기지화하고, 창의적 아이디어로 창업을 할 수 있도록 대학과 출연 연구기관이 기업가정신과 창업교육을 강화하는 정책과제를 구현하겠다고 제시하였다.

창조경제 생태계 조성의 또 다른 실천과제로서 지역별로 지역 대학, 연구소, 기업 및 지자체가 협력하는 '산학연 연구공동체'를 만들어 특구 · 과학벨트를 연계한 '창업 생태계 인프라 조성'과 '지역별 특화사업 육성'에 지자체와 함께 중점 지원하는 과제를 제시하였다. 또

한 창조경제 생태계 조성의 정책과제를 실현하여 창출되는 고부가가
치의 지식재산을 보호하고 활용하며 적절한 보상을 제공할 수 있는
선진화된 제도를 만들 것을 언급하였다.

두 번째 전략인 '국가 연구개발 및 혁신역량 강화'는 국민 아이디
어를 조사하고 발굴하여 범 부처와 협업하는 '개방형 R&D 기획'과
기초연구 비중을 40%로 끌어올리는 'R&D 투자확충' 및 질 중심의
연구 성과를 평가하는 '성과평가제 체제 개선'의 3개 과제가 선순환
되는 신과학기술 정책을 추진하겠다고 발표하였다.

국가 연구개발 및 혁신역량 강화의 기본방향으로는 '선택과 집중'
을 통하여 미래 유망 분야인 BT, NT, ET 등 미래 핵심기술을 개발하
고, 독자기술 개발을 통해 우주강국을 실현하며, 세계 선도형 원자
력 기술 개발에 주력하는 것을 우선 정책과제로 선정하였다.

세 번째 전략인 'SW·콘텐츠를 핵심 산업화'는 21세기 ICT 분야의
핵심기술인 SW를 중점 육성하기 위해서 초·중등 온라인 교육 프로
그램을 마련하고, 현장 수요 중심의 대학교육을 중심으로 하는 SW
교육 강화와 SW 정책 연구소 설치, SW 융합 클러스터 조성, SW 공
정거래 기반 구축을 실현함으로써 선진국과 어깨를 나란히 할 수 있
는 SW 강국을 만드는 것을 주요 전략으로 채택하였다.

창의적인 아이디어와 스토리가 있는 콘텐츠의 인큐베이팅에 지원
함으로써 모바일 앱, 대형 다큐 등의 한국형 콘텐츠 산업을 육성하기
위하여 4천억원 규모의 콘텐츠 코리아 펀드를 조성하고, 생산된 콘
텐츠를 공유하고 활용할 수 있는 콘텐츠 뱅크를 만들 계획을 세웠다.

네 번째 전략인 '국제 협력과 글로벌화'는 전략적으로 국제 협력을

추진하는 것으로서 우선적으로 한국과 인도 간의 기초–산업 R&D 공동 협력을 확대하고, UN·OECD·세계은행 등과 연계된 글로벌 ICT 거버넌스를 주도하겠다는 내용이다. 또한 과학·ICT 한류 확산을 추진하는 사업과 해외 과학기술 혁신 거점을 개발도상국에 마련하는 사업을 2013년에 착수한다는 계획이다.

그리고 노벨상에 도전하는 글로벌 과학자를 육성하기 위하여 KOTRA 및 KOICA와 연계된 국제과학비즈니스 벨트를 글로벌 기초과학 연구거점으로 조성하여 세계 Top 과학자 300명을 유치하고, 글로벌 연구 리더 3천 명을 육성하는 창조적인 융합연구 공간과 과학 사업화 펀드를 조성하는 계획을 실천 과제로 제시하였다.

다섯 번째 전략은 '국민을 위한 과학기술과 ICT 구현'으로서 사회적 이슈가 된 5가지 문제 – 층간소음, 식품안전, 범죄예방, 사회적 약자, 신종 플루 – 에 대해 일반 국민과 인문·사회학자 및 과학자들이 공동 참여하여 연구 과제를 선정한 후 문제 해결을 시도하기 위한 기술 개발과 법제도를 개선하는 것에 주안점을 두었다.

미래창조과학부는 타 부처와 협력하는 위의 5가지 전략을 수행하여 2017년에는 아래와 같이 가시적인 성과가 발생토록 하는데 역점을 두었다.

미래창조과학부는 업무보고에서 밝힌 주요 전략과 정책 과제를 실현하기 위하여 100일 이행계획과 입법 계획을 수립하였으며, 창조경제의 총괄 지원부서로서 새로운 시장과 좋은 일자리 창출에 적극적으로 노력할 것임을 다짐하였다.

전략 분야	주요 지표	2012년	2017년
1. 창조경제 생태계 조성	• 직무발명보상제도 도입기업 비율	43.8%	70%
	• 일자리 창출효과	–	40.8만(2013~2017)
2. 국가 연구개발 및 혁신역량 강화	• 세계 Top 1% 논문 수	1,268편(~2011)	5,000편
	• 출연(연) 연구소기업 매출액	1,074억원	5,000억원
3. SW · 콘텐츠를 핵심 산업화	• SW 생산(매출액)	31.2조원	100조원
	• 인터넷 속도(유선)	100Mbps급	Giga 인터넷
4. 국제 협력과 글로벌화	• 세계 Top 1% 기초과학자 유치 수	–	300명
	• 글로벌 K-스타트업 지원 수	35개(2013)	300개
5. 국민을 위한 과학기술과 ICT 구현	• 이동전화 가입비	평균 3만원	2015년 폐지(유도)
	• 화이트 해커 인력 수	100여명	5,000명

2. 새 정부의 창조경제 추진 문제점

새 정부의 창조경제 실천목표와 의지가 매우 강하고 계획 또한 광범위하게 세워졌으나, 세부적인 실천과제에서는 여러 가지 면에서 허점과 미흡한 부분이 보인다. 창조경제의 실천 방향에서 일반 국민들의 시각과 정부의 시각에 상당한 갭을 보이는 것이다. 창조경제의 전략과 과제 실천에 있어 창조경제 생태계 조성 및 SW · 콘텐트 산업의 육성 등 과거 정보통신부에서 내놓았던 정책들의 재탕인 바, 주관부서인 미래창조과학부의 창조경제에 대한 전략과 정책 과제에 대해 다음의 3가지를 주요 문제점으로 지적할 수 있겠다.

첫째, 창조경제를 실천할 공무원들의 창조경제 의식 결여

둘째, 창의성과 아이디어 창출 방법에 대한 체계적인 교육 부족

셋째, 창조경제를 실현할 창업 활성화와 일자리 창출 대책 결여

첫 번째인 '창조경제를 실천할 공무원들의 창조경제 의식 결여'에 대한 문제점으로는 창조경제를 실천해야 할 공무원들이 창의성과 창조적인 아이디어로 각 부처의 행정력을 생동감 있고 발상의 전환을 갖는 기획과 과제를 실행할 수 있도록 몰입하게 만들어야 하지만, 그 대책이 정부의 정책 과제 계획에 누락되어 있다. 현재 가장 시급한 과제는 정부의 고급 공무원부터 하급 공무원까지 창조경제를 이해하고 능동적으로 집행할 수 있도록 교육을 시키는 것인데, 전혀 그런 계획이 없다는 사실이다.

대통령의 국정철학과 목표인 창조경제에 대해서 각 부처 장관들도 그 의미를 제대로 이해하지 못하고 언론에 인터뷰할 때마다 제각기 다른 목소리를 내고 있는 실정에서, 장관 밑의 차관과 실·국장, 그리고 실무를 담당할 과장과 팀장들이 창조경제를 어떻게 실천할지 방향을 못 잡고 있다면, 창조경제의 실현은 사상누각이고 뜬구름 잡는 일들이 비일비재로 일어날 것은 뻔한 이치이다.

잭 웰치(Jack Welch) GE 회장의 〈잭 웰치 – 끝없는 도전과 용기〉에 보면, 그는 자신의 정책을 고위 임원과 간부들에게 전달하고 나서 완벽한 실행을 위해서 "우리는 하나의 이니셔티브 – GE의 경영 목표 : 세계화, 서비스, 6시그마, e비지니스 – 를 추진할 때마다 임직원들의 귀에 딱지가 앉을 정도로 끊임없이 격려와 촉구의 북소리를 울려댔다. 우리는 이니셔티브들이 조직의 내부에 얼마나 깊숙이 스며들

없는지 확인하기 위해 매년 직원들을 상대로 설문조사를 실시했다. 1995년 1,500명의 직원을 대상으로 처음 설문조사를 실시했는데, 오늘날에는 그 숫자가 1만6천 명에 달하고 있다. 우리는 설문조사 결과를 앞으로 나아가야 할 방향을 설정하기 위한 지침으로 이용했다. 설문조사 결과는 이니셔티브와 관련된 메시지들이 조직 내에 잘 전달되고 있는지 여부를 정확하게 알려주었다"(427p)고 고백하고 있다.

잭 웰치 회장이 자신의 경영 목표가 말단 직원에게 전달되어 실천되도록 하기 위해 임직원들의 귀에 딱지가 앉을 정도로 계속해서 설명하고 실천을 강요한 사실에서 보듯이, 창조경제를 성과 있게 추진하기 위해서는 각 부처의 전체 공무원에게 정기적으로 관련 실무교육을 시킬 필요가 있다. 창조경제의 이해와 실천 방법에 대해 정부 조직이 아닌 외부 단체나 교육기관에 의한 실무교육 시행이 창조경제의 성패를 가르는 중요한 요소가 될 것이다.

두 번째의 '창의성과 아이디어 창출 방법에 대한 체계적인 교육 부족'은 새 정부가 단기적인 성과에 치우치지 않고 10년 후를 바라보는 정책으로 추진하기 위해 반드시 필요한 부분이다. 창의적인 사고와 창조적인 아이디어는 아무 때나 쉽게 떠오르는 것이 아니기 때문에, 초·중·고등학교와 대학에서 창의성 사고와 아이디어 창출 훈련에 대한 체계적인 교육이 필요하며, 이런 교육을 어릴 때부터 지속적으로 받게 되면 창의적 사고와 창조적 아이디어가 더 쉽고도 많이 창출된다는 사실이다. 선진국에서는 어린 시절부터 창의적 사고를 갖도록 다양한 실습과 과학적 이론 강의를 교육 정책으로 채택하여 미래의 국가 인재를 양성하고 있다.

정부나 유관기관에서 창의적인 아이디어를 발굴하여 창업을 유도하지만, 이미 창업 아이디어가 준비된 극소수의 사람들만이 반짝 혜택을 보는 수준이지 대다수의 청년과 퇴직자는 아이디어 부족이라는 근본적인 한계에 부딪혀 창업 전선에 나서지 못하거나 빈약한 과거 정보에 따라 창업했다가 1년도 안 되어 문을 닫는 것이 작금의 우리 현실이다. 정부에서는 지금이라도 미래창조과학부와 교육부가 협력하여 '창의성과 아이디어 창출 방법에 대한 체계적인 교육'을 시행하는 프로그램을 운영한다면, 10년 후에는 빌 게이츠나 스티브 잡스 같은 창조적인 아이디어를 갖고 창업을 하는 수많은 인재를 길러낼 수 있을 것이다.

세 번째인 '창조경제를 실현할 창업 활성화와 일자리 창출 대책 결여'의 문제점은 정부 각 부처가 창업지원 목적으로 각종 사업을 벌이지만 실질적인 효과를 거둘 수 없다는 것이다. 예를 들면, 중소기업청은 '청년창업사관학교', 서울시는 '창업보육센터', 특허청은 '창업 아이디어 경진대회', 방송국은 '창업 경진 오디션', 일부 대학교는 '기업가정신 교육', 금융권과 대기업에서는 '창업 캠프' 등 다양한 창업 지원을 하고 있다.

그러나 현재 시행 중인 정부기관과 관련 단체의 창업지원 방식은 과거 정부에서 이어져온 정책의 일부로서, 예산 투입 대비 효과가 검증되지 않은 낡은 정책이다. 청년사관학교나 보육센터는 1년간 무상으로 업무공간과 편의시설을 지원하지만 창업자가 퇴소 후 창업이 잘 진행하고 있는지에 대한 사후 관리가 없고, 창업경진대회나 창업 오디션 역시 아이디어를 심사하여 표창장과 상금을 주는 것으로서 모든 과정이 끝나므로 수상자가 실제로 창업에 열중하고 있는지 사후 관리가 전혀 안 되는 실정이며, 대부분 창업 후 1~2년 만에 실패하여 청년 실업자가 양산되는 기현상이 벌어지고 있는 것이다.

정부가 창업지원을 확실히 하기 위해서는 미래창조과학부에 창업지원 부서를 두어 다른 부처에서 추진하는 창업지원을 통합 관리하고, 창업 이전뿐 아니라 창업 이후에도 지속적인 지원이 이루어져 창업 성공률을 높이도록 유도하는 정책이 필요하다. 그리고 예비 창업자들을 양성할 때 융합적인 지식 교육과 창업 아이디어의 실용화 검토 및 지도, 기업가정신 훈련, 창업경진대회 등 종합적 프로그램에 따라 집중적으로 실행되도록 하는 것이 무엇보다 중요하다. 또한 정부가 대학 등 비영리기관에 창업지원 보조금을 지원하듯이, 민간 기업이나 단체에서 수행하는 창업지원 프로그램과 활동에 대해서도 보조금을 지원한다면, 그들은 보다 성실하고 차원 높은 창업지원 활동을 통해 창업자를 양성할 것이고, 이는 창업 활성화로 이어져 일자리 창출이라는 창조경제의 목적에 부합하게 될 것이다.

창조경제의 의미와 성공전략은 무엇인가?

이명우

1. 창조경제의 의미

새 정부의 국정목표인 '창조경제'라는 화두 때문에 서점가에는 창조경제를 주제로 한 서적이 제법 나와 있다. 일부 책에서는 그 어원이 1990년 일본 노무라종합연구소의 〈창조의 전략 – 창조화 시대 경영과 노하우〉로부터 시작하여, 2000년 8월 〈비즈니스 위크〉에서 피터 코이가 최초로 그 개념을 언급하였다고 한다. 그 후 2008년과 2010년 〈창조경제 보고서〉가 맥을 이으면서 창조경제 또는 비슷한 개념이 미국, 독일 및 일본 등 여러 국가의 국정목표가 되어 활발하게 국가 경제를 부흥코자 하는 정책 기반이 되었다.

그리하여 여러 나라의 경제학자나 정책 입안자들은 대부분 '창조경제'를 '창조적인 생각과 아이디어로 일으키는 창조산업을 주축으로 경제를 발전시키는 경제정책'으로 대동소이하게 정의하고 있다. 박근혜 대통령은 지난 9월 7일 G20 정상회담 기조연설에서 창조경제의 개념을 '창의적인 상상력과 아이디어를 문화와 정보통신기술(ICT) 등 신기술과 결합하고 산업과 산업, 문화와 산업을 융합해 고부가가치의 새로운 시장과 산업, 일자리를 만들어내는 것'이라고 설명하였다.

필자는 이 개념을 경제학적 이론이나 각국 정부의 경제 운영을 위한 정책수단이 아니라, 이름 그대로 '과거의 구시대 경제 체제를 창조적인 사고와 차별화된 아이디어가 있는 경제 운영 체제로 바꾸어, 침체된 경제에 활력을 불어 넣고 새로운 분야의 일자리를 창출할 수 있는 경제 체제'라고 말하고 싶다. 다시 말하면 '새로운 경제 체제를 창조하는 것'이다.

세계 경제는 2009년부터 2010년 사이에 회복 조짐을 보였으나, 스페인 등 남유럽 국가들의 재정위기로 인하여 2015년 이후에나 회복

| 세계 경제 성장률 추이 |

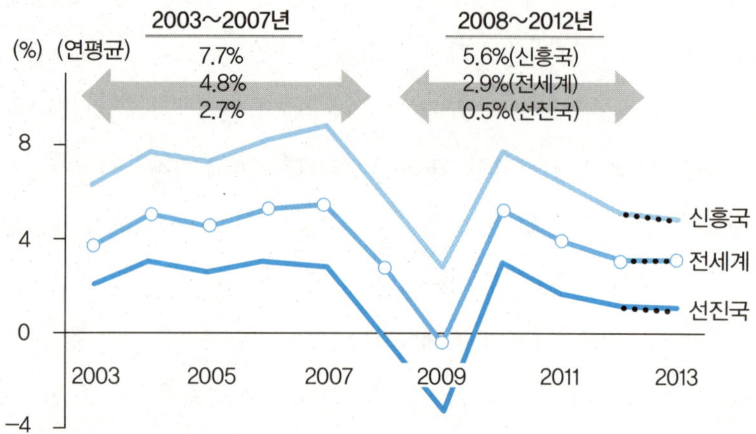

자료: IMF(2013년은 주요기관 전망치 평균)

이 가능할 것으로 세계적인 경제 전문가와 석학들은 진단하고 있다. 삼성경제연구소의 9월 3일자 〈저성장기의 경영전략〉 보고서에 따르면, 세계 경제 성장률은 2010년 5.2%를 정점으로 2011년 4.0%, 2012년 3.2%로 지속 하락하고 있으며, 2013년에는 3.0% 전후로 전망하고 있다. 또한 국내 경영자의 65.5%가 2~5년간 저성장이 지속될 것으로 판단하고 있기도 하다.

세계 경제의 저성장과 침체는 곧바로 한국의 경제성장 및 운영과 맞물려 있다. 이는 바로 새 정부의 창조경제가 세계 및 우리나라의 경제 전망과 무관하지 않다는 뜻이기도 하다.

2013년 9월 8일 산업연구원, 한국조세재정연구원, 한국금융연구원 등 국책 연구소와 삼성경제연구소, 포스코경영연구소, LG경제연구원 등 민간 연구소, 학계 및 금융기관의 경제전문가 41명을 대상으로 전국경제인연합회(전경련)가 실시한 '우리나라 하반기 경제전망 및 정책방향' 설문조사에 따르면, 올 하반기 경제성장률은 3.1%, 올

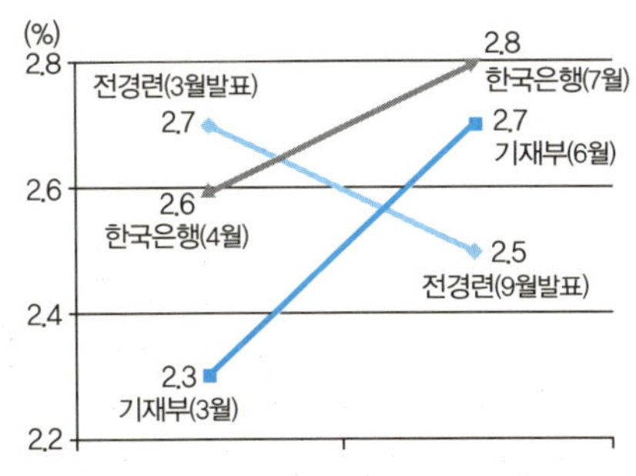

출처: 전국경제인연합회(2013. 9. 8)

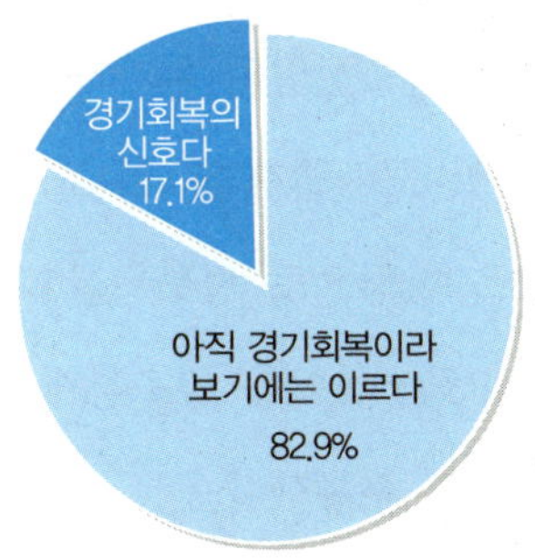

해 전체 성장률은 2.5%로 전망되었다. 이러한 전망 수치는 정부가 지난 6월 발표한 '2013년 하반기 경제정책 방향'의 전망치인 하반기 3% 중반, 연간 2.7%보다 다소 낮은 수치이다.

전경련 보고서는 2013년 하반기 우리 경제 최고의 대외 위협 요인으로 중국의 경기 둔화(68.3%), 미국의 양적완화 축소(19.5%), 일본의 아베노믹스(12.2%)를 지적하였다. 또한 대내 위협 요인으로는 소비 및 투자심리 위축(51.2%), 부동산 경기 부진(19.5%), 정책 불확실성(19.5%), 가계 부채(4.9%) 등이었고, 기타 의견으로는 세수 부족(4.9%)이 있었다.

새 정부의 경제정책 중에서 긍정 평가를 받은 것은 투자활성화 대책(54점), 추경 예산안(51점), 4·1부동산 대책(32점)이었으며, 실행 방안 중 시급히 보완되어야 할 정책으로는 창조경제 실현계획(54점)을 위시하여 고용률 70% 로드맵(42점) 및 4·1부동산 대책(38점) 등이 꼽혔다.

현대경제연구원은 6월 9일 발표한 〈국내 창조산업의 신성장 동력 가능성 평가〉 보고서에서 '국내 창조산업의 부가가치와 취업자 수가 다른 산업과 견줘서 빠르게 증가하고 있지만, 최근 국내총생산(GDP) 대비 창조산업의 부가가치 비중이 줄고 취업자 수 증가율도 정체하고 있다'고 밝혔다. 이 보고서는 연구개발(R&D) 분야와 ICT 기기 산업을 바탕으로 정보통신(ICT), 소프트웨어(SW) 융합, 과학기술 융합과 R&D 분야를 창조경제를 이끌 창조산업(이 책의 창조산업과 다른 개념)으로 분류했다.

국내의 창조산업 규모는 2005년 부가가치 기준 58조8천억원에서

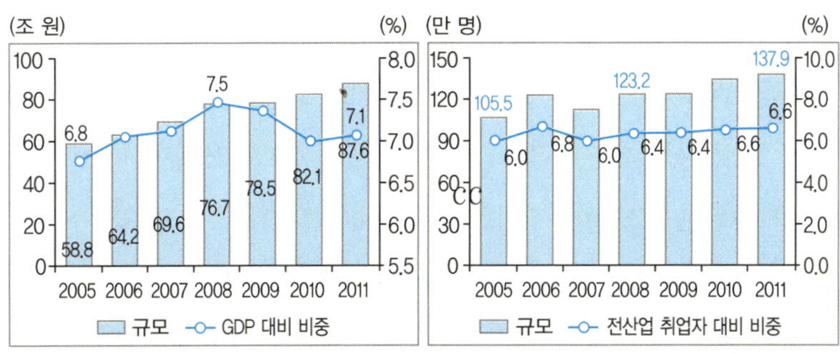

출처: 현대경제연구원 보고서(2013. 6. 9)

2011년 87조6천억원으로 연평균 6.9%씩 증가했다. 이는 산업 전체 부가가치의 연평균 증가율(6.1%)을 웃도는 수준이다. 하지만 GDP 대비 창조산업 부가가치는 2005년 6.8%에서 2008년 7.5%까지 상승했다가 2011년에는 7.1%로 하락한 상태다.

또 산업 전체 취업자 수 대비 창조산업 취업자 수 비중은 2005년 6.0%에서 2011년 6.6%로 높아졌지만 2010년과 동일한 수준으로 정체되어 있다.

위에서 살펴본 전경련과 현대경제연구원의 자료에서 볼 수 있듯이 새 정부의 국정목표인 창조경제가 정부 및 관련 산업 전분야에 능동적으로 활성화되지 않고 있는데, 이는 창조경제 실현이 매우 어려운 과제임을 반증하는 것이다. 즉 창조경제를 외치고 정책 방안을 말하는 사공은 많은데, 선장만 바라보며 실제 노 젓는 사공이 없어 '창조경제'라는 큰 배가 제대로 움직이지 못하고 있다는 의미인 것이다.

2. 창조경제의 해법에는 어떤 것이 있는가?

창조경제호가 제대로 움직이고 올바른 방향으로 나아가려면 8개의 큰 핵심 사공들이 유기적·능동적·창조적으로 움직여야 한다. 창조경제지원협동조합이 제시하는 창조경제의 해법에 필요한 8개의 필수 핵심 세력(분야)은 아래 도표에 제시한 창조 HQ, 창조경영, 창조기술, 창조교육, 창조노동, 창조산업, 창조창업, 창조지원이다.

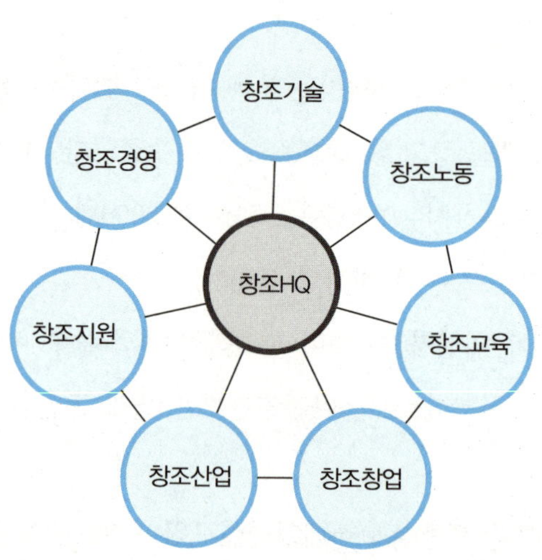

창조경제를 움직이는 8개 핵심 세력이 자신의 역할을 제대로 알고 각자의 위치에서 선장의 구령에 따라 힘차게 노 젓는 사공이 된다면 임진왜란 때 이순신 장군의 진격 명령에 따라 수백 척의 왜선을 향해 돌진하는 거북선과 판옥선 같이 세계적인 불황을 뚫고 글로벌 경제전쟁에서 승리하여 국가 경제발전을 선도할 수 있을 것이다.

1) 창조 HQ

창조 HQ(Headquarters)는 나머지 7개의 핵심 세력(창조경영, 창조기술, 창조교육, 창조노동, 창조산업, 창조창업, 창조지원)을 지휘·통제 및 감독하는 정부 측 작전 사령부이다. 창조 HQ의 역할과 능력 여하에 따라 전체적인 창조경제의 성과가 결정되므로 가장 중요한 위치에 있다고 할 수 있다. 창조 HQ를 지휘하는 책임자는 7개 핵심 세력의 업무 성과를 정확히 측정하고, 각 세력 간에 발생되는 문제를 올바르게 파악하여 조정해주어야 하며, 제대로 성과를 내지 못하는 부문에 대해서는 원인을 파악하고 대처 방안을 찾아 해결책을 제시해야 한다.

이러한 창조 HQ의 사령탑은 해전에서 볼 수 있듯이 지휘선의 가장 높은 곳에 자리 잡고 앉아 멀리 떨어진 적의 동향뿐만 아니라, 자신이 거느린 각 함대의 이동과 전투상황을 잘 파악하여 승전으로 이끌어가는 전략 사령부여야 한다.

창조경제가 새 정부의 국정목표라면 창조경제를 지휘하는 창조 HQ는 7개 핵심 세력을 조정·지휘하는 정부 조직을 총괄 지휘하는 것이 마땅한데, 정부의 17부를 총괄 지휘·조정하는 국무총리실 조직에는 현재 국무조정실장이 거느리는 국정운영실, 정부업무평가실, 규제조정실, 경제조정실, 사회조정실 등 일반적인 행정조직만 있다. 국무총리실에 '창조경제조정실'이 없다는 것은 이해가 안 된다. 이는 창조경제호에 지휘사령부(HQ)가 없다는 말과 다름없기 때문이다.

그나마 창조경제를 담당할 부처로 미래창조과학부를 신설했지만, 그 조직을 보면 창조경제기획관 밑에 3개 기획부서가 있을 뿐이고, 창조경제에 대한 업무 영역이 포괄적이지 못한 채 과학기술과 ICT

분야에 국한된 느낌이다. 미래창조과학부 업무보고서에서 '창의적 사고와 아이디어로 창업을 지원하겠다'고 발표했지만 창업지원 부서도 없는 실정이고, 창업지원은 산업통상자원부(기획조정실에 창조행정 담당관이 있음) 산하 중소기업청이 맡아 창조경제의 핵심인 벤처와 창업을 지원하고 있다.

정부의 17개 부처가 각자 자신들의 업무 영역 범위에서 창조경제를 지원하겠다고 하니 지원 방법이 각양각색이고 통합 조정도 안 되는 상황에서, 부처 이기주위와 밥그릇 싸움 때문에 창조적인 정책 수립과 실천이 제대로 이루어지지 못하고 있는 것이다. 새 정부는 여·야당 및 재야인사들의 중지를 모아 창조 HQ의 개념 정립과 조직 개혁을 빠른 시일 내에 이루기를 기대한다.

2) 창조경영

국내 10대 그룹(삼성, 현대자동차, LG, SK, 롯데, 현대중공업, GS, 한진, 한화, 두산)의 매출 규모가 지난해 946조1천억원으로 국내총생산(GDP) 대비 80% 수준에 이른 것으로 나타났다. 우리나라 경제를 좌지우지하는 10대 그룹사들이 거느리고 있는 약 700개의 협력업체와 기타 중소기업 및 국민들이 바라보는 시선을 감안해서라도 10대 그룹을 포함한 대기업들은 국가와 자기 회사의 발전을 위하고 국민의 존경을 받기 위해서라도 창조경제에 적극 동참해야 한다.

8월 28일 박근혜 대통령과 함께 한 오찬회동에서 10대 그룹은 정부 경제정책의 핵심인 창조경제에 올해 37조원을 투자하고, 1만5천여 명의 관련 인재를 육성할 계획이라고 밝혔다. 전경련의 조사 결과에 따르면 10대 그룹의 창조경제 투자 분야는 바이오 산업, 전기차 주요 부품 개발, OLED TV, 자동차 전지 및 전력저장 전지, 탄합성 천연가스 생산 플랜트 건설, 의료용 로봇 개발, 스마트 쉽(Smart Ship) 사업, 바이오매스 발전소, 무인기 개발 등 신산업 창출 투자가 35조 3천억원이고, 벤처파트너스·미래창조펀드 등 벤처 투자가 1조6천억 원이다.

아울러 창조경제 인재양성 분야에서는 소프트웨어 인력, 철강 대학원, 엔지니어링 대학원, 해양플랜트 엔지니어링 석사 과정, 항공기 성능개량 기술 개발 등에 총 1만5천 명이 육성되고 있는 것으로 조사됐다.

10대 그룹이 창조경제 지원을 위하여 37조원이라는 엄청난 투자를 한다고 했지만, 사실 이런 식의 투자는 자신의 미래 먹거리 사업을 위해 투자하는 것이지 창조경제를 위한 창조경영은 아니다. 그렇다면 한국 경제를 좌지우지하는 대기업이 해야 할 진정한 창조경영은 무엇일까?

필자는 대기업이 해야 할 창조경영의 주된 임무(Main Mission)가 100년 앞을 내다보고 다음과 같은 투자 이익과 관련 없는 발상 전환의 경영이어야 한다고 생각한다.

① 살찐 문어의 자기 발을 자르는 축소 경영

대기업 오너는 자신의 기업이 더 커져서 문어발처럼 닥치는 대로 중소기업을 인수 합병하거나 소상공인들이 먹고 살아야 하는 생계형 시장 – 떡볶이나 프랜차이즈 회사 등 – 에 투자해서 몸집을 불리기를 좋아한다. 아마도 경영 상태가 좋은 자회사는 손수 키운 자식 같아 애착심이 더 생기기 때문에 쉽게 팔려고 하지 않을 것이다. 그러나 대기업이 직접 경영할 필요가 있고 업종 전문화로 이루어진 핵심 기업을 빼고는 그룹의 30% 정도 회사를 과감히 매각하여 군살을 빼야 한다. 경영 상태가 좋은 자회사를 판다고 하면 중소기업의 능력 있는 CEO들이 서로 매입하려고 달려들 것이며, 이 회사들이 계열 분리가 되어 전혀 다른 창의적인 CEO의 회사가 된다면 그 회사는 대기업 자회사로 있을 때보다 더 나은 글로벌 경쟁력을 갖춘 강소기업으로 발전할 수 있을 것이다.

그리고 대기업은 자회사를 팔아서 생긴 여유 자금으로 100년 앞을 내다보는 인재와 창업전사 육성 또는 창업 생태계에 투자할 수 있어, 국민에게 존경 받는 기업으로 새롭게 태어나고 국가경제를 활성화시키는 촉매 역할을 할 것이다. 이러한 발상 전환의 창조경영은 대기업이 몸집을 줄여 군살을 뺌으로써 건전한 흑자 경영을 할 수 있으며, 또한 예측 불가의 글로벌 경제 위기 – 블랙 스완(Black Swan)의 등장 – 에 능동적으로 대처할 수 있게 될 것이다.

이러한 발상 전환의 창조경영은 위(魏)나라 대군과 치열한 전쟁을 하던 촉(蜀)의 제갈량(諸葛亮)이 가정전투(街亭戰鬪)의 패배로 흐트러진 군 기강을 바로 잡고자 한 읍참마속(泣斬馬謖)의 전략과 같은 방책이라 할 수 있겠다.

② 누이 좋고 매부 좋은 인재와 창업전사 육성

대기업은 여유 자금을 마냥 쌓아둘 것이 아니라 장래의 창의적인 인재를 충원하기 위하여 교육사업이나 예비 창업자의 교육에 투자하여야 한다. 현재까지 대기업의 교육사업 투자는 일반적으로 특정 대학에 연구소 등 건물이나 연구 기자재를 기부하는 형식이었는데, 이는 생색내기 투자일 뿐 인재 양성을 위한 투자가 아니다.

대기업은 잉여 자금으로 인재 육성을 위한 경영과 기술개발 및 창업을 전문으로 하는 2~3년 과정의 '창조경제학교'를 설립하고, 우수한 청년들에게 무료 교육을 시켜 사회에 내보내는 투자를 해야 한다. 물론 창조경제학교 졸업생 중에서 30% 정도는 자신의 회사에 입사시켜 기업 발전에 기여토록 하고, 나머지 졸업생들에게는 적극적인 창업지원을 하는 것이 창업경제 지원에 한 몫을 하는 것이다. 예비 창업자를 키워 글로벌 경제 전쟁에서 이길 수 있는 전사로 양성하는 '창업전사 캠프' 사업을 준비하는 창조경제지원협동조합과 같은 민간 창업지원 업체에 투자하거나 자금을 지원하는 것도 한 방법일 것이다.

비슷한 사례를 들자면, 일본의 마쓰시다(松下) 전기 창업자 마쓰시다 고노스케(松下幸之助)가 21세기 일본을 이끌 유능한 정치가와 경영자 육성이 기업의 사회적 책임이라고 판단해 1980년에 마쓰시다 정경숙(政經塾)을 설립했다. 이곳에서는 22~35세의 젊은이들을 선발하여 5년간 수업료는 물론이고 생활비와 연구 활동비까지 지원했고, 현장 중심의 정치와 경제를 가르치는 한편, 관련 교수들이 진로를 멘토해주고 그들이 원하는 분야에 진출하도록 도왔다. 현재 일본의 정치 및 경제계에서 마쓰시다 정경숙 졸업생들이 중추적 활동을 하고 있으며, 사회공헌 성과 또한 크다고 하겠다.

③ 창업 생태계를 떠받치는 '묻지마' 투자

우리 대기업이 미국이나 유럽 선진국의 대기업보다 후진성을 면치 못하는 분야가 바로 창업 생태계에 대한 올바른 인식이 없다는 것이다. 우리는 특정 분야의 시장에서 기술과 서비스를 독점하기 위해 신생 창업 회사가 독창적인 기술력을 보유하고 있거나 전망이 좋은 아이템을 생산하고 있다면, 회사를 사겠다고 접근하여 M&A를 시도하다가 그곳의 기술자들을 고액 연봉으로 빼내와 수직 계열기업을 만드는 수법으로 그들을 망하게 하는 행태를 종종 보게 된다. 즉 기업 자체를 인수해서 시장을 키우는 것이 아니라, 기술자만 쏙 빼와서 자본력으로 제품 혹은 서비스를 만든 다음 빠른 시간에 시장을 장악하고 나머지 경쟁 업체들을 고사시키는 방식을 사용한다는 이야기다.

2005년 9월 26일 인터넷 포털 다음의 자회사인 다음소프트가 모회사의 CI사업본부와 투자협상 진행 중에 자사의 '인공지능 대화기술' 핵심 연구원을 몰래 빼갔다며 법원에 전직금지가처분 신청을 제출한 사례가 있다. 이런 예를 보더라도 대기업이 M&A를 빙자하여 기술 인력을 빼가는 행태는 지양되어야 하고, 진정한 M&A로 창업 생태계를 뒷받침해주는 '묻지마' 투자를 하는 것이 창조경영을 하는 책임 있는 자세일 것이다.

전문가들은 과거 NHN이 미투데이(me2day)나 큐브리드(Cubrid) 같은 스타트업(Start-Up) 기업을 M&A 함으로써 성장했듯이 삼성·LG 같은 대기업이 신규시장 진입이나 신제품 개발을 위해 기술력 있는 중소기업이나 벤처기업을 인수해서 시장에 뛰어든 다음 정정당당하게 경쟁하면서 시장을 키웠더라면 지금의 한국 IT 산업은 더욱 발전했을 것이라고 주장한다.

미국의 실리콘밸리에서는 신생 벤처기업을 대상으로 하는 대기업의 대대적인 인수합병이 이루어지고 있다. 애플·야후·시스코시스템스 등 실리콘밸리 내의 IT 대기업들은 자신들이 추진하고 있는 사업에 필요하거나 신규 시장의 개척 또는 자신의 약점을 보완해줄 벤처기업들을 사들이고 있는 것이다.

최근 애플은 자사의 지도 서비스를 개선하기 위해 팰러앨토 소재 벤처기업인 와이파이슬램(WiFiSlam)을 2천만 달러(약 221억원)에 인수했으며, 야후도 17세 개발자 닉 댈로이시오(Nick D'Aloisio)로부터 뉴스 요약 앱인 섬리(Summly)를 3천만 달러에 사들였다. 시스코시스템스는 지난 1월 이스라엘의 소프트웨어 업체인 인투셀(Intucell)을 4억 7,500만 달러에 매입했다. 이러한 대기업들의 기술력 있는 신생 창업 회사에 대한 투자는 창업 생태계를 떠받치는 기둥 역할을 하면서 국가 경제의 활성화를 불러오게 된다. 우리 대기업도 창조경제를 지원하기 위한 '묻지마' 투자를 할 시점이 되었다고 생각한다.

3) 창조기술

기술과 문화의 발전은 국가 발전에서 양대 축을 이루고 있으며, 나아가 인류 문명을 선도하는 핵심 분야이다. 고대 중국의 나침반, 화약, 양잠, 제사(製絲), 제지와 우리나라의 제철, 도자기, 인쇄, 조선 기술 등이 유럽보다 앞서 선진 문명을 이룩하였다. 그러나 18세기 영국에서 증기기관의 발명에 따른 산업기술의 발전으로 산업혁명이 일어나면서 동양은 21세기 초까지 근 300년간 유럽 강대국들에게 지배를 받거나 후진국으로 추락하는 쓰라린 경험을 맛보았다. 이처럼 기술의 우위는 국가뿐만 아니라 동·서양의 정치와 문화의 위상이 뒤바뀌는 결과를 초래했다.

20세기 들어와 컴퓨터와 인터넷으로 결합된 정보통신 혁명은 ICT 기술의 발전을 가져왔고, 21세기에는 최첨단 산업 제조기술, ICT 기술의 보유와 지적재산권 과다에 따라 기업과 국가의 경제가 좌지우지되는 시대가 되었다. 즉 국가 간의 기술 격차에 따라 선진국과 개발도상국 및 후진국으로 분류되는 시대가 된 것이다.

2013년 9월 12일 미래창조과학부와 한국과학기술기획평가원(KISTEP)이 발표한 '2012년 기술수준 평가'에 따르면 우리나라 120개 국가전략기술의 전체 수준은 최고 기술국인 미국의 77.8%에 불과한 것으로 나타났다. 유럽연합(EU)은 미국에 비해 94.5% 수준이었으며, 일본은 93.4%, 중국은 67% 수준이었다. 이 보고서에 의하면 우리나라 국가전략기술은 미국에 4.7년이 뒤졌고, EU와는 3.3년, 일본과는 3.1년의 차이가 났다. 우리나라가 세계적으로 앞서 있다고 생각하는 전자·정보·통신 분야는 미국의 82.2% 수준이었으며, 기술 격차도 2.9년에 불과해 세계 최고 기술에 가장 근접한 것으로 조사되었다. 또한 기계·제조·공정도 미국과의 격차가 3.8년에 불과하여 비교적 앞선 분야에 속했다.

그러나 우리나라가 2.5년 앞섰던 중국과의 기술 격차는 1.9년 정도로 단축됨으로써 기술 차이가 점점 좁혀지고 있는 것으로 나타났다. 놀라운 사실은 106개 기술은 여전히 우리나라가 중국보다 1~7년 정도 앞선 것으로 조사되었지만, 13개 기술에서는 중국이 이미 우리나라를 추월한 것으로 드러났다. 특히 우주발사체 개발 기술은 7.2년, 우주감시 시스템 기술은 6.1년, 우주비행체 개발 및 관제 운영은 4.5년, 미래형 유인 항공은 3.8년 등 항공우주 분야에서는 중국이 우리나라보다 강세를 보인 것으로 조사되었고, 핵융합 기술은 격차가 거의 없는 것으로 드러났다.

첨단기술 보유가 매우 중요하다는 사실은 새 정부의 창조경제 정책에 반영되어 있는데, 미래창조과학부에서 기초과학과 ICT 기술 및 SW 산업을 육성하겠다는 정책 내용은 '1. 박근혜 정부가 제시하는 창조경제'에 소개되어 있다.

또한 정부는 2011년부터 2014년까지 차세대 대형 먹거리 산업 창출을 위한 5대 미래산업선도기술을 개발하고자 3년간 총 4,271억원(정부 2,349억5천만원, 민간 1,921억5천만원)을 투입하고 있는데, 이 사업은 대기업뿐만 아니라 중소·중견기업(참여 수가 70% 정도)이 주도하여 가시적인 성과를 내고 있다면서 지식경제부 R&D 전략기획단(단장 황창규)이 1월 23일 '미래산업선도기술 개발사업 성과보고회'를 개최한 바 있다.

5대 과제는 차세대 전기차 기반 그린 수송 시스템, IT 융·복합기기용 시스템 반도체, 한국형 마이크로에너지그리드(KMEG), 고효율 대면적 박막 태양전지, 글로벌 천연물 신약 등이다.

지금까지 우리 정부와 기업들은 선진국 기술을 따라잡기 위한 패스트 팔로어(Fast Follower) 정책을 추진하였지만, 이제는 선진국과의 기술 격차가 좁혀져 퍼스트 무버(First Mover) 전략으로 나아가야 할 때라고 생각한다. 삼성전자와 LG전자의 스마트폰과 LED TV, LG화

학과 삼성전기의 전기자동차용 배터리 기술, 포스코의 파이넥스 제
련 공법, 핵융합발전 기술 등은 이미 퍼스트 무버의 기술력을 발휘하
고 있다.

따라서 이제부터 창조경제의 핵심 세력인 창조기술은 창의적 사고
와 창조적 아이디어를 통해 새로운 기술을 창조해야 한다. 이를 위해
기업과 개인의 발명을 정부가 적극적으로 지원하고 장려해야 한다.
또한 정부는 특허 등 지적재산권의 관리와 국제간 거래에 대해서도
현재보다 더 나은 조직과 제도를 통해 뒷받침해야 한다.

정부와 지방자치단체(지자체)는 기업의 R&D 역량을 강화시키기 위
해 R&D 단지를 잘 조성하여 미국의 실리콘밸리처럼 청년 창업과 벤
처기업들이 새로운 기술을 창조할 수 있는 생태계를 만들어주어야
한다.

2001년부터 경기도가 계획하여 조성한 판교 테크노밸리는 성공적
인 R&D 단지로서 편리한 교통과 서울 근교라는 입지 여건으로 엔씨
소프트, NHN 엔터테인먼트, 한글과 컴퓨터, 넥슨, 안랩, 메디포슨,
GE에너지 등 650개의 IT, SW와 바이오 분야 연구소 및 본사가 입주
했다. 판교 테크노밸리는 구로디지털단지와 대전의 대덕연구단지처
럼 발전하여 2015년에는 약 1천 개의 기업과 5만 명의 기술 인력이
모일 것이라는 전망이다.

필자는 창조기술의 핵심 요소인 우수한 기술 인력(연구자, 개발자,
발명가), 첨단 기자재를 갖춘 연구실, 창의적 사고와 창조적인 아이디
어 창출을 위한 교육이라는 3대 요소가 어울려 시너지를 낼 수 있는
조직(예: 국비로 운영하는 창조기술대학)을 판교 테크노밸리 내에 만들 것

을 제안한다. 이러한 창조기술대학에 의해 양성된 기술 인력이 창조경제를 견인할 진정한 산업역군이 될 것이라 생각한다.

4) 창조노동

'우리 노동계가 과연 창조경제의 한 축으로서 창조노동을 할 수 있을까?' 하는 물음에 의문을 갖게 하는, 현대자동차 노조의 10일간 부분 파업과 임금 협상에 대한 언론 보도가 있었다. 1987년부터 23년간 지속된 노조 파업과 협상으로 근로자 평균 임금이 작년 9,400만 원에서 1억원에 육박하고 있다. 대부분의 대기업 노동자 임금이 일반 중소기업 노동자 임금의 두 배 가까이 된다는 것은 널리 알려진 사실이다. 대기업과 중소기업 간의 엄청난 임금 격차는 중소기업이나 유통, 운수업체에 근무하는 많은 근로자들에게 근로 의욕을 잃고 자괴감을 갖게 하는 사회적 병리현상을 만들어낸다.

또한 대기업 노동조합은 회사 측과의 협상을 통해 신입 근로자의 채용까지 간여함으로써 각종 채용 비리와 함께 능력 있고 창의적인 근로자의 공정한 채용 기회를 막아 창조경제의 일자리 창출에 부정적 효과를 초래하게 된다. 2013년 9월 13일자 〈중앙일보〉에 실린 '서울시내 버스조합의 정규직 운전기사 취업 시 1인당 500만원의 취업 알선비를 받는 일'은 창조노동의 저해 요인이 되고 있는 사례라 할 수 있다.

〈조선일보〉 9월 12일자 기사에서는 '현대자동차 울산공장 조립라인에서 근로자들이 스마트폰으로 외부와 전화 통화를 하거나 주식 시세를 보는 등 1시간 동안 스패너를 들고 일을 한 시간은 채 5분도 안 된다'고 지적했다. 우리나라 대기업의 노동 생산성은 선진국에 비해 많이 떨어진다. 미국 〈하버 리포트〉 조사에 따르면 'GM, 포드, 크라이슬러 자동차 공장에서는 1대 조립시간이 평균 21시간(2011년 기준)'이고, 현대자동차 자료에 따르면 '앨라배마 주(州)의 몽고메리 현대자동차 공장은 14.4시간, 중국 공장은 17.8시간인데 비해, 울산 공장은 30.3시간이 걸린다'고 한다. 이러한 생산성의 현격한 차이는 선진국과의 경쟁에서 뒤처지는 역할을 하고, 결국 우리 경제를 침체에 빠지게 해 모든 분야의 중소기업에 막대한 영향을 끼치게 된다.

지난해 경제협력개발기구(OECD)가 발표한 '34개국의 시간당 노동 생산성 분석' 결과를 보면 우리나라 근로자의 노동생산성은 28.9달러로 28위에 그쳤고, 1위인 미국은 61.6달러였다. 똑같이 한 시간 일한다고 할 때 미국 근로자가 우리나라 근로자보다 두 배의 부가가치를 창출한다는 의미이다. 프랑스(59.5달러), 독일(58.3달러), 영국(47.8달러), 일본(40.1달러) 등도 우리보다 노동생산성이 월등히 높았다는 사실은 우리 노동계가 이제는 자신의 문제점을 스스로 돌아볼 상황임을 반증하고 있다.

국내에 설립되어 있는 노조는 5,120개(2011년 기준)이며, 노조원 수는 전체 임금근로자의 10.1%인 172만여 명에 달한다. 우리나라 노조는 사측이 수용할 수 없는 과도한 요구를 내걸고 기업 경영까지 간섭하는 강경 일변도인 경우가 많다. 이러한 강성 노조 때문에 기업이 공장을 폐쇄하거나 사업을 접는 사례가 늘고 있다. 노사가 타협의 여지없이 파업이 장기화되면 결국 노사 모두가 피해를 보는 사태에 이르게 된다.

외국계 기업인 레고코리아는 노조의 장기 파업을 견디다 못해 2005년 공장의 문을 닫았고, 스웨덴 기업인 테트라팩도 2007년 실적 부진을 겪는 와중에 기본급 19% 인상을 요구하는 노조 때문에 공장을 폐쇄했다. 최근 잘 나가던 세아제강도 한 달 가까운 파업으로 인해 9월 24일 사측에 의한 무기한 직장 폐쇄라는 결정이 내려졌다.

임금인상 외에도 자녀의 대학 등록금 전액을 지원해달라는 요구도 있었는데, 회사에서 자녀 등록금의 일부를 지원하고 있었음에도 전액 지원을 요구한 것은 사회 통념상 지나친 요구가 아닐 수 없다. 대학 교육은 부모와 자녀가 스스로 책임지는 것이 사회의 기본규약인데, 이를 회사에 전가한다는 것은 결국 중소기업 노동자와 자영업자들의 분노로 이어져 사회 전체가 강성 노조에 등을 돌리는 부메랑의 역풍을 맞게 될 것이다.

아시아 최대의 항공사인 JAL(일본항공)이 누적 적자로 인해 2010년 1월 파산보호라는 법정관리를 신청했다. 일본 언론이 JAL이 망하게 된 주요 요인을 발표한 바에 따르면, 민영기업임에도 정부의 낙하산 인사를 받는 국영기업 시절부터 이어져온 관행, 노조 눈치를 보면서 만성적자 노선의 계속적인 유지, 적자가 나는 데도 강성 노조와의 노사협약 체결로 정년퇴직 근로자 및 스튜어디스에게까지 월 500만~600만원 정도의 연금 지급 등이었다.

JAL의 법정관리를 떠맡은 이나모리 가즈오(稻盛和夫) 교세라 명예회장은 회사를 살리기 위해 1년 안에 전격적인 노사협의 하에 4만8천 명의 직원 중 30%에 해당하는 1만6천 명을 퇴직시킴으로써 재기 불능으로 진단받은 회사를 기사회생시켰다. JAL의 예를 보더라도 노사협력은 매우 중요한 사안이며, 노조의 지나친 요구는 결국 자신과 회사 모두를 파멸로 이끈다는 사실을 알 수 있다.

18세기 유럽에서 산업혁명이 시작됐을 때 공장과 산업 현장에 증기기관 등 우수한 기계들이 도입됨으로써 산업발전이 급속히 이루어졌다. 그러나 19세기 초 영국에서는 노동자를 중심으로 '기계화 반대 운동(Luddite Movement)'이 일어났다. 노동자들은 자기 일자리를 빼앗아간 기계에 분노하여 이 운동을 일으킨 것이다.

유명한 평론가이자 미래학자인 제레미 리프킨(Jeremy Rifkin)은 1995년에 출간한 〈노동의 종말(The End of Work)〉에서 "로봇에 의한 자동화와 컴퓨터와 결합된 ICT의 발달로 다가오는 미래에는 수천만 개의 일자리를 기계가 대체하게 되어 노동자의 몰락(종말)이 예상된다"고 주장했다. 그는 "이러한 공장 자동화가 급속히 진행되면 2050년에는 각 나라 인구의 5% 정도만 노동자로 남게 될 것"이라고 예상했다. 그는 "이러한 노동자의 종말을 해결하기 위해서는 노동자도 근로시간을 줄여서 기계에 일정 부분을 양보하고 삶을 유지할 수 있는 적정한 임금을 유지토록 현명한 대책을 강구해야 한다"고 지적했다.

20세기 정보화 혁명을 거치면서 21세기 초부터 컴퓨터와 ICT가 결합된 3D 프린터에 의한 새로운 '디지털 생산혁명'이 예고되고 있다. 이제 실제 사용 가능한 권총을 3D 프린터로 한 번에 찍어낼 뿐만 아니라 일반 산업용 제품 및 우주항공기기에 사용되는 초정밀 부품까지도 그대로 찍어낼 수 있는 시대가 시작되었다.

앞으로 수년 내에 자동차도 3D 프린터로 찍어낼 수 있게 된다면 강성 노조와 일하고 싶지 않은 자동차 회사 CEO가 단순 조립 노동자가 필요 없는 무인 3D 자동차 공장을 건설하지 않는다는 보장이 없다. 이렇게 되면 자동차 노조에서는 정부와 3D 프린터 회사를 상대로 3D 프린터의 생산금지를 촉구하는 '3D 기계화 반대운동'을 주도하지 않을까 생각된다.

그러나 국내에서 현재의 생산방식으로 생산한 제품과 비교하여 동일한 차종이고 품질도 같은 자동차를 벤츠(Benz) 같은 외국 자동차 업체가 3D 프린터로 생산하여 국내에 반값에 판다면 국내 고객들뿐만 아니라 모든 노동자들도 외국 차를 사려고 할 것이다. 이럴 경우 국내 자동차 노조가 정부와 국민들을 상대로 '3D 기계화 반대운동'을 벌인다고 정부와 국민에게 먹혀들까 의문이 든다.

필자는 앞으로 닥쳐올, 대세를 거스를 수 없는 '디지털 생산혁명' 시대를 대비하여 지금부터라도 회사와 노조는 오월동주(吳越同舟)처럼 공생의 유대 관계를 맺어가야 할 필요가 있다고 생각한다. 대기업 노동조합과 노동자들은 귀족 노동의 유혹을 뿌리치고 창조경제의 한 축으로서 창조노동의 대열에 동참해야 한다. 필자가 생각하는 창조노동은 노동자 스스로 생산성을 높여서 실업자들과 노동을 공유하는 착한 노동, 나눔의 노동이 되어야 한다. 만약 생산성을 30% 높인다면 노동시간이 30% 절약되고, 절약된 시간만큼 기존 노동자는 일찍 퇴근하고 나머지 시간만큼 신규 노동자를 회사에서 고용한다면 일자리 창출이 30% 정도 늘게 될 것이다. 또한 노동자도 30% 정도 남는 시간을 기술개발이나 생산성 향상에 활용함으로써 노동자 자신도 창조적인 일자리로 전환할 수 있는 기회를 갖게 되어 일석이조의 효과를 보게 될 것이다.

이런 나비효과(Butterfly Effect)는 모든 국민에게 '노동의 소중함과 나눔의 실천'이라는 공감을 불러와 우리나라가 선진국으로 더 빨리 진입하는 원동력이 될 것이다.

5) 창조교육

2013년 9월 13일 박근혜 대통령은 청와대에서 미래학자인 존 나이스비트(John Naisbitt) 박사 부부를 접견한 자리에서 "경제성장의 제1순위는 교육이다. 오늘의 경제발전에 큰 도움이 됐다"며 교육의 중요성을 강조하였다. 이어서 "교육이 어린이들의 무궁한 상상력을 키워주는 쪽으로 가야 하는데 어떻게 보면 입시제도 등으로 누르는 게 아닌지 걱정"이라고 우려하기도 했다. 대통령의 말은 기존의 교육 방법이 입시 전쟁을 치르는 암기식 교육으로 가고 있는 문제점을 지적한 것으로 보인다. 창조경제 시대에는 교육에도 창조적인 개선이 필요하다고 본다.

박근혜 대통령이 걱정하는 것처럼 어린이의 무궁무진한 상상력을 키워주기 위해서는 상상력과 창의성을 갖춘 교육 콘텐츠가 탑재된 컴퓨터를 자유자재로 다루게 하면 자연스럽게 해결된다. 필자는 새 정부의 창조경제가 장기적 차원에서 성공하기 위해서는 정부가 초등학생들에게 태블릿 PC를 무상으로 제공하는 것이 효과적이라고 생각한다. 교육과학기술부의 2012년 통계에 따르면 전국의 초등학교 수는 5,882개이고, 학생 수는 295만 1,995명이다. 정부가 10만원대의 태블릿 PC를 대량으로 구입한다면 7만원 정도면 가능하다. 따라서 필요 예산은 2,100억원(300만 대×7만원)이고, 이를 5년에 걸쳐 집행한다면 매년 400억원이면 충분하다. 교사는 교육기관에서 개발한 창의성 높은 교육 콘텐츠로 가르칠 수 있으며, 학생들은 태블릿 PC를 활용하여 스스로 창의성 개발을 시도할 것이다. 그리고 5년 후에는 신입생들에게만 태블릿 PC를 보급하면 되므로 예산이 1/6로 줄어들게 되어 큰 부담이 없다.

최근 인도 정부는 장기적 교육개혁 차원에서 아이패드보다 성능이 나은 20달러짜리 태블릿 PC를 2억2천만 명의 초등학생에게 무상 제공하는 프로그램을 진행하고 있어 세계의 이목을 집중시키고 있다. SW 분야의 강국인 인도에서 이 교육개혁이 성공적으로 진행된다면 세계 최고의 ICT 강국으로 발돋움할 것이다. 우리도 인도의 사례를 교훈 삼아 창조교육을 위해 발상을 전환시키는 교육 정책을 내놓아야 할 때이다.

기존 교육 방법에서 창조교육으로 이행하는 과정의 제도개선 방법의 일환으로 5월 27일 〈경남일보〉 아침논단에서 경남과학기술대학 권진택 총장이 '창조경제를 위한 창조교육'이란 주제로 쓴 칼럼은 새 정부와 교육계가 진지하게 검토해볼 만한 제안이라고 생각한다.

창조경제에 있어서 창조적 인력을 확보하기 위한 교육은 어떤 것이 되어야 할 것인가? 우리는 쉽게 창조교육이란 새로운 아이디어를 창출할 수 있는 교육, 다양한 아이디어를 기술과 융·복합시킬 수 있는 교육, 아이디어나 융·복합 기술을 사업화할 수 있는 교육 등이라고 단정할 수도 있다. 그렇다면 이와 같은 교육목표는 어떻게 달성될 수 있을까? 우리는 영·미식 교육과 비교하여 우리의 교육에 많은 문제가 있다고 인식하면서도 그 근본적 해결책을 여전히 구상하지 못하고 있다.

우리나라처럼 A부터 Z까지 모든 내용을 상당히 짧은 시간에 가르치려는 교육방식을 영·미식 교육에서는 찾아보기 힘들다. 예를 들어 과학교육에서 화학, 물리, 생물, 지구과학을 매우 짧은 시간에 이론 위주로 학습하는 내용과 방법은 사설학원에서의 추가적이고 선행적인 학습을 필요로 한다. … (중략) … 대부분의 대학들이 4년간의 학부과정에서 비록 단일 전공을 교육함에 있어서도 해당 전공 분야의 광범위한 지식을 A부터 Z까지 교육하려는 경향을 버리지 못하고 있다. 영·미식 교육에서는 상대적으로 광범위하지는 않지만 해당 전공 분야에서 필수적으로 이해하여야 할 부분들을 깊이 있게 교육하고 나머지 부분들은 학생들이 스스로 학습할 수 있는 교육 방법을 진행하고 있는 것과는 대조적이다.

지금과 같은 교육 방법에서는 과다한 교육의 내용은 깊이 없이 낮은 수준의 지식을 성급하게 학생들 앞에 단순히 나열하고 빨리 암기하도록 강요할 뿐이다. 그런 이유로 학생들은 깊은 사고를 가질 겨를이 없다. 또한 과다한 교육 내용에 병행하여 이루어지는 교육 방법은 필연적으로 학생들의 창의력을 저해시킬 뿐이다. 충분한 시간적 여유를 갖고 짧은 거리의 목적지를 찾아가는 교육 방식에 비해 너무나 먼 거리를 정신없이 빨리 달려가려는 교육 방식이 지금까지의 우리 교육의 현실이다. 충분한 시간적 여유 속에서 이루어지는 창조적인 심화학습을 극대화할 수 있도록 하는 방법은 무엇인가? 그 해답은 창조경제를 구현하기 위한 창조교육과 맥을 같이 한다. 창조교육이 구현되려면, 선결되어야 할 과제가 바로 '교육의 내용 축소'와 '교육의 방법 혁신'인 것이다.

9월 12일자 〈중앙일보〉에 게재된 서울대 김도연 교수의 '묵, 대학 교육 송두리째 바꾼다'는 제목의 칼럼을 보면, 대규모 공개강좌를 의미하는 묵(MOOC: Massive Open Online Course)은 전통적인 대학교육을 송두리째 바꿀 수 있는 창조적 혁신교육 방법이라고 설명하고 있다. 〈뉴욕 타임스〉는 2012년을 '묵의 해'로 부르기로 했는데, 그 해 스탠퍼드 대학에서 시작한 코세라(Coursera)와 MIT 대학 등이 만든 에닥스(EdX)가 묵의 대표격의 무료 공개강좌이다. 온라인으로 에닥스에 접속하면 '그리스 철학'부터 '나노 테크놀러지'까지 해당 분야 최고 교수들의 강의 동영상을 누구나 볼 수 있다. 이러한 묵과 같은 대안 교육은 돈이 없어 대학에 갈 수 없는 젊은이나 중장년 및 노년층 교육에 크게 이바지하고, 부실 대학을 자연 도태시키는 해결책이 될 수 있다.

2012년 시작된 묵은 더욱 진보하여 교수와 학생 상호간에 질의·응답 등 커뮤니케이션이 가능한 시스템으로 진화하고 있으며, 일반 대학에서 묵을 이수하여 시험을 보면 학점을 인정하는 대학도 생겨났다. 묵과 같은 새로운 창조교육은 기존의 지식 주입식 고등교육을 근본적으로 바꾸는 혁명이 될 것이다. 이런 세계적인 트렌드를 정부 및 교육계가 등한시하고 기존의 교육 체계와 방법에 의존한다면 가까운 장래에 한국은 교육 분야의 국가 경쟁력을 상실하여 선진국의 문턱에서 추락하는 수모를 겪을 수 있다.

지금 새 정부는 기존의 고등교육 체계를 유지하면서 창업과 일자리 창출을 유도할 수 있는, 진화되는 ICT와 결합된 온라인 교육의 제도와 경직된 법을 정비하여 민간 기업이나 교육에 투자하려는 독지가들이 대안교육을 쉽게 할 수 있는 여건을 제공하여야 한다. 예를 들어, 창업 예비자를 대상으로 종합적이고 성공 확률이 높은 '창업보육학교' 또는 '창업전사 캠프'를 운영하는 기업이나 협동조합에 조건을 완화시켜, 대학과 같은 학위를 인정해주는 교육기관 설립인가를 해주고 재정 지원까지 제공한다면 양질의 창업회사가 더 많이 탄생하고, 더 많은 일자리 창출이 이루어질 것이다.

6) 창조창업

창업은 창조적으로 해야 한다. '창업을 창조적으로 해야 한다'는 것은 무슨 의미일까? '창업(創業)'의 한자적(漢字的) 의미는 '일이나 생계와 직결된 직업 또는 사업을 만든다'는 뜻인데, 일반적으로 직장에 다니다 퇴사하여 스스로 돈벌이에 나서거나 처음부터 취업을 하지 않고 생업에 뛰어드는 행위를 말한다.

창업을 생각하거나 창업에 열정을 가진 예비 창업자는 창업이 무엇인지 진지하게 생각해볼 수 있도록 창업 전문가가 설명한 그 의미를 짚어보겠다.

김제홍·오성환 공저 〈비즈니스 시대의 창업경영론〉에서는 창업의 의미를 다음과 같이 설명하고 있다. "창업이란 사업가의 정신과 능력을 갖춘 개인이나 소수 인원이 내·외부 환경으로부터 얻은 사업 아이디어를 가지고 사업목표를 세우고 난 후, 사업기회에 물적·

인적 자원을 투입하여 재화의 생산 또는 용역 제공의 사업을 시작하는 것"을 말한다.

일반적으로 창업에 대해서는 위에서 볼 수 있듯이 경영학 또는 경제학 입장에서 고찰한, 창업가가 사업 아이디어(아이템) 및 재화와 인적 자본을 갖고 사업을 시작하는 것이란 광의적 의미로 정의하지만, 이것은 창업과 돈벌이 사업(장사)에 대한 개념 정립 없이 창업을 설명하는 것이어서 창업의 본질적이고 핵심적인 의미가 결여된 것으로 보인다.

필자는 창업이 일반적으로 행하고 있는 장사가 잘 되는 업종을 선택하여 돈벌이에 착수하는 생계형 자영업이나 동일 업종에서 얻은 경험을 토대로 독립하여 소규모 사업이나 서비스업을 시작하는 것과는 근본적으로 다르다고 생각한다. 필자는 창조적인 아이디어나 혁신적인 사업 방법이 있는 비즈니스 아이템을 갖고 많은 어려움을 극복하면서 물품 제조나 지식 서비스 사업 또는 신시장을 개척하는 일에 착수하는 사업 형태를 '진정한 의미의 창업'이라 말하고 싶다.

미국에서는 고도의 첨단기술과 새로운 아이디어를 갖추고 도전함으로써 벤처 투자자로부터 막대한 자금을 투자받아 창조적인 기업으로 성공시키고, 그 결과 높은 보상을 받을 수 있는 기업공개로 이어지는 창업 형태를 '벤처기업(Venture Business)'이라 하며, 간단한 아이디어에 의하여 IT나 SNS 또는 모바일 분야에 소규모로 창업하는 형태를 '창업(Start-Up)'이라 부른다.

1997년의 IMF 위기 이후 대기업이나 중소기업, 개인사업자들이 구조조정이라는 강력한 전략을 통해 장기적인 불황에서 살아남기 위한 방법을 시도하는 과정에서 많은 기업 임원과 근로자가 직장에서 떠밀려나와 실업자가 되다보니 어쩔 수 없이 기술력 있는 대기업 임원이나 중견 간부들이 벤처 창업을 시도하거나 젊은이들이 창업 전선에 뛰어든 때가 있었다.

하지만 요즘은 전체 인구의 14%를 차지하는 713만 명의 베이비부머 세대(1955~63년 출생자)가 2011년부터 정년을 맞아 은퇴가 본격화되면서, 재취업 또는 귀농·귀촌이 실질적으로 어려운 환경에서 생계 수단으로 창업을 고려하거나 창업 전선에 뛰어든 창업가가 부쩍 늘어난 실정이고, 이들로 인해 창업 전시회마다 문전성시를 이루고 있다.

또한 고등학교나 대학 졸업생 등 사회에 첫발을 내딛는 젊은이들이 최근의 불경기로 인해 취업이 '하늘의 별 따기'만큼이나 어려워져서 취업 대신 쇼핑몰 사업이나 앱 개발, 소규모 점포 창업 등 큰돈 들이지 않고 자신의 기술이나 재능을 발휘할 수 있는 방향으로 창업을 생각하거나 실행하고 있는 실정이다.

'창업은 누구나 할 수 있다. 그러나 누구나 다 성공할 수는 없다'는 말이 있다. 이는 '창업은 누구나 시작할 수 있지만 성공적인 창업을 하는 경우는 아주 적다'는 뜻이다. 창업은 자신이 가진 모든 능력(기술, 영업력, 자금, 경영 능력 등)을 동원해야 한다. 그러나 사전에 치밀한 사업성 분석이나 면밀한 사업계획 없이 제3자의 권유로 창업함으로써 자금과 에너지, 시간을 낭비하고 절망에 빠지는 경우가 비일비재하다.

위에서도 지적한 바와 같이 예비 창업자 중에서 구체적인 사업 구상을 정하지 않은 채 무작정 창업을 해야겠다는 생각으로 도전하면 결코 성공적인 창업이 되기 어렵다. 일반적으로 독보적인 기술과 아이디어를 갖고 벤처기업으로 창업하더라도 3년 내에 성공하는 경우는 3% 이내라는 미국의 통계가 말해주듯 성공적인 창업은 지식과 경험이 수반되는 철저한 준비가 필요하다.

2012년 2월 27일자 〈한국경제신문〉에 실린 '준비 안 된 창업, 우왕좌왕하다 끝났다'에서 '창업은 쉽지만 준비가 안 된 창업은 엄청난 실패를 가져올 수 있다'고 지적하면서, 최근에 정부까지 나서 청년 취업난 해소 방안으로 창업을 독려하지만, 창업 열풍에 휘말리지 말고 철저히 준비하라는 의미에서 다음과 같은 '아이러브스쿨'의 창업자 김영삼 씨가 창업 후배들에게 충고하는 기사를 내보냈다.

1999년 한국 최초의 소셜 네트워크 서비스(SNS)를 표방하며 1년 만에 500만 회원을 모은 '아이러브스쿨'의 창업자 김 씨는 당대 최고로 촉망받은 벤처기업가였다. 그랬던 그가 2001년 모든 것을 잃고 수십 억원의 빚을 떠안은 신용불량자로 전락했다. 김씨는 '후배들에게 꼭 당부하고 싶은 말이 있어서 나왔다'면서 '제대로 준비하지 않은 창업은 필패의 길로 들어선다'고 걱정했다.

이 기사에서 볼 수 있듯이 베이비부머 세대뿐만 아니라 취업이 어려운 청년의 입장에서는 창업이 필수적인 선택사항이라 볼 수 있지만, 창업 욕구가 있고 의지가 있다면 3년 이상 철저히 창업 준비를 해야 함을 알 수 있다.

일반적으로 창업을 성공적으로 이끄는 기본 요소를 '창업 3요소'라고 하며, 많은 창업 관련서에서는 '창업가', '사업 아이디어(아이템)', '창업자금'으로 설명하고 있다. 하지만 필자는 창조창업, 즉 창조적인 창업을 하기 위해 장래의 창업을 구상하거나 결심한 상태에서 창업을 성공으로 이끌기 위해서는 다음의 5가지 요소가 갖춰져야 한다고 생각한다. 즉 '장기간에 걸친 잠재의식의 활용', '사업목표 설정', '창의적인 사업 아이디어 창출', '사업계획 수립과 실행', '사업의 열정'이 진정한 창업 요소이며, 이 5가지 요소가 순환되면서 상호 상승작용을 일으킬 때 창조적인 창업이 진행될 수 있다고 생각한다. 특히 위에 열거한 '창업 5요소' 가운데 '창의적인 사업 아이디어'가 창조창업에서 가장 중요한 위치를 차지하며, 창업 아이디어가 창업 전선에서 실용화될 수 있도록 아이디어 다듬기 및 검증 과정을 거쳐서 창업이 이루어져야 진정한 창조창업이 될 수 있다고 보는 것이다.

진정한 창의적 사고와 창조적 아이디어를 갖고 창업을 함에 있어 창업자 자신의 역량이 필수 요건이지만 정부의 역할도 매우 중요하다. 정부는 성공 가능성이 높은 예비 창업자들을 선정하여 적절한 지원을 해주어야 한다. 성공의 씨앗으로부터 발아하여 난 새싹은 여러 가지 나쁜 환경에 시달리고 운영 자금에 목말라 한다. 정부나 지자체는 미국이나 영국 또는 독일과 같이 실질적인 도움이 되도록 창업보육센터 또는 창업지원기관에 대한 지원 기간을 2~3년 정도로 길게 잡고, 운영 프로그램도 종합적인 창업기술 및 인문학 교육, 코칭, 멘토 및 실습과 창업 아이디어 다듬기를 거친 창업경진대회를 수행토록 해야 한다. 또한 창업 전선에 뛰어든 후에도 최소 2년간 운영 상태를 점검하고 지원하는 등 자식을 낳은 어머니 심정으로 보살펴주어야 한다.

미국의 뱁슨 경영대학(Babson College)의 The Entrepreneur's Boot Camp 프로그램이나 독일 The University of Bremen의 Support Programs for Start-Up Entrepreneurs 또는 독일 정부에서 운영하는 EXIST Program(University-Based Business Start-Ups) 등이 좋은 사례가 될 것이다.

이러한 정부와 대학의 지원 정책의 중요성은 11월 '글로벌 인재 포럼'에 기조연설자로 방한한 에후드 바라크(Ehud Barak) 전 이스라엘 총리를 인터뷰한 〈한국경제신문〉 기사가 잘 설명하고 있다. 그는 "창조경제가 성공하려면 젊은이들이 마음껏 도전하고 실험할 수 있는 경제 환경을 만들어 주어야 한다. 이스라엘이 스타트업 국가로 발전할 수 있었던 것은 요즈마 펀드(Yozma Fund)를 적절한 시기에 만들었기 때문이다. 이스라엘이 창업 국가로 성장한 데에는 정부 지원 정책도 한몫했지만 지원 시점이 적절했기 때문이다. 그러나 정부 지원이 성급하면 효과를 내기 어렵고 너무 늦으면 기회 자체를 놓치게 된다"며 정부의 시의적절하면서도 강력한 지원을 역설하였다.

요즘 인터넷과 스마트폰으로 이루어지는 SNS 문화에 익숙한 젊은 세대를 겨냥한 모바일 콘텐츠 창업이 대세를 이루고 있다. 모바일 콘텐츠 창업은 큰 자본이 들지 않고, 참신한 아이디어만 있으면 창업이 쉽고, 창업경진대회를 통해서 또는 정부나 대학교의 창업보육센터의 입주가 유리하기 때문에 젊은이들이 선호한다.

그런데 문제는 NHN 같은 슈퍼 포털 업체 때문에 콘텐츠 창업자들이 창업 아이디어를 빼앗기는 것은 물론 막강한 키워드 검색 서비스 때문에 고객으로부터 올바른 대접을 받지 못하고 있는 것이다. 참신하고 새로운 콘텐츠를 개발하여 창업한 회사도 매출 증대로 수익을 창출하기 위해 홈페이지를 만들어 검색 포털 사이트를 활용하여 홍보를 하고 고객을 유치해야 한다.

NHN 등 모든 포털 업체들이 부동산 중개 서비스나 쇼핑몰, 오픈마켓, 금융 서비스 등의 콘텐츠를 자체 개발하거나 운영업체를 인수함으로써 공룡 같은 슈퍼 갑(甲)의 입장이 되었다. 이러한 막강한 검색 분야의 독점으로 콘텐츠 키워드 광고를 경매식으로 하다 보니 클릭 당 최고 3만5천원이나 지불해야 하는 수준에 이르게 되었다. 이 때문에 콘텐츠 창업회사나 모범적인 아이디어 제품 창업회사가 재정상 키워드 광고를 할 수 없게 되어 고사되거나 창업에서 실패를 맛보게 되는 것이다.

NHN 같은 슈퍼 포털 업체는 콘텐츠 창업회사나 아이디어 창업회사들의 키워드 광고에 대해 전체 경매의 30% 정도를 할애하는 한편, 적정한 수준의 수수료를 통해 검색 순위 10위 내에 오르도록 배려해야만 한다. 이러한 슈퍼 포털 업체의 횡포를 고발한 〈시사IN(제304호, 2013. 7. 13)〉 특집기사 '한국의 파워 집단 네이버'에서 "네이버는 압도적인 검색 점유율을 바탕으로 성장한 IT 업계의 '슈퍼 갑'이다. 진출하는 분야마다 경쟁사를 고사시켰다. 부동산 정보 서비스와 지식 쇼핑으로 관련 업체를 초토화시켰다. 비판의 목소리가 거세다. 네이버의 검색 키워드 광고는 경매 방식 탓에 가격이 계속 높아져 업체가 수익 대부분을 광고비로 쓰게 한다. 콘텐츠보다 광고를, 타(他) 사이트 원본보다 네이버 복제본을 먼저 보여주는 전략 때문에 다양성이 죽었다"라고 비판할 정도이다. 이런 슈퍼 포털 업체의 횡포도 정부가 나서서 조정하지 않으면 모처럼 조성되는 창업 열기에 찬물을 끼얹는 결과를 초래하지 않을까 염려스럽다.

정부는 창업지원을 각 부처나 지자체 또는 대학교에 국한하여 지원하는 것도 필요하지만, 민간기업이나 단체에서 자발적으로 창업지원을 하는 데에도 일정 부분의 예산을 지원하는 정책을 병행해야 질 높은 창업지원이 이루어져 창업이 활성화되며 일자리 창출에도 크게 기여할 것이다.

거기에 덧붙여 정부와 지자체는 창업자가 실패해도 그 실패를 용인하고 다시 도전할 기회를 제공해주는 소통과 열린사회를 지향하는 사회적 공감대를 형성할 방책과 제도적 정비가 필요하다.

7) 창조산업

창조경제에서 또 하나의 핵심 세력은 아마도 창의적 사고와 창조적 아이디어가 사업의 핵심 요소를 이루는 창조산업(CI: Creative Industry)이 아닌가 싶다. '창조산업'이란 용어는 유럽에서 시작됐는데, 북유럽(영국, 오스트리아, 핀란드)에서의 창조산업의 범위는 광고, 건축, 미술, 디자인, 음악, 영화, 오락, 스포츠, 공연, 방송 등 문화산업이 망라되어 있다. 그러나 유럽연합(EU)은 건축, 디자인, 패션, 광고 등 기능 위주의 실용적인 산업만을 창조산업으로 취급하는데, 이는 '산업'보다는 '문화(CCS)'의 개념을 선호하기 때문이라고 볼 수 있다.

7월 10일 '2013 창조산업 전략 포럼'이 주최한 해외연사 초청 세미나인 '유럽의 창조산업 전략을 통해 한국이 나아갈 방향을 보다'에서 주제 발표한 이혜경 교수는 "나라마다 다른 특징을 가지고 있어 유럽의 창조경제 정책을 일반화하기 힘들지만, 공통적으로 유럽 대부분의 국가는 지방분권이 잘 이루어져 있어 중앙정부와 지역·시 정부 차원으로 창조산업 정책이 이루어지고 있다. 중앙정부에서는 국가 브랜딩, 창조산업 개념 홍보와 그에 따른 경제적 효과를 측정하고 상상 발전소(KOCCA) 같은 정부기관을 설치하는 역할을 한다. 반면, 지역·시 정부는 창조산업 지원을 위한 구체적인 정책을 구현하는 역할을 하고, 영국의 BBC나 Channel 4 등은 공공기관의 역할과 창조산업의 B2B 역할을 한다"고 지적했다.

이 세미나에서 영국의 린 맥카든(Lynne McCadden)과 독일의 바스티안 랑에(Basttian Lange)는 유럽에서 선도적 입장에 있는 영국과 독일의 창조산업 현황을 설명했다.

영국의 창조산업은 GDP 기준으로 유럽연합에서 가장 넓은 범위를 차지하면서 다른 산업에 비해 두 배 정도의 성장률을 보이고 있다. 창조산업 중에서 출판과 방송이 우세한 영역을 차지하고 있다. 영국의 방송산업은 창조적인 아이디어를 투입한 프로그램을 통해 전 세계로 수출되고 있다. 드라마뿐 아니라 영화산업에서도 성공 사례가 많은 데 해리포터 시리즈, 007 시리즈 등이다. 또한 게임 산업도 두각을 보이면서 툼 레이더 액션 게임 등을 통해 세계 시장의 16.8%를 차지하고 있다. 이렇듯 영국은 드라마, 게임, 애니메이션 등에서 강세를 보이고 있다.

최근 독일이 주목하는 창조산업은 상향(Bottom-up) 방식이라고 한다. 그 동안에는 정부의 하향(Top-down) 방식 때문에 저항 움직임이 있었다고 한다. 상향 방식은 구성 요소에 먼저 접근해 관찰한 뒤 전체에 적용하는 방식이다. 그래서 그들은 기업 우선이 아닌 창조자들이 자발적으로 참여해 창조산업을 만드는 것을 강조하고 있다. 먼저 창조자들이 스스로 집단을 형성해 필요한 정책을 만들어 창조산업을 이끌게 하는 것인데, 이런 방식으로 정책을 펴나가면 창조경제·산업이 발전한다는 논리이다.

독일의 문화 및 창조산업에는 창조적인 문화 활동을 하는 개인, 그리고 창조산업의 에이전트 역할을 하는 중개자, 마지막으로 연방정부 등 세 개의 주체가 있고, 연방정부가 전국적으로 문화와 창조산업에서의 불규칙한 수익을 개선하기 위한 정책의 시행과 교육에 투자하는 것이다.

최근 독일에서는 많은 문화 창조자들이 탄생하고 있다. 이에 따라 문화 창조산업의 에이전트 역할을 하는 새로운 사업체도 잇달아 탄생하고 있으며, 그들은 대부분 소수로 이루어진 창조자들에게 책상, 컴퓨터, 전기 등 작업에 필요한 장비가 구비된 작업공간을 대여하면서 창조자들과 기업이 소통하도록 중개 역할을 하고 있다.

우리의 창조산업이 영국과 독일에 비해 뒤떨어져 있지만, 필자는 유럽의 창조산업 정책이나 성장 분야를 참고로 하여 우리 방식의 창조산업을 육성해야 한다고 생각한다. 창조산업 분야인 광고, 건축, 미술, 디자인, 음악, 영화, 패션, 오락, 스포츠, 공연, 방송 등 문화산업 중에서 한국만의 독창적인 전통 문화와 ICT 기술 및 한류 흐름에 편승할 수 있는 디자인, 음악, 영화, 패션, 게임, 스포츠, 공연, 방송

(드라마, 다큐멘터리 등)에 초점을 맞춰 육성하면 창조경제의 한 축으로 크게 성장할 수 있을 것으로 확신한다.

창조산업은 정부가 만드는 것이 아니고 개인이나 조직화된 창조자가 만드는 것이다. 9월 13일 박근혜 대통령은 청와대에서 미래학자인 존 나이스비트 박사 부부를 접견한 자리에서 '문화융성을 위한 정부의 역할'을 물었고, 이에 나이스비트 박사는 "그냥 놔두는 것이 중요하다. 정부가 문화를 창출하려 하지 말고 지원하려는 것이 중요하다"고 조언했다.

또한 독일과 같이 창조산업의 개인 창조자들이 창조적인 활동을 쉽게 할 수 있도록 정부 및 지자체가 창업보육센터와 같은 개념의 '창조산업센터'를 만들어 작업 공간 및 공동이용 시설의 무상 제공과 재정적 지원을 아끼지 말아야 한다. 특히 동대문, 청계천, 을지로에 있는 동대문 상가, 두타 빌딩 등에 밀집된 소규모 의류제조업체들과 새로 건축된 동대문 디자인센터를 연계한 패션의류 창조산업 정책을 수립·시행한다면 큰 성과를 거둘 수 있을 것이다.

8) 창조지원

창조경제의 6개 핵심 세력인 창조기술, 창조교육, 창조노동, 창조산업, 창조창업, 창조경영이 성과를 내기 위해서는 6개 세력의 지원 부서인 정치권, 언론계, 금융계, 법조계, 사회단체 등이 일사분란하게 지원체계를 갖춰야 한다. 그리고 이들이 스스로 개혁하는 자세로 현재의 구시대적인 지원 방법에서 벗어나 발상의 전환을 가져오는 획기적인 지원 정책을 만들고, 이를 법적으로 뒷받침할 수 있도록 협조해야 한다.

우리금융 그룹은 최근 창조금융을 주장하면서 중소기업을 위한 '명의론(名醫論)'을 펼치고 있는데, 그 내용을 요약하면 다음과 같다. 우리은행은 지난 1월 중소기업·소상공인에 대한 금융지원을 위해 총 8조2천억원 규모의 20대 추진과제를 선정하여 시행하고 있다. 항목별로는 △중소기업 적합업종 특별지원 2조원, △개인사업자에 대한 임대보증금 담보대출 1조원, △시설투자 이자후불제 5천억원, △대중소 상생대출 5천억원, △뿌리산업 육성 2천5백억원, △전통시장 골목상권 재활성화 1천억원 등이다. 우리은행은 이를 위해 기존 중소기업전략부를 중소기업지원부로 개편해 중소기업의 성장을 돕고 있다.

또한 지난 4월에는 한국여성벤처협회 회원사를 대상으로 금융지원 및 무료 종합 경영 컨설팅을 제공하는 '여성 벤처기업과 동반성장을 위한 업무협약'을 체결했다. 이를 통해 여성 최고경영자(CEO)가 운영하는 벤처기업에 금융상품과 컨설팅이 결합된 특화상품을 패키지로 제공하고 있다.

우리나라의 창업 생태계 활성화와 청년 일자리 창출을 위해 2012년 5월 은행연합회 20개 회원기관이 참여하여 은행권청년창업재단을 비영리재단으로 설립하였다. 이어서 '드림뱅크'라는 지원조직을 서울 강남구 역삼동 소재의 새롬빌딩 3층에 두고, 투자·인프라 구축·스타트업 육성 등 창업 열기 확산과 실질적 성과 도출을 위한 각종 활동을 하는 D-CAMP를 운영하고 있다.

창업 생태계 허브인 D-CAMP는 온라인 플랫폼 구축, 파트너 기관들과의 스타트업 인큐베이팅 등이 주요 사업이다. 은행권의 드림뱅크는 '투자(돈)', '네트워크(사람)', '허브(공간)'라는 창업 생태계 3대 요소를 유기적으로 연결하고 선순환을 유도하여 지속 가능한 지원 시스템을 확립하는 등 창조경제를 지원하는 창조지원의 모범 사례이다.

언론계도 창조경제의 지원을 위하여 여러 지원 방법을 강구하고 있는데, 그 중에 〈동아일보〉가 미래전략연구소에 '기업가정신센터'를 만들어 창업자 정신교육을 자처하고 나선 것도 하나의 사례이다.

정치권에서도 창조경제 지원을 위해 여·야 모두 발상의 전환을 통한 새로운 패러다임의 정책을 만들고 법적·제도적 지원에 나서야 한다. 최근 한국경제연구원 최병일 원장은 '창조경제, 정치가 달라야 희망 있다'는 신문 칼럼에서 정치권의 각성을 제창하였는데, 다음의 내용을 보면 정치권의 사명이 잘 설명되어 있다.

한국정치는 시대적 소명을 감당할 수 있을까? 그간의 경험만으로 가늠한다면 그 대답은 부정적이다. 역대 정부가 추진했던 벤처산업 육성, 지식기반경제, 서비스 산업화 등 대한민국을 변모시키겠다는 집권 초기의 거대 구상들은 요란한 팡파르를 울리며 시작됐지만 모두 도상 계획에만 머물렀다. 기득권은 새로운 패러다임이 가져올 변화를 거부했고, 집권 세력은 반대 세력을 설득할 전략도 과감하게 돌파할 결단력도 없었다. 정치의 참담한 실패는 골목상권만 과밀포화 상태로 치닫게 했고, 버젓한 서비스 분야 일자리 창출을 요원하게만 했다.

과연 이번에는 다를 수 있을까? 창조경제가 산업 분야의 융·복합을 통해 새로운 사업기회를 지속적으로 만들어내려면 산업별로 분절

된 정책 환경을 한 그릇에 넣고 비벼내면서 혁신해야 한다. 기득권의 보호논리에 길들여진 부처 할거주의를 온실에서 드넓은 벌판으로 끌어내어 창조경제판 정책 대통합을 만들어내야만 한다. 이제 우리에겐 더 이상 물러설 자리가 없다. 박근혜 정부의 창조경제 구상이 또 다시 한국정치의 실패와 마주한다면 한국 경제는 풍파가 몰아치는 망망대해에 떠 있는, 엔진이 꺼져 가는 배의 처지와 다름없을 것이다.

창조경제 지원을 위해 정치권과 경제계 등에서 활발히 지원 방안을 모색하고 있는 중에 2013년 7월 4일 새누리당의 '창조경제 일자리창출 특별위원회(위원장 김학용)'가 개최한 '창조경제란 무엇인가?' 토론회와 9월 24일 전국경제인연합회가 주최한 '일자리 만드는 창조경제' 토론회 및 공중파 방송3사의 '창조경제 토론회'가 있었다. 이런 토론회는 국민들에게 창조경제의 필요성과 문제점 및 대책을 알리는 방법으로는 좋은 사례이다. 그러나 모든 토론회가 토론회만으로 끝나고 토론회 결과에 대해서는 의미 있는 정책 대안이 만들어진 사례를 찾을 수 없는 현실이기에 좀 더 발상의 전환을 가져오는 지원 방책이 제시되어야 한다.

3. 맺는말

새 정부가 출범한 지 8개월이 지난 이 시점에서 정부기관 및 지원기관과 많은 국민들이 아직도 창조경제의 의미를 모른 채 '정부가 어떻게 하나?' 하며 지켜보고 있는 실정이다. 창조경제에 대한 교육과 홍보가 부족한 것이 그 이유의 하나일 것이다. 이 책에서 보듯이 참신한 아이디어로 정성껏 집필한 창조경제지원협동조합의 조합원들처럼 각 분야의 많은 전문가들이 발상의 전환을 바탕으로 한 창조경제 지원 정책 대안을 도서(책), 토론회 및 세미나 보고서로 만들고 있다. 필자는 박근혜 정부의 국정과제인 창조경제가 성공하기 위해서는 이들이 만들어낸 각종 자료를 창조경제 지원 정책의 참고자료로 활용할 수 있도록 정부 및 공공기관의 교육 또는 홍보 참고서로 널리 보급하는 것이 바람직하다고 생각한다.

문명 서진(西進)의 종착역
대한민국

박성일

1. 문명의 서진 현상

21세기 들어 계속되고 있는 세계적인 경제위기 속에서 국가 경제의 근본적인 변혁 없이는 어느 나라든 항상 도태 가능성이 존재하고 있다. 특히 500년 가까이 세계 문명을 주도해왔던 서구 과학문명이 휘청거리면서 이 상황은 더욱 심각하게 여겨지는 분위기이다.

서양 과학문명의 몰락 조짐은 이미 20세기 후반부터 여러 분야에서 감지되었다. 그 시기는 소위 '복잡계 이론(Complex System Theory)'이 등장하던 때이다. 1960년대에 카오스 이론(Chaos Theory), 1970년대에는 프랙탈 기하학(Fractal Geometry)이 탄생하여 유클리드 기하학(Euclid Geometry)과 뉴턴의 운동법칙을 기본으로 하는 고전역학(古典力學)을 부정하기 시작했기 때문이다.

그런데 우연하게도 비슷한 시기에 영국의 역사학자 아놀드 토인

비(Arnold Toynbee)를 비롯한 현대의 문명학자들, 예컨대 〈이데올로기의 종언(the End of Ideology)〉을 쓴 다니엘 벨(Daniel Bell)이나 〈강대국의 흥망(Rise and Fall of the Great Powers)〉의 저자 폴 케네디(Paul Kennedy) 등이 앞다투어 '문명의 서진(西進)'을 주장하게 된다.

문명의 서진 현상이 지리적인 특성과 정보기술의 발달에도 그 원인이 있다고 분석하는 학자들도 많다. 인류는 BC 5세기경 바다를 건너는 배와 항해기술을 갖추어 대륙 인근의 바다를 항해할 수 있었다. 그 후 16세기경 항해술의 발달로 대서양을 건널 수 있었는데, 태평양을 쉽게 건널 수 없었던 이유는 태평양이 대서양보다 2배나 넓었기 때문이다. 대서양을 건너 신대륙에 도착함으로써 유럽에서 시작된 산업혁명의 문물과 기술을 보유한 유럽 문명이 서진하게 된 것이다. 20세기 들어와 태평양을 자유롭게 오갈 수 있을 만큼 조선과 항해술이 발달하고, ICT에 의한 정보통신의 발전으로 서구 문명이 쉽게 서진하여 동아시아에 급격하게 보급되고 동양 문화와 결합되어 21세기 새로운 동아시아 문명이 일어나게 되었다.

최근 미국 스탠포드 대학의 역사학과 교수인 이언 모리스(Ian Morris)는 〈문명의 척도(The Measure of Civilization)〉에서 1인당 에너지 생산량·조직의 관리능력·정보기술, 그리고 전쟁 개시 능력 등 4가지 특성에 초점을 맞춰 산출한 사회개발지수(Social Deverlopment Index)로 문명의 서진 현상을 설명한다. 6세기 중반까지는 서양의 사회개발지수가 높았으나 그 후 1200년간은 동양의 사회개발지수가 서양보다 높았다고 한다. 산업혁명 이후 20세기까지는 유럽과 미국의 사회개발지수가 동양을 크게 앞질렀으나 21세기 들어 동양의 사회개

발지수가 서양보다 50% 더 빠르게 상승하고 있어 21세기 이후는 동
양 문명이 서양을 크게 앞지를 것으로 전망하고 있다.

한국을 주축으로 한 동아시아의 역사학자들은 '문명의 서진'이란
BC 5천 년경 한민족의 뿌리인 동이족(東夷族)이 이룩한 홍산문화(紅山
文化)에서 시작된 세계 문명의 중심축이 다음 그림처럼 서진을 계속
하여 7천 년 만에 다시 동아시아로 돌아오는 현상이라고도 말한다.

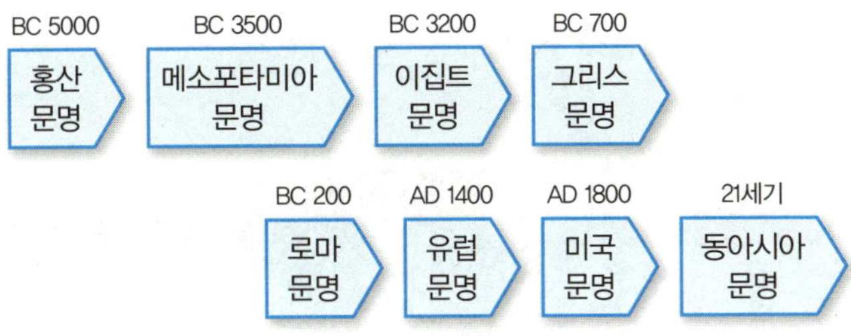

2. 유클리드적 세계관에서 프랙탈적 세계관으로

그렇다면 앞선 과학지식을 바탕으로 승승장구하면서 영원히 쓰러
지지 않을 것 같던 서구 문명이 세계 문명의 중심축을 동아시아에 넘
겨주게 된 이유는 무엇일까?

이는 서구 과학문명이 여러 가지 면에서 분명한 한계를 보이면서
유구한 역사를 가진 동양의 정신문명이 그 대안으로 인식되고 있기
때문이다. 이러한 징후의 구체적인 사례가 '세계관의 변화'이다. 보
다 구체적으로 말하자면 모든 현상을 지배하는 법칙이 기존의 '유클
리드적 세계관'에서 '프랙탈적 세계관'으로 근본적으로 변화하고 있

다는 것이다.

고대 그리스의 기하학자 유클리드(Euclid)의 기하학에 뿌리를 둔 유클리드적 세계관은 17세기 프랑스의 철학자 데카르트(René Descartes)의 요소환원주의에서 출발하여 영국의 세계적인 물리학자 뉴턴(Isaac Newton)의 고전역학에 의해 완성된 기계론적 세계관을 말한다. 이 세계관은 근대과학의 기본 사상이 된 이후로 20세기 말까지 자연과학은 물론이고 철학·인문학·사회학·경제학 등 모든 학문을 지배하는 패러다임으로 작용해 왔다.

반면 프랙탈적 세계관은 '복잡계 이론'에서 시작하여 프랙탈 기하학을 통해 그 분석틀이 제공됨으로써 21세기 들어 각광받고 있는 생명론적·유기론적 세계관이다. 이 세계관은 기존의 유클리드적 세계관으로는 해석할 수 없는 복잡한 사회현상을 해석하는 새로운 패러다임으로 부상하고 있다. 특히 미국 프린스턴 대학의 교수로서 2008년 노벨 경제학상 수상자인 폴 크루그먼(Paul Robin Krugman) 같은 주류 경제학자들조차 '복잡계 이론이 새로운 도약의 전환점이자 21세기를 주도하는 과학이 될 것'이라고 주장하고 있다.

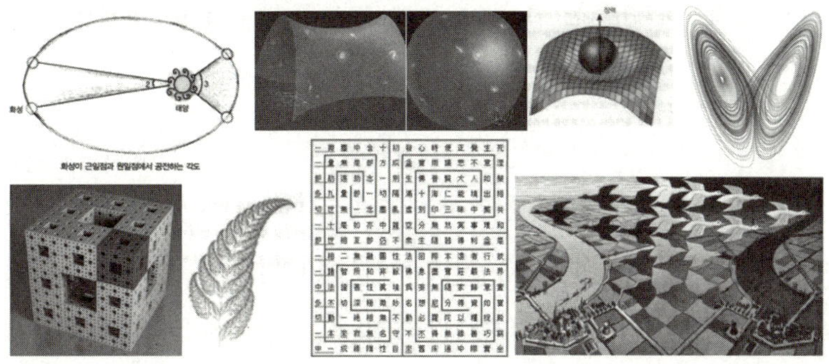

이 장의 키워드가 '유클리드적 세계관에서 프랙탈적 세계관으로의 변화'이기 때문에 먼저 두 세계관의 주요한 특징에 대해 간략히 정리한다.

3. 유클리드적 세계관의 특징

유클리드적 사고 방식은 자연현상의 법칙을 가장 단순화된 요인으로 환원시켜 설명하는 방식으로, 결국 단순계 패러다임이자 기계론적 세계관·인과론적 세계관의 다른 이름이라 할 수 있겠다. 이 세계관을 지배하는 원리는 단 세 가지이다. 이를 〈프랙탈 경영전략〉의 저자 박찬정은 다음과 같이 명쾌하게 정리해놓았다.

첫째는 '확실성(確實性)'이다. 자와 컴퍼스로 대표되는 유클리드 기하학의 세계는 일체의 불확실성이나 애매모호를 인정하지 않는다.

둘째는 '선형성(線形性)'이다. 선형은 입력(Input)과 출력(Output)의 관계가 언제나 일정한 비율을 가지고 있다는 뜻이다. 이 원리의 특징은 모든 현상을 선형적 관계로 설명할 수 있어 예측이 가능하다는 것이다.

셋째는 '합리성(合理性)'이다. 아리스토텔레스(Aristoteles)의 형식논리학에서 비롯된 논리적 확실성은 수학·철학·과학뿐 아니라 신학에서도 명제의 확실성을 세우기 위해 사용되었으며, 실용 학문에서는 '완전 합리성'이란 개념으로 포장되어 사용되기에 이른다. 다만 이 주장에는 인간의 사고는 철저하게 합리적이라는 전제가 선행되어 있지만, 항상 그렇지는 못하다는 데 근본적인 문제가 있는 것이다.

이렇듯 20세기까지의 세상은 온통 '정수(整數)' 차원의 세상이었다. '정수' 차원이란 명확하고 알기 쉬우며 합리성만이 강조되는 기계론적 세계관을 말한다. π값을 뜻하는 3.14159265… 같은 복잡한 소수는 간단하게 근삿값을 취하거나 아예 인정하지 않는다. 그리고 작거나 하찮은 요소들은 철저히 배제된다. 오로지 1+1=2이다. 이것이 지금까지 우리가 살아온 단순계 질서였다.

4. 프랙탈적 세계관의 특징

이런 가운데서도 기계론적 세계관을 부정하는 움직임은 꾸준히 이어져 왔는데, '포괄주의(包括主義, Holism)'가 바로 그 주인공이다. 이 사고 방식은 생명 현상의 전체성을 강조하면서 사물을 구성 요소의 단순한 합이 아니라 하나의 통합된 전체로 파악하는 입장이다. 이 주장에 따르면 자연의 다양한 실체, 특히 생물에서는 각각 그 자체로서 정상의 기능을 유지하는 본질이 갖추어져 있어 전체로는 부분에서 볼 수 없는 새로운 성질이 존재한다고 한다. 즉 '복잡한 현상을 나타내는 계'를 '죽어있는 기계'가 아닌 '살아 움직이는 유기체'로 보는 것이다.

우리가 사는 세상은 점점 복잡해져 간다. '점점 더 복잡하다'는 의미는 단순히 뒤죽박죽 엉켜 있다기보다는 복잡함을 보여주는 다양한 현상이 나타나고 있다는 것이다. 이런 현상이 발생하는 이유는 다음 세 가지로 요약할 수 있겠다.

첫째, 현상에 관여하는 구성 요소의 종류와 수가 많다는 것, 둘째, 기존 단순계 시각으로는 현상에 관여하는 구성 요소들 각각의 행동을 지배하는 법칙을 알 수 없다는 점, 셋째, 현상에 관여하는 구성 요소들이 상호작용(Interaction)을 하는 과정에서 다양한 영향을 주고받으며 적응과 진화를 해나간다는 사실이다.

결국 복잡계는 매우 다양하고 수많은 구성 요소들로 이루어진 시스템이며, 이 구성 요소들은 독립적으로 존재하지 않고 서로 상호작용을 주고받는다. 그 결과 독립된 구성 요소들 자체의 특성과는 다른 별개의 새로운 현상과 질서를 만들어냄으로써 새로운 세상을 만들어간다. 즉 1+1이 1인지 또는 2인지, 아니면 ∞인지 알 수가 없는 것이다.

복잡계의 관점은 대상을 부분과 요소로 잘게 나누지 않고, 있는 그대로의 전체를 직감적으로 파악하는 것이다. 그리고 전체를 직감적으로 파악하는 방법이 바로 '통찰력(Insight)'이다. 통찰력은 기존 단순계의 환원주의적이고 인과론적 분석 방법의 한계, 즉 분석을 위해 대상을 쪼개고 나누고 할 때마다 요소들 사이에서의 상호작용에 의해 나타나는 핵심적인 부분들이 사라지는 것을 극복하며 전체를 이해하고 설명하고자 하는 복잡계의 방법론이다. 그러나 이러한 통찰력의 개념은 복잡계의 전체론(Holism)을 설명할 수 있는 훌륭한 도구이지만, 과학적 관점에서의 어떻게(How)를 설명할 수 있는 방법론(Methodology)이 없어 주류 학자들에게 구체적인 방법론으로 인정받지 못해 왔다. 그런 와중에 혼돈 현상에서 질서를 찾아낼 수 있는 이론적 단초가 등장하는데, 그 주인공이 폴란드 출생의 미국 수학자 만델브로(Benoît B. Mandelbrot)였다.

유클리드 기하학에서 원·평면 또는 원추·입체 등 각종 도형은 직선과 원형 곡선으로만 표현된다. 하지만 그의 기하학적 직관에 따르면 고전적인 유클리드의 기하학 도형들이 계산하기에는 간편하지만 자연의 원래 모습과는 큰 차이가 있어 자연을 제대로 설명할 수 없다는 것이다. 그리하여 그는 울퉁불퉁하여 둥글지 않고 매끄럽지도 않은 모양을 가진 우주의 삼라만상을 제대로 표현할 수 있는 새로운 기하학의 필요성을 느껴 프랙탈 기하학을 창안했다.

그러면 프랙탈 기하학이 유클리드 기하학보다 자연현상을 더 잘 표현할 수 있는 이유는 무엇일까? 그것은 '언제나 부분이 전체를 닮는 자기 유사성(Self-Similarity)과 순환성(Recursiveness)' 때문이다. 자연에는 자기 유사성과 순환성의 특징이 많이 존재한다. 일정 기간의 날씨 패턴은 긴 주기의 날씨 패턴과 닮았고, 나뭇가지는 나무와 닮았으며, 바위는 산과 닮았다. 특히 컴퓨터의 처리 능력이 급속히 향상되면서 인간의 뇌와 혈관도 프랙탈하고, 인간의 심장 박동 파장이나 뇌의 신경망 역시 프랙탈한 사실이 밝혀지는 등 프랙탈적 요소는 물질과 생명에 국한되지 않고 사회적·경제적 영역에서까지 다양하게 발견되고 있어 프랙탈 이론을 적용해야 할 분야가 점점 늘어나고 있다.

그러면 프랙탈 기하학이 가진 자신만의 특징은 무엇일까?

첫째는 앞에서도 언급한 대로 '자기 유사성'이다. 이 말은 대상의 일부를 확대해보더라도 그것이 대상 전체의 모습과 닮았다는 뜻이다.

두 번째 특징은 '자기 복제'이다. 기하학적 프랙탈 도형은 자기 유사성을 전제로 끊임없이 자기 복제를 한다.

세 번째 특징은 '분수' 차원이라는 것이다. 우리는 일상생활에서 '차원'이라는 말을 많이 사용한다. 유클리드 공간에서 점은 0차원, 선은 1차원, 면은 2차원, 입방체는 3차원에 해당한다.

그렇다면 오른쪽 그림과 같은 모습의 곡선은 몇 차원일까? 직선이 1차원이므로 곡선처럼 꼬불꼬불한 모습을 보니 분명히 1차원보다는 높겠지만, 그렇다고 2차원인 면 전체를 차지하는 것은 아니므로 또한 2차원이라고 말할 수는 없을 것이다.

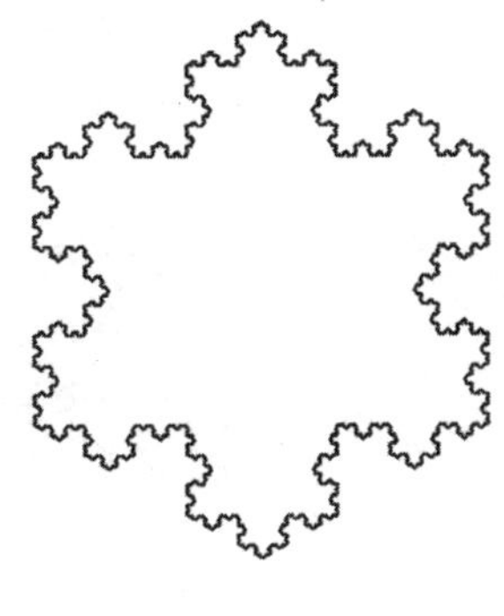

만델브로 역시 이런 생각에 빠져 있었다. 그러다가 문득 현실세계의 모든 물체는 알려지지 않은 '중간 차원'으로 존재한다는 생각이 들었고, 마침내 '분명하게 정의될 수 없는 물체의 성질들, 예컨대 불규칙적이거나 울퉁불퉁한 성질은 정수가 아닌 분수 차원으로 표시하자'는 색다른 아이디어를 떠올렸던 것이다.

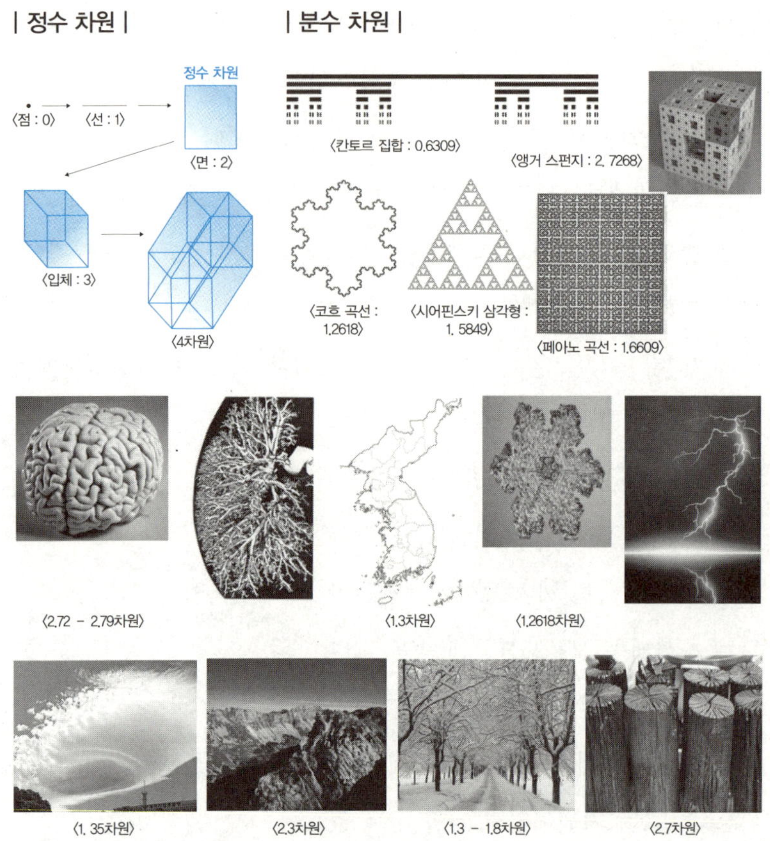

지금까지 유클리드적 세계관과 프랙탈적 세계관의 특징을 살펴보았는데, 이 두 세계관의 차이를 표로 나타내면 다음과 같다.

유클리드적 세계관(단순계 사고)	구분	프랙탈적 세계관(복잡계 사고)
기계론적 세계관 (분석을 통해 쪼개는 과학)	기본 입장	유기론적 세계관 (통찰을 통해 합치는 과학)
인과적 결정론(인간행동 및 자연현상에는 원인이 있고, 그 원인에 따라 결과 발생)	관점	비선형적 확률론 (여러 현상이 상호작용하며 얽혀 있어 확률적으로 예상할 수밖에 없음)
요소 환원주의 (전체는 부분의 합과 같다)	방법론	포괄주의 (전체는 부분의 합보다 크다)
확실성(1+1=2)과 선형성(線形性) 정수차원 예측 가능	핵심 내용	불확실성(1+1=2 또는 ∞)과 비(非)선형성 분수차원 재현가능(자기 유사성과 반복적 자기 복제)

5. 합리(合理)와 초합리(超合理)

이 세상에는 두 개의 과학이 존재한다고 한다. 구조주의(構造主義)의 창시자인 레비 스트로스(Claude Levi Strauss)는 '과학'을 '사물의 필연적 연관성을 파악하기 위한 인간 정신의 소산물'로 가정하면서, 이 목적을 위해 인간은 두 가지 전략을 사용했다고 주장한다. 첫 번째는 '가깝게 다가가는 방식'으로 감각이나 직관·상상력에 의존한 과학이고, 두 번째가 '멀어지는 방식', 즉 합리적 사고에 바탕을 둔 과학이라는 것이다.

그런데 그가 특별히 강조한 내용은 '이 두 가지의 과학적 사고가 인간 정신의 발달 단계의 차이가 아니라, 과학적 인식이 자연에 접근할 때 일어나는 단순한 두 가지 전략적 차원의 차이일 뿐'이라는 것이다. 즉 그가 말하는 두 개의 과학은 하나가 다른 하나의 우위에 있는 것이 아니고, 각자 특별한 의식에 기반하고 있는 서로 다른 과학의 형태일 뿐이라는 것이다.

비근한 예를 들면, 서양의 과학적 사고는 변증법에 잘 드러나 있다. A가 발생한 다음 어느 정도의 시간이 지나면 A의 모순인 B가 나타나게 된다. 그때부터 A와 B는 치열하게 대립하다가 A와 B를 초월하는 새로운 개념 C가 등장하게 된다는 것이다. 이 논리는 자기가 밟고 올라와 지금에 이르게 된 사다리의 존재를 부정하는 '진보'라는 사고방식이다.

하지만 동양 사상은 어떨까? A와 B가 대립하고 있다. 그런데 A의 장점이 B의 단점을 보완해주고, 반대로 B의 장점이 A의 단점을 보완함으로써 A와 B는 대립하기 전보다 훨씬 더 나아진 개별적 주체들로 존재한다는 입장이다. 이 논리는 아래 사다리 칸이 없다면 그를 밟지 않고 절대 위로 오를 수 없다는 '진화'의 사고방식이다.

그런데 동양 중심의 과학을 비합리적인 미신으로 매도한 서양 중심의 과학은 과학혁명에 의해서 전면적으로 등장한 것 같았지만, 지금에 와서는 오히려 비지성적이고 독단적인 사고에 갇혀 무조건 정신과학을 부정하고 망각한 데서 유래한 병리적 증후를 보이고 있는 것이다. 그러다가 그 대안으로 찾아낸 것이 수천 년의 유구한 역사를 가진 동양의 정신문명이었던 것이다.

이창일은 〈주역, 인간의 법칙〉에서 이를 다음의 멋진 논리로 명쾌하게 정리하였다. 즉 동양 문명은 비합리적인 미신이 아니라 합리를 넘어서는 초합리(超合理)의 세계이다. 지금까지 합리적 방식으로는 초합리의 접근에 한계가 있다 보니 초합리를 인정할 수 없었고, 그 결과 초합리를 비합리와 함께 싸잡아 취급해왔던 것이라고.

동양 사상은 합리적인 눈으로는 파악할 수 없는 초합리의 영역에

닿아 있다. 이것은 '관조(觀照)'라는 보다 고차원적이고 지성적인 방식에 의해서 파악되고 이해되는 세계이다. 이러한 세계를 추구한 정신적 결과물이 '천지인(天地人)이 하나'라는 우리 고유의 삼일철학(三一哲學)이고, 태극(太極)·음양(陰陽)·오행(五行)으로 모든 현상을 설명하려는 역(易) 사상이며, 인(仁)을 '인(人)+이(二)'로 해석해 인간과 인간 사이의 관계로 규정한 유교 사상이고, 무위자연을 주창한 노자 사상이며, '일즉다 다즉일(一卽多 多卽一)'을 본질로 내세우는 불교의 화엄 사상인 것이다.

6. 프랙탈적 요소는 우리 민족의 원형질

이제 우리의 논제로 돌아가야겠다. 만약 '문명의 서진' 현상이 사실이라면, 세계 문명의 중심축은 중국이 될까, 아니면 우리나라가 될까? 대부분의 사람들은 그 주인공은 당연히 중국일 거라고 생각한다. 이런 논리에 화답이라도 하듯 중국은 발 빠르게 대응하고 있다. 중국의 지식인 모임은 2004년 '갑신문화선언(甲申文化宣言)'을 통해 과학에 바탕을 둔 개인주의·이기주의·물신숭배·악성경쟁(惡性競爭)을 서구 문명의 몰락 원인으로 지적하는 한편, 그 대안으로 유학 사상에 바탕을 둔 중국 전통의 윤리성·이타성(利他性)·인격성(人格性)을 제시하였다. 그리하여 1960년대의 문화대혁명 때 구시대적 문화유산을 척결한다는 명분으로 내쫓았던 공자(孔子)를 다시 모셔온 중국인들은 인민대학에 '공자연구원(孔子研究院)'을 창설하고, 500만 명 이상이 참여한 '전국아동경전송독회(全國兒童經典誦讀會)'를 개최하였으며,

전통 교육공간이던 서원을 새로 짓고, 유교경전을 교과목으로 채택하는 등 유학 사상을 '중화민족의 영원한 정신'으로 고양할 것을 선언하였다.

하지만 위의 예상은 동양 사상과 문화를 전혀 이해하지 못한 무식의 소치이다. 중국이 내세우는 유교 사상의 정수는 중국이 아니라 우리나라에 고스란히 남아 있기 때문이다. 그 주인공은 다산 정약용(茶山 丁若鏞)이 한·중·일의 유교를 종합하여 집대성한 '다산학(茶山學)'이다. 이에 대한 근거는 '4. 다산 정약용이 제시하는 부국의 길'에서 다루기로 하겠다.

또 하나, 프랙탈적 세계관은 동양 사상과 밀접한 연관성을 가지고 있다. 유교의 인(仁) 사상에서 현상에 관여하는 구성 요소들의 상호작용을 알 수 있고, 불교의 화엄 사상에서 '자기 유사성'과 '자기 복제'를 볼 수 있다. 역(易)의 태극 사상에서 '소수(小數)' 차원을 느끼게 되고, 도교의 무위자연 사상에서 혼란의 와중에서도 자연스럽게 제자리를 찾아가는 흐름을 이해하게 된다. 끝으로 원효의 화쟁(和諍) 사상에서 조화와 균형의 가치를, 그리고 삼일철학(三一哲學)의 천지인(天地人) 사상에서 통합과 융화의 절대정신을 깨닫게 된다. 그런데 이 모두가 우리 한민족 문화의 원형질 속에서 숨을 쉬고 있다는 사실이다. 참고로 주역(周易)은 동이족으로 알려져 있는 BC 4750년경의 복희씨(伏羲氏)가 만든 것으로, 태극기(太極旗)에도 등장하듯 한민족의 정신적 산물이다.

이제부터는 우리 문화의 원형질 곳곳에 숨어 있는 프랙탈적 요소에 대해 살펴보기로 하겠다.

첫째, 한글이 다른 언어에 비해 특별히 뛰어난 부분이 많지만, 프랙탈적 요소에 국한시켜 살펴보더라도 다양한 의미의 형용사를 들 수 있다. '빨갛다'란 단어를 일례로 들어보자. 영어에서는 기껏해야 'Red'와 Bright Red에 해당하는 'Scarlet', 그리고 Deep Red인 'Crimson' 정도이다. Red가 1차원이라면 Scarlet은 0.8차원, Crimson은 1.5차원 정도 되겠다. 하지만 우리말에는 '빨갛다'·'뻘겋다'에서 시작하여 '새빨갛다'·'시뻘겋다'와 '붉다'·'검붉다'를 비롯하여 '발갛다'·'벌겋다' 등과 '불그스름하다'·'발그무레하다'·'발그대대하다'·'발그댕댕하다' 및 그 강세어인 '뽈그스름하다'·'빨그스름하다'·'빨그족족하다' 등 자그마치 30여 가지가 된다. 여기서 '빨갛다'가 1차원이라면, 다른 단어들은 모두 소수(小數) 차원이 될 것이다. 프랙탈적 요소가 얼마나 대단한지 단번에 알 수 있다.

둘째, 음식도 마찬가지이다. 먼저 상차림부터 살펴보기로 하자. 서양식 음식은 애피타이저부터 디저트까지 모든 음식이 순서대로 하나씩 나오는 단선 구조인 반면, 우리는 상다리가 휘도록 온갖 음식이 한 상에 가득 차려진 채 나오고, 음식의 위치 또한 상생과 상극 개념에 따라 '궁합(宮合)'에 맞는 음식과 맞지 않는 음식들이 서로 가까이에 배치되는 복선 구조이다. 개별 음식 또한 다른 나라가 '날 것'과 '익힌 것'의 2분법적 구조라면, 우리 음식의 특징은 김치·장류·젓갈 등 삭힌 것으로 대표되는 다양한 숙성도를 가진 복합 구조이다. 김치만 하더라도 생김치인 겉절이에서 시작하여 반숙성·숙성 김치 및 김치찌개로 적격인 묵은지 등 다양한 종류가 있다.

셋째는 주거 시설이다. 서양 건물은 유리나 벽돌로 차단된 단절 구조이자 거실·침실·주방·화장실 개념의 채움 구조이다. 반면 한옥은 볏짚·황토·한지로 내·외부가 연결된 소통 구조이자 거주자의 뜻대로 바꿀 수 있는 비움 구조이다. 특히 우리 건축의 장점은 '거주하는 사람의 뜻대로 변할 수 있는 공간'이다. 우리 건축은 유럽식의 거실·침실·주방·화장실 개념이 아니라 안방·건넌방·문간방·뒷간 구조이다. 서양인들은 건축을 무언가를 '채운다'는 개념으로 이해한 반면, 우리 선조들은 '비운다'는 개념으로 이해했기 때문이다. 따라서 우리네 집은 요를 깔면 침실이 되고, 식탁을 펴면 식당이 되며, 서탁(書卓)을 들이면 공부방이 되는 식이다.

넷째, 의학이나 의약 분야에서도 서양은 이상이 발생한 부위만을 치료하거나 약을 조제하는 1차원적 구조인 반면, 우리는 '음양오행(陰陽五行)' 개념에 따라 병의 근원을 찾아 궁합에 맞게 치료·조제하는 다원적 구조인 것이다. 특히 인삼이 프랙탈적 특성을 잘 보여주고 있다. 인삼은 한국뿐 아니라 중국과 일본이나 미국·캐나다 등지에서도 생산되고 있다. 그런데 미국·캐나다에서 생산되는 것은 '화기삼(花旗蔘, Panax Quinquefolium L.)'이라 하고, 중국의 윈난성(雲南省)과 광시좡족자치구(广西壮族自治区)에서 생산되는 중국 고유 품종은 '삼칠삼(三七蔘, Panax Notoginseng F. H. Chen)'이라 하며, 일본 것은 '죽절삼(竹節蔘, Panax Japonicus C. A. Meyer)'이라 하여 우리의 고려인삼(高麗人蔘, Panax Ginseng C. A. Meyer)과는 다른 식물 종(種)이다. 그리고 인삼의 유효 성분인 사포닌과 관련해서도 외국 것은 총함량에서는 고려인삼보다 높지만 그 종류가 10~15종에 불과해 30여 종이나 되는 고려인삼의 절반에도 못 미치는 수준이어서 약리작용에서 제한적일 수밖에 없다. 더군다나 조성 비율에서도 고려인삼은 다른 종과는 비교할 수 없을 정도로 절묘할 뿐 아니라, 구조적 특징에 따라 디올계(Diol 系)와 트리올계(Triol 系) 및 올레아난계(Oleanane 系)로 구분되는 사포닌의 약리작용은 제각기 다른 것으로 알려져 있다. 이 사실은 일본의 다카기(高木) 박사에 의해 밝혀진 것이다. 그의 주장에 따르면 중추신경의 진정작용과 흥분작용을 하는 사포닌은 각각 트리올계와 디올계라는 상반된 성분들인데, 이 두 성분은 서로 조화를 이루면서 작용함으로써 상호간의 길항작용은 나타나지 않는다고 한다. 이는 '인삼에는 약리 성분이 많이 들어 있지만 필요한 성분만이 작용하는 신비한 능력을 갖고 있다'는 의미로서, 혈압약을 일례로 들면 양약은 혈압이 높거나 낮음에 따라 다른 성분의 약을 써야 하는데 반해, 인삼은 높고 낮음을 구별할 필요 없이 아무나 먹어도 된다는 뜻이다.

다섯째로 결혼과 제사 시스템이다. 서양은 결혼이나 제사 모두 개인과 개인이 결합된 1대1 구조이거나 가족끼리 조촐하게 치르는 간편 구조이지만, 우리는 남녀 간의 궁합과 가문을 따지는 등 가문과 가문이 결합되는 상호적 구조이고, 한 가문에 소속된 모든 친척들이 함께 모여 절하고 음식을 음복하는 혼합 구조이다. 종교도 마찬가지다. 서양의 기독교는 엄격하게 말하면 신과 개인 사이의 1대1 계약 구조이다. 신을 믿으면 천당을 가지만 믿지 않으면 지옥에 떨어지는 것이 기독교 신앙의 핵심이다. 하지만 불교나 유교에서는 타인과의 인연을 중요시하는 상호적 구조이다. 윤회설이나 적덕(積德) 개념 모두 여기서 유래한 것이다.

여섯째, 마을 구성원들의 활동 또한 서양은 철저한 개인주의 방식이지만 우리는 품앗이·두레·향약·대동계 등의 용어에서 보이듯 집단이 공동으로 해결해나가는 공동체 방식이다. 그리고 거기서 농악과 전주비빔밥이 탄생하였다.

일곱째, 흥(興)과 한(恨)에서도 프랙탈적 요소를 생생하게 느낄 수 있다. 서양인들은 기쁨과 슬픔을 바로 표출하는 표층 구조를 보이고 있는 반면, 우리 민족은 기쁨과 슬픔을 자기 마음에 켜켜이 쌓아두는 심층 구조를 가지고 있다. 그리고 이런 감정이 음악으로 표출된 것이 '판소리'로서, 서양의 클래식은 악보에 따라 부르거나 연주하는 방식인데 반해, 악보가 없는 우리의 판소리는 재즈(Jazz)처럼 다양한 변주가 가능한 것이다.

7. 창조경제는 선진국에 진입하기 위한 정신운동

지금까지 살펴본 내용을 통해 우리 민족의 생활 방식과 문화 자체가 프랙탈적 요소임을 실감했을 것이다. 따라서 우리 민족은 21세기 세계 문명을 리드할 수 있는 원형질을 가진 민족이기 때문에 그 주인공은 당연히 한국이 될 수밖에 없다. 문제는 우리 스스로가 이 막중한 임무를 넘겨받을 준비를 전혀 갖추지 못했다는 사실이다. 이런 임무를 수행할 수 있는 인재 육성과 국민적 정신무장이 없는 한 모든 것은 무용지물이기 때문이다.

사실 1970년대에 서양 문명의 중심축이 태평양을 건너기 시작했다는 이야기는 많이 돌았다. 하지만 우리 정치인들은 이 귀한 손님을 맞을 준비는 도외시한 채 오로지 자신들의 이익만 찾느라 영일(寧日)

이 없었다. 그러다가 최근 들어 경제위기가 몰아치자 국가 전체가 허둥대고 있는 것이다. 미리 준비하였더라면 지금쯤은 화려한 비상을 하고 있을 텐데 말이다.

필자는 '창조경제'가 세계 문명의 중심축 역할을 굳건히 받쳐줄 핵심 키워드라고 생각한다. 즉 창조경제론은 이미 20~30년 전에 시작되었어야 할 범국민적 정신운동이라는 것이다. 따라서 '창조경제'는 특정 정부에 국한된 정치적 이슈가 아니라 우리나라가 세계적인 리더가 될 때까지 끊임없이 추구해야 할 국가적 과제여야 한다.

윤종록 미래창조과학부 차관 역시 MTN 창사 5주년 특별강연회(2013.10.22)에서 "창조경제는 녹색성장처럼 특정 정부의 정책이 아니다. 창조경제는 이 시대 경제 운영의 패러다임"이라고 강조했다.

그렇다면 도대체 '창조경제'의 구체적 내용은 무엇일까? 어떤 분은 '창의성과 상상력이 사회적 부(富)의 창출의 핵심이 되는 경제구조'로 정의하였다. 맞는 말이다. 그러나 일반인에게는 참 어려운 말이다. 필자는 '개인이 스스로 자기 밥벌이를 할 수 있도록 경쟁력 있고 자기만의 독특한 지식·기술·능력을 발휘하는 한편, 한 걸음 더 나아가 국가 경제에까지 도움을 줄 수 있는 생활 방식'이라고 정의하고 싶다. 국민들이 각자 자신의 능력을 최대한 발휘할 수 있도록 법적·제도적으로 지원하고 시스템을 갖추거나 또는 천문학적 비용이 드는 국가 과제, 이를테면 우주 로켓을 개발하고 에이즈(AIDS)를 퇴치하는 기술을 개발하는 것이 국가 차원의 창조경제라면, 자동차 소유와 운행을 공유하는 카쉐어링(Car Sharing) 시스템을 개발하여 연료 소비를 줄이고 환경오염을 줄이는 것은 기업 차원의 창조경제이고, 떡볶이만 팔던 사람이 소형 화덕을 이용해 맛있는 피자까지 구워 팔아 매출을 두 배로 올리는 것은 개인 차원의 창조경제일 것이다.

결론을 말하자면 창조경제는 우리나라의 모든 지역과 모든 연령층, 그리고 모든 직업군의 사람들이 생활화해야 할 국가적 과제이다. 그런 면에서 후진국 시대의 정신·실천운동이 '새마을운동'이었다면, 중진국에서 선진국으로 진입하기 위한 우리의 정신·실천운동은 '창조경제'라 할 수 있겠다. 따라서 이 절호의 기회를 놓쳐 다른 나라와의 경쟁에서 뒤처지게 된다면 대한민국은 두고두고 후회하게 될 것이다.

다산 정약용이 제시하는
부국(富國)의 길

박성일

1. 창조경제의 선진국인 이스라엘에 대한 관심

새 정부가 창조경제를 국정의 제1목표로 설정한 후 이스라엘식 창업 모델에 대한 관심이 높아지고 있다. 하기야 인구 800만 명에 불과한 나라에서 4,500여 개의 벤처기업이 활동하고 있으니 오죽하겠는가? 그렇지만 반드시 그 이유만은 아닐 것이다. 이스라엘이 벤처 투자에서 거둔 성과는 세계의 이목을 집중시킬 만큼 대단하다. 나스닥(Nasdaq) 상장 업체 수가 EU 전체보다 많고, 벤처캐피털 1인당 투자액(2008년 기준)이 미국의 2.5배, 유럽의 30배, 인도의 350배에 달하며, 투자유치 금액(2008년 기준) 또한 20억 달러로 영국·독일·프랑스를 합한 수치와 비슷하다.

하지만 특별히 우리나라에서 이스라엘식 창업 모델이 각광을 받는 이유는 따로 있다. 두 나라가 여러 면에서 유사성을 강하게 보이고 있다는 점이다.

첫째, 두 나라 모두 좁은 국토에 높은 인구밀도를 갖고 있다. 이스라엘은 2만km²의 면적에 인구가 800만 명이고, 우리나라는 면적 10만km²에 5천만 인구가 북적대고 있어, 면적은 5배·인구는 6배 정도된다.

둘째, 주변 국가로부터 안보 위협을 받고 있는 두 나라 모두 싱가포르와 함께 선진국 중 3대 징병국으로서 징병제를 채택하고 있다는 점이다. 그런데 이 점에서는 이스라엘이 우리보다 훨씬 열악하다. 그 나라는 남녀 징병제를 채택하고 있기 때문이다. ·

셋째는 두 나라 모두가 자원에서는 빈국(貧國)이지만 우수한 인재를 확보하고 있다는 점이다. 이스라엘은 협동심이나 애국심에서 어느 나라에도 빠지지 않고, 우리나라는 근면성과 성실성에서 최고를 자랑한다.

구분	이스라엘	한국	비고
좁은 국토와 높은 인구밀도	면적: 2만km² 인구: 770만 명	면적: 10만km² 인구 5,000만 명	면적: 5배 인구: 6.5배
안보위협으로 징병제 채택	남녀 징병제	남자 징병제	싱가포르와 함게 선진국 중 3대 징병국
자원 빈국이지만 우수한 인재	협동심·애국심	근면·성실성	－

그러나 창조경제라는 국가적 과제를 성공시켜야 하는 절박한 상황이라고 하여 단순히 기분이나 감정에 사로잡혀 다른 나라의 제도를 무비판적으로 수용해서는 안 된다. 위험에 빠지지 않기 위해서는 지

피지기가 기본이며, 한 번의 실수로 회복 불가능한 타격을 받을 수도 있기 때문이다. 그런 점에서 이스라엘에 대한 보다 심도 있는 분석이 필요하다.

지금부터 이스라엘에서 벤처 창업이 활성화될 수 있었고, 성공 확률까지 높아질 수 있었던 배경을 이스라엘 특유의 문화에서 찾아보기로 하자.

2. 이스라엘 문화의 본질인 후츠파(Chutzpah) 정신

이스라엘의 발전에 관심을 가진 많은 사람들이 한결같이 언급하는 이스라엘 문화의 본질은 '후츠파(Chutzpah)' 정신이다. 이 말은 '주제넘은, 뻔뻔스러운, 철면피, 놀라운 용기, 오만' 등의 뜻을 갖고 있지만, 다른 언어권에서는 그 의미를 제대로 표현할 수 없는 이스라엘만의 고유 단어이다. 그런데 이 단어는 유대인의 DNA로 전해오는 7가지 정신과 행동을 상징하고 있다는 것이다.

심재우 에스비컨설팅 대표가 정리한 그 내용을 소개하면 이렇다.

첫째는 '무형 질서인 형식의 타파(Informality)', 즉 모든 정형화된 형식과 격식을 타파하는 것이다. 지위나 형식에 구애받지 않고 생각이나 행동의 자유를 추구하면서도, 절대로 상대방을 일방적으로 무시하거나 하극상을 일으키지 않으며, 질서와 원칙을 철저히 준수하는 정신이다. 이는 도전정신에서 시작된다. '도전'은 기존 체계나 타인의 의견을 무시하고 없애려는 것이 아니라, 무언가 다르거나 보지 못한 것을 찾으려는 시도이다. 대다수 사람의 생각이나 의견과 다르다고 하여 삐딱한 시각으로 보는 사회 분위기에서는 절대로 형식 타파가 불가능하다. 결국 '도전'이란 열악한 환경에서도 자기 의견을 용기 있게 표현하여 새로운 것을 찾는 노력인 것이다.

둘째는 '당연한 질문의 권리(Questioning Authority)'이다. 유대인은 나이나 직위에 상관없이 수평적 관계 속에서 서로 묻고 답하는 것이 습관화되어 있다. 이스라엘 교육은 초등학교 때부터 학생들이 끊임없이 질문하도록 유도하고, 중·고등학교에서는 교사가 학생들에게 "마따호쉐프(What's your opinion)?"라고 물으면서 자신의 생각이나 의견을 피력하도록 가르친다. 따라서 유대인은 어려서부터 타인의 의견에 의문이 있거나 이해가 되지 않으면 주저 없이 묻는 것이 몸에 뱄다. 인간은 질문을 통해 기존의 것과 다른 것을 생각하면서 새롭고 창의적인 것을 탐색하게 된다. 기존의 생각만으로는 절대로 창의적인 것을 발견하지 못하지만, 이를 건설적으로 충돌시키는 과정에서 새로운 아이디어를 만들어낼 수 있기 때문이다.

셋째는 '섞이고 어울리기(Mashing Up)'이다. 유대인은 남과 섞이고 어울리는 특성이 어느 민족보다도 강하다. 그 배경에는 나라를 잃고 세계 각지에서 디아스포라(Diaspora)로 살던 유대인들이 언제 어디로 추방될지 모르는 상황에 적응하거나 새롭고 낯선 환경에 빠르고 효과적으로 적응하려 한 슬픈 역사가 숨어 있다. 그들은 어느 곳에 있든 누구와도 잘 어울린다. 여기서 '잘 어울린다'는 뜻은 서로 말을 건네고 안면을 익히면서 사는 것이 아니라, 낯선 환경에서 가진 것이 없으면서도 자신과 가족을 부양하기 위해 현지인과 조화를 이루며, 동시에 유대인들끼리 협력하고 정보를 공유하면서 더 나은 삶을 찾는 처세술을 말한다. 2천 년간의 유랑 생활이 체질화되어 유대인의 DNA 속에 침투된 것이다.

넷째, '위험 감수(Risk Taking)' 정신도 유대인의 생활 자세를 잘 보여주는 특징이다. 낯선 환경에서 가진 것도, 아무런 준비도 없이 실패를 감수하면서 위험한 일에 뛰어드는 도전정신은 유대인만이 가진 귀한 정신적 자산이다. '위험 감수'는 어떤 일에 무조건 덤벼드는 것을 의미하지 않는다. 분명한 목표를 세우고 이를 효과적으로 달성하기 위한 지혜와 전략을 갖춰야 한다. 2천 년간의 디아스포라를 통해 도전정신으로 무장된 유대인은 실패를 두려워하지 않고 목표를 달성할 수 있는 지혜와 최선의 전략을 준비하여 도전한다. 다만 지혜와 아이디어는 혼자보다는 여럿이 함께 할 때 얻을 수 있는데, 그들은 어려서부터 자유로운 질문과 토론이 습관화되어 있어 쉽게 지혜와 아이디어를 찾아낼 수 있는 것이다.

다섯째는 '목표 지향성(Mission Orientation)'이다. 그들은 생존을 위해 어떤 환경에서도 새로운 목표를 수립하고, 지혜와 전략에 기반한 실행을 통해 원하는 것을 얻었다. 유대인은 '불가능이란 없다'는 확신을 갖고 언제든 목표를 향해 결단하고 도전한다. 이것이 세상에서 가장 많은 창업기업을 갖게 된 이유이기도 하다.

여섯째는 '끈질김(Tenacity)'의 정신이다. 목표를 달성하기 위해 어떤 난관이나 어려움도 굴하지 않고 차근차근 실행해나가는 그들의 집요하고도 끈질긴 정신은 척박한 모래사막 위에 세워진 이스라엘 국토에 수도 파이프를 연결해 어디서든 식물이 자랄 수 있게 하는 기적을 만들었다.

일곱째는 '실패 학습(Learning from Failure)', 즉 실패로부터 배우는 교훈과 경험이다. 실패가 두려워 도전하지 않는다면 어떤 결과도 만들어낼 수 없다. 과감히 도전하여 최선을 다했지만 실패했다면, 거기서 얻은 교훈이나 경험을 바탕으로 다시 도전하는 것이 유대인의 진정한 힘이다.

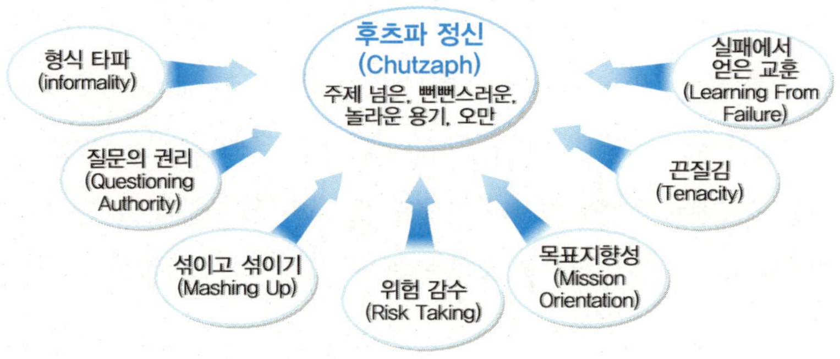

지금까지 살펴본 '후츠파'의 7가지 정신을 한 마디로 압축하면 바로 '창조정신'이다. 이 정신이 있었기에 생명과 재산을 위협하는 적과 사방으로 마주해 있고, 사람을 제외하면 별다른 사원이 없는 가운데서도 단기간에 극빈국에서 경제 강국으로 발전할 수 있었던 것이다.

3. 이스라엘과는 너무도 다른 우리의 현실

그러면 우리 현실은 어떨까? 우리 정서로는 낯설고 무모하며 심지어 무례해 보이기까지 하는 이 후츠파 정신이 우리 사회에서 어느 정도나 용인될 수 있을까? 500년 동안 우리 민족의 정신문화를 형성해온 유교 정신과 후츠파 정신 간의 차이점을 살펴봄으로써 그 답을 찾아보기로 하자.

첫째는 실패를 바라보는 사회의 시각이다. 이스라엘은 인큐베이팅 등 창업기반 조성시, 자금을 지원하는 벤처캐피털이 대출 아닌 투자로 인식해 혁신적·모험적 기업에 적극 투자할 뿐만 아니라, 실패를 용인하고 교훈으로 받아들이는 문화가 정착되어 있다. 대신 실패의 원인을 철저히 분석하여 반면교사로 삼는 것이다. 하지만 우리나라는 은행에서 대출을 받아 시작했다가 실패하면 본인뿐 아니라 연대 보증을 선 사람들까지 몽땅 채무자가 되는 시스템이다. 그리고 그 부모는 사회적 체면 때문에 자식의 실패를 숨기고 감추다보니 전혀 교훈이 되지 못한다.

두 번째는 군대 문화이다. 선진국 중 우리와 싱가포르·이스라엘만이 의무 복무를 하고 있는데, 이스라엘만 군 복무가 경제에 도움을 준다는 것이다. 우리는 많은 젊은이들이 군 복무를 '인생의 황금기를 허비하는 시기'로 인식하는 데 반해, 이스라엘 젊은이들은 군대에서 인맥과 기술·경영 경험과 도전정신을 배우기 때문이다.

이 군대 문화는 세 번째인 조직의 유연성과 네 번째인 평등·서열 문화와도 연관된 문제이다. 이스라엘에서는 사병이 상관에게 이의를 제기할 수 있다. 장교가 자신의 지위에 적합한 능력을 갖추었는지 스스로 증명해야 하며, 훈련 또한 합당한 이유가 있어야 한다. 만약 그렇지 못하면 사병들의 투표를 통해 상급자를 갈아치울 수 있고, 그래도 안 되면 직접 지휘관을 찾아가 교체를 요구한다. 이런 하극상 문화가 어떻게 자리를 잡을 수 있었을까? 국가재정이 열악한 건국 초기에 장교 양성이 어렵다보니 장교의 절대수가 부족했다. 그래서 언제 어디서 적의 포탄이 날아올지 모르는 긴박한 상황에서 웬만한 사안은 현장에 있는 사병들이 스스로 알아서 판단해야 했다. 그런 과정에서 장교의 자질 문제는 자신들의 생사가 걸린 문제였고, 사병들 또한 자신도 모르게 경영 능력을 익힐 수 있었던 것이다. 그런데 우리나라에서는 이런 군대 문화를 상상이나 할 수 있을까?

다섯 번째는 학교 교육과 관련된 문제이다. 유대인은 5천 년 역사를 가진 탈무드 교육 방식을 지금까지 따르고 있다. 앞에서도 언급했듯이 그들은 초등학교 때부터 끊임없는 질문과 자신의 의견 개진, 그리고 토론과 논쟁을 생활화함으로써 체질화되어 있다는 것이다. 반면, 우리는 고등학교 때까지는 입시만을 위한 암기 공부, 대학 때는 취업용 영어 공부에만 매진한다. 그러다 보니 학생들은 고득점에 유리한 과목들에만 관심을 갖게 되면서 수학과 물리·화학·생물 등 기초과학은 황폐화되고 있는 것이다. 사실 이스라엘이 창조경제의 선도국가가 될 수 있었던 배경 가운데 간과되고 있는 부분이 '건강한 기초과학'이다. 또한 이스라엘이 급속한 경제성장을 이룬 데에는 고르바초프의 개혁·개방 정책으로 1991년 구(舊)소련 체제가 붕괴되면서 기초과학 분야에서 우수한 유대계 러시아인들이 대거 유입된 덕분이다. 노벨상 수상자의 20%가 유대인이라고 하는데, 사실 노벨상이 뭔가? 문학상과 평화상을 제외하면 물리학상·화학상·생리의학상·경제학상들이다. 그런데 이 모두가 기초과학이 부실하면 언감생심이다. 물리·화학·생물 같은 기초과학에 대한 풍부한 지식과 이를 논리화·체계화시킬 수 있도록 도와주는 수학적 사고력 없이는 아무리 인문학적 상상력이 뛰어나다 하더라도 그 결과는 모래성이 될 가능성이 높다. 그런데 우리의 교육 현장에서는 이미 초등학교 때부터 수학을 포기하는 학생이 발생하고 있다. 그리고 고등학생이 되면 전체 학생의 80% 정도가 수학을 포기한다고 한다. 우리의 학교 교육이 수학과 과학 및 철학 중심의 교과목으로 근본적으로 개혁되어야 하는 이유이다. 기초과학이 튼튼해야 새로운 생각과 기술을 발전시킬 수 있다. 양초 개발에 아무리 돈을 퍼부어도 결코 전기를 발명할 수 없다. 또한 기초과학이 부실하면 양질의 창조경제도 불가능하다. 즉 창조경제의 밑거름은 기초과학인 것이다.

여섯 번째가 민족성이다. 유대인은 단일 민족처럼 보이지만 세상에서 가장 복잡한 다민족 국가이다. 그 인구는 70개가 넘는 국적의 사람들로 구성되어 있다. 이라크·폴란드·에티오피아에서 온 난민들은 언어·교육·문화·역사 등 그 어느 것도 공유하지 않았다. 따라서 그들은 2~3개의 언어를 구사할 실력을 갖추고 있으며, 지역감정 같은 배타적 감정이 없다. 반면에 그들은 철저히 개인주의적이고 평등주의적인 사고방식을 갖고 있다. 그러나 우리는 단일 민족이다. 최근 들어 다양한 국적의 외국인들이 쏟아져 들어오지만 외국인에 대한 배타성이 강하다. 그리고 지역감정도 만만치 않다.

마지막으로, 이스라엘은 다재다능한 인재를 원한다. 그들은 여러 기술을 융합하고 복합화하는 능력이 탁월한데, 이는 여러 분야의 경험을 통해 한 사람이 여러 일을 하고, 토론문화가 발달하여 궁금한 사안에 대한 토론이 활성화되었기 때문에 여러 분야의 일을 하나로 묶는데 익숙하기 때문이다. 이런 혼합·융합이 창조의 근간이라 할 수 있다. 반면에 우리는 과거부터 팔방미인을 무시하고 한 우물만 파는 전문가를 최고로 우대해왔다.

이스라엘 후츠파(Chutzpah) 정신	구분	한국 유교(儒敎) 정신
실패를 인정하고 용인 (철저한 원인 분석)	도전정신	실패에 대한 부정적 시각 (숨기고 감추는 분위기)
군복무 (인맥·기술·경영경험 공간)		군복무 (인생의 허비 기간으로 인식)
유연성 있는 조직 (권위에 대한 도전 용납)	창의성 증진	경직화된 조직 (상하관계가 엄격)
수평적 평등문화		수직적 서열문화
체질화된 토론문화		주입식 암기문화
다민족국가 (70개 이상의 다국적)	융합·복합화	단일민족국가 (지역감정 및 이념 대립)
다재다능한 인재 선호		특정 분야 전문가 선호

이상의 내용을 정리하면 다민족 국가의 특징인 개인주의와 디아스포라에서 배태된 평등주의 및 탈무드 교육방식을 토대로 한 '후츠파 정신'이 형성되어 유대인의 DNA로 체질화됨으로써 이스라엘은 창조경제의 선두주자가 될 수 있었던 것이다.

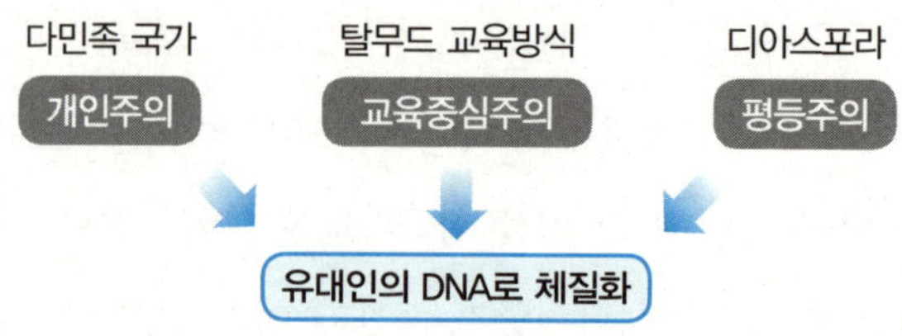

오늘날에는 과거처럼 무(無)에서 유(有)를 만들어내는 창조가 있을 수 없다. 현대적 개념의 창조는 '모방+창의성+융합의 산물'이다. 단순 모방에서 1차 변형된 것을 다른 1차 변형물과 결합해 2차 변형물로 만들고, 이 2차 변형물을 다른 분야의 수단으로 변경시키는 과정이 '창조'이다. 따라서 창조는 알고 보면 간단하며, 문제는 개개인의 여러 기술력을 국가 시스템을 통해 다른 사람·기업·국가 지원과 잘 연결되도록 하는 것이다. 그리고 이런 시스템이 제대로 갖추어져 작동하게 되면 그것이 바로 창업국가가 되는 것이다.

이제 답은 분명하지 않은가? 이스라엘 모델을 모방했던 몇몇 국가는 실패했다. 제도와 지원만 존재했지 그에 걸맞는 문화가 없었기 때문이다. 우리나라도 이런 아픈 경험을 갖고 있다. 알맹이는 빼놓은 채 껍데기만 수입해와 국가 발전을 추구하다가 몇 번이나 실패의 쓴맛을 본 것이다.

그렇다면 창조경제의 바람직한 모델은 무엇일까? 그것은 우리 민족의 정신과 문화에 바탕을 둔 창조경제여야 한다. 또한 그 방향은

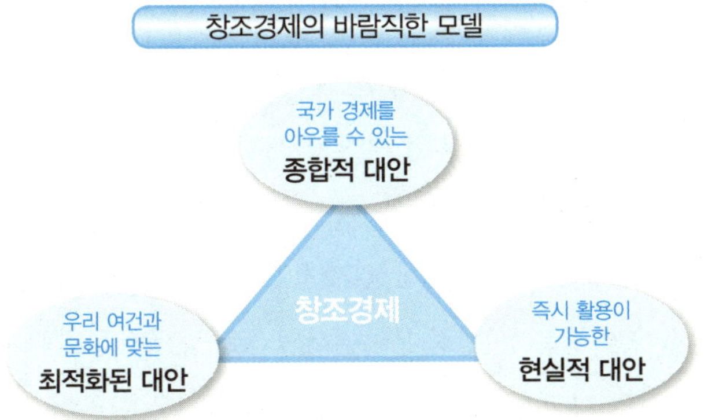

국가경제를 아우를 수 있는 종합적 대안이어야 하고, 우리 여건과 문화에 맞는 최적화된 대안이어야 하며, 즉시 활용이 가능한 현실적 대안이어야 한다.

4. 창조경제의 선구자 다산 정약용

우리 민족의 정신과 문화에 바탕을 둔 창조경제를 염두에 둔다면 필자는 '다산(茶山) 정신'이 창조경제의 이념적 가치가 되는 것이 마땅하다고 생각한다. 그 이유는 다산 정약용(茶山 丁若鏞)이 우리 역사상 창조경제의 선구자이기 때문이다. 다산은 다양한 행정 경험과 능력, 박학한 동·서양 학문, 기술 지식의 응용 경험 등 지성인이라면 갖춰야 할 3박자를 완벽히 갖춘 창조경제의 최적화된 인물이다.

먼저 관료로서의 다산은 정조의 배려로 승정원과 규장각 등 중앙 요직을 섭렵하고 암행어사의 임무를 수행했으며, 그 다음 금정찰방(金井察訪)·곡산부사(谷山府使) 등 지방관을 거쳐 중국 사신을 접대하는 영위사(迎慰使)까지 역임함으로써 중앙과 지방, 내치와 외치를 모두 경험했다. 그 동안 다산은 〈식목부(植木簿)〉나 세금을 부과하는 기준이 되는 〈가좌책자(家坐冊子)〉를 정리하여 행정제도를 개혁하거나 합리적으로 개편하였다. 또한 조세와 관련한 중앙정부의 부당한 지시에 〈관서소미부득작전사상(關西小米不得作錢事狀)〉으로 상소하여 철회시키고, 유배객 관리를 위한 겸제원(兼濟院)을 설립해 백성의 경제적 부담을 줄여주는 등 행정 분야에서의 창조경제를 실천했다.

선비로서의 다산은 사서오경 등 중국의 고전은 물론이고, 규장각에 보관되어 있던 수많은 희귀 서적과 크리스트교 및 서양 과학서적, 실학 및 각종 기술서적, 심지어 일본 철학서적까지 섭렵했다. 다산의 이러한 박학다식한 교양은 18년의 유배 생활에서 경학서 232권과 경세서 및 지리·의약·국학 관련 서적을 합친 267권 등 총 499권이라는 엄청난 분량의 저서를 간행하는 밑거름이 되었던 것이다.

끝으로 실학자로서의 다산은 우리 역사상 정말로 희귀한 사례에 속한다. 당시 대부분의 실학자들은 경세치용(經世致用)·이용후생(利用厚生)·실사구시(實事求是)의 3개 유파 중 어느 한 쪽에만 속했지만, 다산은 3개 유파를 통합한 인물로 평가받을 만큼 다양한 분야에서 맹활약하였다. 그의 이러한 역할을 잘 보여주는 사례가 흔히 '배다리'라 부르는 주교(舟橋)의 설계, 그리고 당시로서는 최신식의 수원 화성(華城)을 설계하면서 〈성설(城說)〉·〈기중도설(起重圖說)〉 등의 기술서를 제작하고 거중기(擧重機) 같은 신기기를 고안했던 것이다. 이뿐만 아니라 옥사(獄事)를 처리하면서 각종 시체의 부검, 심지어 약원(藥院)으로까지 임명된 경력을 바탕으로 〈마과회통(麻科會通)〉·〈촌병혹치(村病或治)〉같은 의학서적을 간행하는 등 기술·과학 분야에서의 화려한 업적이다.

다산의 이런 삶의 자세는 '일표이서(一表二書)'로 불리고 있는 경세서 3부작인 〈경세유표(經世遺表)〉·〈목민심서(牧民心書)〉·〈흠흠신서(欽欽新書)〉를 완성하도록 하여 쓰러져가는 조선 왕조에 마지막 한 줄기 광명을 비추게 했던 것이다.

다산에 대한 후세의 평가는 다양하게 이루어지고 있다. 첫째, 위민정치(爲民政治)를 주창하며 국가 통치제도의 근본적 개혁을 추구한

민주적 왕정주의자이다. 둘째, 경세치용·이용후생·실사구시의 3개 유파를 망라한 실학의 집대성자라는 평가이다. 셋째, 동아시아 유교를 통합하여 독자적 유교관을 제시한 한국사상사 최고의 창의적인 석학이다. 넷째, 열린 사고로 새로운 세상을 맞이하고자 한 가장 근대적인 인물이다. 끝으로, 열린사회를 지향한 이유로 유배당했지만 불의의 시대를 저주하는 대신 백성에 대한 무한 사랑으로 승화시킨 인물이다. 그런 의미에서 다산은 '국리민복(國利民福)'을 추구한 창조경제의 선구자'라는 평가를 받기에 조금도 부족함이 없는 인물이다.

5. 다산 정신이 창조경제의 시대정신

'다산 정신'은 크게 3대 핵심 주제와 8가지 세부 항목으로 정리할 수 있다.

1) 원칙주의

다산은 평생을 치열하게 살았던 '원칙주의자(原則主義者)'이다. 자기

다산정신	핵심	내용	현대적 의미
다산정신	원칙주의	선공후사	공익성 중시, 도덕적 해이 차단
		직이불고	토론을 통한 설득과 합의 중시
		반본환원	기본에 충실, 초심으로 돌아가기
	개방주의	온고지신	기초를 바탕으로 한 신지식 습득
		역지사지	소통과 배려
		시천사지	자기 개발 및 융·복합 사고 배양
	인본주의	살신성인	시민의식 고양, 변화와 발전
		동병상련	애민정신, 공동체의식

가 배우고 그에 따라 생각한 바에 맞지 않으면 물러서거나 회피하지 않았으며, 항상 대의에 비추어 나라와 민족을 생각했다.

다산은 '선공후사(先公後私)'를 생활화했다. 암행어사로서 경기 지방을 살피던 다산은 정조의 모친인 혜경궁 홍씨의 병환을 보살핀 태의(太醫)와 사도세자의 능을 수원으로 옮긴 지사(地師) 출신 두 수령의 비리를 적발하였는데, 대신들의 비호로 유야무야되자 상소를 올려 끝내 처벌했다. 또한 경기도 관찰사이던 서용보(徐龍輔)의 일가가 저지른 비리도 처벌했다가, 정조 승하 후 18년간의 기약 없는 유배형에 처해지는 처절한 보복을 당하기도 한다. 곡산부사 시절에는 환곡(還穀) 수취 후 조정에서 양곡을 돈으로 바치라는 영을 내렸는데, 문제는 대풍이어서 가격이 폭락했지만 원래 가격으로 산정한 것이었다. 그러자 백성들 편에 서는 것이 목민관의 자세라고 생각한 다산은 지시에 따를 수 없는 이유를 〈관서소미부득작전사상(關西小米不得作錢事狀)〉으로 상소하자, 노론이 다수인 비당(備堂)에서 그의 처벌을 주청했으나 오히려 정조가 나서서 철회시켰던 것이다.

다산은 '직이불고(直而不固)'한 성격이었다. 곡산에서 200냥을 내야 할 군포를 부사의 무능과 아전의 농간으로 900냥을 내게 된 백성들이 이계심(李啓心)을 필두로 관아에서 따지는 것을 민란이라고 보고해 주동자를 체포하라는 사건이 발생한다. 곡산부사로 임명된 다산에게 대신들은 하나같이 "주모자를 모두 죽여야 한다"고 조언했고, 채제공 대감마저 기강을 엄하게 잡을 것을 권고한다. 다산이 곡산에 닿자 이계심이 제발로 나와 '백성을 병들게 하는 12조항'을 적은 호소문을 제출하자, 다산은 "너 같은 사람이 있어 죽음을 두려워 않고 백성을 위해 어려움을 대신 호소했구나. 천금을 얻을 수 있을지언정 너 같은 사람은 얻기가 어렵다"면서 무죄 방면했다.

다산은 언제나 '반본환원(返本還源)' 정신을 잃지 않았다. 주자학에서 한 치만 벗어나도 '사문난적(斯文亂賊)'으로 몰던 시대에 어느 유학자도 엄두를 내지 못한, 즉 주희나 퇴계 이황의 이기(理氣)·태극·음양오행의 개념 및 상호간의 관계를 부정하고 당시의 동아시아 유학을 사기 논리로 재해석하여 독자적인 유교관을 제시했다. 다산은 후세 성리학이 본래 정신을 잃어버린 채 지엽적 개념 분석에 사로잡혀 서로 편을 갈라 싸우는 현실을 비판하고, 공자가 주창한 유학의 의미를 밝히는 작업에 주력했다. 그 결과 경전(經典)에 대한 전반적 재해석을 통해 유학을 추상적이고 관념화된 철학이 아닌 윤리에 바탕을 둔 구체적 실천 행위로 재정립했던 것이다.

다산이 생각한 경세(經世)의 목표는 지인(知人)과 안민(安民)이었고, 또한 안민의 요체는 요순시대의 정전제(井田制)였는데, 이는 정전제를 시행하면 조세 부과에 부정이나 협잡이 끼어들 수가 없다고 판단했기 때문이다. 그리하여 초기에 여전제(閭田制)를 주장하기도 한 다산은 정전제를 중심으로 부공제(賦貢制)·구직론(九職論)·호포제(戶布制)·새로운 도시계획론 등으로 확장되면서 다산 경세론의 근간을 이루게 되었다.

2) 개방주의

다산의 진면목을 보여주는 또 하나의 정신이 '개방주의(開放主義)'이다. 당대 선비들이 당리당략에 매몰되어 있을 때, 다산은 신지식을 습득하며 자기 개발을 게을리 하지 않았고, 소통과 배려를 바탕으로 융·복합적 사고를 배양했다.

다산의 '온고지신(溫故知新)' 정신은 대단하다. 다산은 '지식은 존재의 본질을 깨닫고 실존을 각성시키는 개인 문제로 한정돼서는 안 되고 구체적 삶에 있어서 가시적 효율성을 발휘해야 한다'고 생각했다. 그리하여 개인 문제에 사로잡힌 지식은 무익하고 공허한 것이라고 여기면서 실학적인 학문을 추구했다.

다산은 부친 사망으로 여막살이를 시작한 첫해 겨울, '화성(華城) 설계안을 만들어 바치라'는 왕명에 따라 명나라의 각종 병서와 선조들이 남긴 서적, 서양 과학기술 서적을 이용하여 기존 성제(城制)의 장단점과 중국 성제의 강점을 연구하고 당시 조선의 제반 여건을 감안한 성곽안인 〈성설(城說)〉을 지어 바쳤다. 그는 거기서 성곽 건설에서의 효율성 극대화 방안을 추구했고, 수리적 계량화를 통한 합리적 관리 방법을 제시했다. 그리고 한편으로는 공기 단축 및 비용 절감을 위해 거중기 등 신기기를 고안했다.

다산은 '역지사지(易地思之)'를 통해 백성을 생각하는 마음을 잃지 않았다. 곡산부사 시절, 관아가 낡아 아전들이 다시 짓자고 청하자 다산은 백성을 강제 노역시키는 폐단을 근절하기 위해 화성 설계도를 작성한 경험을 바탕으로 아무도 몰래 정당(政堂)의 설계도를 작성하고, 건축에 소요될 재목을 종류와 크기별로 산출하는 등 세밀하게 분류했다. 그리고는 아전들을 시켜 유형거(遊衡車)와 삼륜거(三輪車)를 만든 다음, 목재를 베어오게 해서 스스로의 힘으로 완공하게 했다. 또한 곡산 백성들의 집과 가족 관계·생활 수준을 기록한 책자로 세금 부과의 기준이 되는 〈가좌책자(家坐冊子)〉가 엉터리여서 철저한 조사를 통해 다시 만들었고, 이를 토대로 〈종횡표(縱橫表)〉를 만들어 모든 마을의 호수와 백성의 생활 정도를 한눈에 볼 수 있도록 함으로써 더 이상 관리들이 부정할 수 없도록 단속했다. 자신의 친우였다가 공서파(攻西派)로 돌아선 이기경(李基慶)·홍낙안(洪樂安)이 자신을 공격하다 무고죄로 귀양을 가자, 자신 때문에 생긴 문제라 여겨 그 가족에게 남몰래 식량을 제공하는 등 친구로서의 신의를 지키려고 노력했다.

다산은 항상 멀리 보고 깊이 생각하는 '시천사지(視天思地)'의 자세를 견지했다. 성균관 시절 〈중용〉에서 뽑은 70개 항목에 답하라는 정조의 과제에 대해 다른 유생들은 혼자서 답을 찾느라 쩔쩔맸지만, 다산은 서학에 빠져 있던 광암 이벽(曠庵 李檗)과의 토론을 거쳐 만든 조목별 작성 답안을 바탕으로 독자적인 〈중용강의(中庸講義)〉를 제출하였다. 그 내용은 주자의 성리학적 해석을 벗어나 〈중용〉 전반을 독자적으로 새롭게 해석한 것이어서 정조로부터 '특이하다'는 칭찬과 함께 정조의 총애를 받는 계기가 되었다. 또한 정조가 현륭원(顯隆園)과 그 주위 읍(邑)에 심은 나무를 기록한 방대한 양의 〈식목부(植木簿)〉를 내려주면서 '번잡한 내용을 추려 책 한 권의 분량이 넘지 않도록 정리하라'고 명했는데, 다산은 7년 동안 12차례에 걸쳐 1,200만 9,772그루를 식목한 내용을 도표를 이용해 간단명료하게 한 장으로 정리하여 올렸다.

반대파 공격으로 금정찰방에 좌천된 다산은 모처럼 한가로운 시간을 갖게 되자, 이를 자기 발전을 위한 시간으로 사용하기로 작정하고 부근에 살던 성호 이익(星湖 李瀷)의 종손자인 이삼환(李森煥)을 찾아가 자신이 모든 비용을 대기로 하고 성호 이익의 사상과 문집을 정리하는 강학회를 열고 성호문집을 간행했다.

3) 인본주의

끝으로 다산 정신에서 빼놓을 수 없는 부분이 '인본주의(人本主義)'의 정신이다. 자신이 위험에 빠질 것을 뻔히 알고도 백성의 억울함을 풀어주지 않고는 못 배기는 순수한 심성의 소유자였다.

다산은 책에서 배운 '살신성인(殺身成仁)'을 늘 마음에 지니고 살았다. 다산이 각과문신(閣課文臣)일 때 외직에 있던 부친을 뵈러가던 중 조정의 독촉으로 귀경하다가 우연히 이진동(李鎭東) 사건에 연루된다. 안동에 은거해 학문에 몰두하던 남인 유생 이진동은 무신란(戊申亂)에서 많은 영남인이 반란군에 맞섰는데도 반역향(叛逆鄕)으로 낙인 찍힌 것은 억울하다는 〈무신창의록(戊申倡義錄)〉의 소두(疏頭)였다. 예조의 반대에도 정조가 교서까지 하사하자, 무신란 처리를 주도한 노론은 수령을 시켜 그를 죽이려 했다. 안동을 지나다 이 소식을 듣게 된 다산은 '사태가 위급하니 조정에 죄를 짓더라도 구해주지 않을 수 없다'고 작심하고 자기 말에 태워 죽령을 넘어 단양으로 도피시켜 목숨을 구해주었다.

또한 유배 14년째에 사헌부가 다산을 죄인 명단에서 삭제할 것을 요구해 의금부가 석방 공문을 보내려다 공서파 반대로 막히자, 호소 편지를 보내자는 아들 요청에 '동정을 애걸하는 것은 지조를 지키는 도리에 어긋난 짓'이라 타이르는 등 유배가 아무리 외롭고 고통스럽더라도 도리에 어긋나지 않겠다는 신념을 밝혔다.

끝으로 다산은 평생을 '동병상련(同病相憐)'의 마음가짐으로 살았다. 금정찰방 시절 다산은 천주교도인 토호나 역리, 일반 백성들을 깨우쳐 천주교 금지령을 지켜 제사를 지내도록 하고, 동정을 고집하는 여신도들을 혼인시키는 과정에서 폭력이 아닌 설득과 회유를 사용함으로써 많은 이들을 교화시켰다.

또한 본인 스스로 2살 때 홍역을 앓다가 이헌길(李獻吉)의 치료로 살아났고, 6남 3녀 중 4남 2녀를 천연두·홍역으로 잃은 다산이 일찍부터 천연두 치료법에 관심을 갖고 연구한 성과가 〈마과회통(麻科會通)〉이며, 첫 귀양지인 경상도 장기에서 유배생활을 하던 중 치료도 못 받고 죽어가는 동네 사람들의 부탁에 따라 펴낸 의서가 〈촌병혹치(村病或治)〉이다.

그 외에도 다산 정신을 예증하는 사례와 시편도 많이 전해오는 데서 알 수 있듯 다산은 평생을 나라와 백성의 안녕을 위해 읽고 생각하고, 고치고 바꾸고, 쓰고 만들고 하는 창조경제에 바쳤던 것이다.
다산 정신의 3대 주제를 마무리하면서 우리에게 제시하는 창조경제
의 길을 다음과 같이 6하 원칙으로 정리하고자 한다.

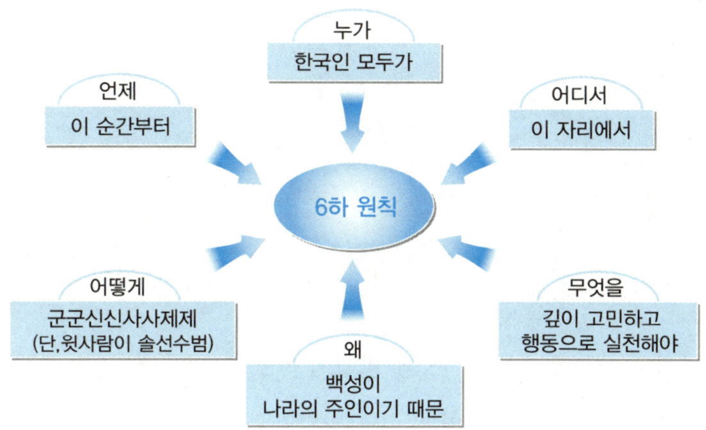

세계 경제 전망과
한반도 르네상스

한용주

언제나 그렇듯 지구촌 경제 환경이 빠르게 변하고 있다. 이러한 변화의 흐름에는 주기적인 원인도 있지만 구조적인 원인도 있다. 경기 순환 사이클에 따라 오르내림이 반복해서 나타나는 주기적인 속성이 있는 반면, 한 번 변화하면 지속적으로 심화되는 구조적인 속성도 있다. 지구촌 경제 전망과 함께 구조적인 변화로 인해 전망할 수 있는 한반도 경제 전망을 소개해드린다.

1. 위태로운 세계 경제 회복

지구촌은 광범위한 공급 과잉에 시달리고, 급증하는 부채에 걱정이 늘고 있다. 각 국가들이 저마다 경기부양을 위해 너무 오랫동안 저금리를 유지하고, 너무 많은 돈을 찍어내고 있기 때문이다. 이자가 싸니 너도 나도 돈을 빌려 투자를 하고, 수익이 나면 소비를 했다.

너무 많이 투자하니 결국 공급과잉이 되고, 개인이나 기업이나 정부는 과도한 부채를 떠안게 되었다. 더구나 이자가 저렴한 돈이 자산 가격을 밀어 올려 지구촌 부동산과 주식시장 모두 거품이 상당하다.

2008년 미국의 금융 위기 이후 5년가량 지났지만 미국의 경기회복은 무너지기 쉬운 모래성과 같다. 천문학적인 돈을 찍어 주식시장과 부동산시장을 떠받쳐서 얻어낸 근근한 회복일 뿐이기 때문이다. 하지만 언젠가는 더 이상 부채를 늘릴 수 없는 상황이 오고, 또한 재정 건전성을 요구받는 시기가 올 것이다. 앞으로 양적 완화로부터 출구 전략이 시작되어 유동성이 정상적인 수준으로 복귀하고 정부가 재정 지출을 줄인다면 미국 경제도 재차 경기후퇴 국면을 피할 수 없을 것으로 예상된다. 다만 지난 금융 위기와 같은 단기적인 충격보다는 점진적이고 장기적인 불황이 될 것으로 보인다.

미국보다 심각한 문제를 가진 나라는 일본과 중국이다. 머지않아 부채의 역습으로 일본의 재정위기와 중국의 금융 위기가 발생할 가능성이 높다. 일본은 정부 부채가 GDP 대비 240%에 이르고, 가계와 기업 부채를 합한 국가 총부채는 500%를 넘는다. 이미 재정위기를 당한 그리스의 정부 부채가 약 160%인 점과 비교해보면 일본이 아직도 건재한 것은 놀라운 일이 아닐 수 없다. 그 이유는 해외 순자산이 GDP의 약 50%에 이르고, 일본의 경제 규모가 그리스의 18배를 넘을 뿐만 아니라 해외자본의 일본 투자 비율이 상대적으로 적어 외환 시장이 안정적이기 때문이다.

미국의 양적 완화를 모방해서 일본이 과감한 아베노믹스(Abenomics)를 시행하여 경제성장 돌파구를 찾으려 하고 있다. 이러한 통화팽창 정책은 단기적으로는 성장을 끌어올리는 효과가 있으나 약 1년 후부터는 물가상승을 유발하게 될 것이다. 인플레 기대심리를 유발해서 소비를 촉진하려는 의도이지만, 이미 부채가 과도한 일본으로서는 때늦은 위험한 시도일 뿐이다. 왜냐하면 인플레는 시중 금리를 상승시키고 오히려 내수 소비를 위축시킬 뿐 아니라 정부 부채의 이자 부담을 크게 늘릴 것이기 때문이다.

일본의 의도대로 양적 완화는 엔화 약세를 유발하여 수출 GDP를 늘리고 수출기업의 매출 증대와 수익성을 가져다줄 것이다. 하지만 문제는 현재 일본의 GDP는 수출이 약 1/3에 불과하고 내수가 약 2/3 정도로 내수 비중이 훨씬 더 크다는 점이다. 수출 증대가 내수 증대로 이어지는 낙수 효과를 기대하지만 낙수 효과는 한국에서도 사라진지 이미 오래이기 때문에 일본에서도 기대하기 어려울 것이다. 낙수 효과 대신 오히려 수출 증가와 내수 위축이라는 양극화 현상이 나타날 것이다. 내수 위축 때문에 전체 경제성장은 부진할 것으로 예상된다. 향후 소비세 인상에도 불구하고 세수 증대가 일본 정부의 기대보다 크게 못 미칠 것이다.

결정적인 것은 현재 일본 정부 지출의 약 24%는 국채 발행액의 이자 지급으로 사용되고 있다는 사실이다. 인플레로 인해 국채 금리가 상승할 경우 매년 이자 지급액이 증가할 수밖에 없다. 인플레가 지속되면 급증하는 이자 지출을 더 이상 감당할 수 없게 되고, 이로 인해 앞으로 1~2년 이내에 일본이 재정위기를 겪게 될 가능성이 매우 높다.

한편 중국은 거대한 거품의 수레바퀴를 돌리는 형국이다. 과도한

SOC 투자로 수익이 나지 않는 부실 투자가 어마어마한 규모이고, 비(非)은행권으로 공여된 신용이 부동산투기로 이어져 거대한 거품을 만들어내고 있는 중이다. 베이징(北京)과 상하이(上海) 부동산 가격은 서울에 비해 엄청나게 높다. 반면 베이징과 상하이 근로자의 평균 소득은 서울 근로자 평균 소득의 1/3에 불과하다. 중국의 부동산 가격 거품은 역사에서 그 전례가 없을 정도로 심각한 수준이다.

현재 중국의 총부채가 약 240%이기 때문에 500%가 넘는 일본에 비하면 그래도 양호하다고 볼 수 있다. 하지만 중국 정부 통계에 잡히지 않는 숨은 부채가 상당할 것으로 추정되고 있다. 통상 부동산 거품이 붕괴되고 나면 자산 가치 하락으로 인해 부실 자산이 급격히 늘어나게 된다. 따라서 부실 자산이 얼마나 더 늘어날지는 아무도 예측할 수 없다.

중국 경제의 위험 요소로 언급되는 지방정부의 과도한 부채, 공급 과잉에 시달리는 기업의 부채, 부동산 거품과 연계된 그림자 금융이라는 세 가지 모두가 따지고 보면 결국 과도한 부채 문제라 할 수 있다. 중국 정부는 여전히 성장에 대한 집착으로 공급 과잉을 개선하기 위한 구조조정보다는 자산 가치 하락을 방어하는 정책에 매달리고 있다. 올해 초, 그리고 작년 두 차례 중국 경제 경착륙 위기가 왔을 때도 중국 정부는 새로운 경기부양책과 함께 시중에 자금 공급을 늘리는 정책을 사용했다. 그 덕분에 경착륙은 겨우 면했지만 지금도 부채 규모가 계속 늘고, 신용 거품은 더욱 커지고 있다. 이로 인해 중국은 앞으로 1~2년 이내에 금융 위기를 겪을 가능성이 매우 높다.

반면 유럽은 지난 3년간의 혹독한 재정긴축과 구조조정으로 재정 건전성을 더 이상 악화시키지 않고 조금씩 개선해가고 있다. 독일이 중심이 되어 이끄는 유럽연합은 양적 완화를 적정 수준으로 제한하고 재정 긴축을 우선하여 오랫동안 고통 감내를 실행해왔다. 유럽이 재정위기를 겪은 후 4년 만에 경기순환상 바닥을 지나 최근 들어 회복하기 시작했다.

그럼에도 불구하고 빠른 회복을 기대하기는 어려울 전망이다. 여전히 재정 건전성이 충분히 개선되지 않아 경기부양을 위한 재정투입을 크게 늘리지 못하고 있는 상황이다. 그리고 지구촌의 풍부한 자금이 유럽으로 넘쳐흘러 재정위기 탈출을 도왔지만, 이제는 유로화 강세를 만들어냄으로써 오히려 수출 경쟁력을 떨어뜨려 경기회복의 발목을 잡게 될 것으로 예측된다.

세계 경제는 근근이 성장하고 있으나 일본의 재정위기와 중국의 신용위기 발생 가능성이 높아 향후 전망은 매우 위태롭다. 돈을 너무 많이 찍어내어 채권, 주식, 부동산 모두 신용 거품이 상당하다. 머지 않아 가장 취약한 곳에서 거품이 터지면 도미노처럼 연이어 붕괴될 것이다. 과도한 부채로 인한 위기는 일단 발생하면 회복하는데 오랜 시간이 걸리게 마련이다. 세계 경제는 장기간 불황을 피할 수 없을 것으로 예상된다.

2. 북방경제와 새로운 성장 동력

필자는 수년 내 북한이 경제개방을 시작할 수밖에 없을 것으로 본다. 남북경협이 활발해지면서 경제협력은 확대 발전하고, 결국 통일을 준비하는 단계로 접어들 것으로 보인다. 왜냐하면 북한은 남한의 도움 없이 자력으로 경제개발을 이룩할 수 없다는 인식을 하기 시작했기 때문이다.

북한은 정권유지와 경제발전을 동시에 추구하고 있다. 지금은 정권을 유지하기 위해 '핵보유국 인정'에 매달리면서도 한편으로 경제개발을 위해 중국의 경제협력을 이끌어내려고 노력하고 있다. 북한이 실질적으로 핵무기를 보유하는데 성공하고 있지만 주변국으로부터 지속적으로 '비핵화' 압박을 받고 있다. 이로 인해 경제개발을 추진하는데 상당한 어려움을 겪고 있다. 그리고 중국과의 경제협력에 대해 시장경제 논리로 보자면 성공 가능성은 아주 희박하다. 북한에 투자한 중국 제조업은 생산 원가를 조금 더 줄일 수는 있겠지만 판매를 확대할 수 있는 가격 이외의 다른 차별화가 없기 때문이다. 중국의 브랜드 파워만으로는 판로 확대를 달성하기 어려울 것으로 예상된다. 더구나 앞으로 세계경제는 더욱 어려워질 것으로 예상된다. 세계 경제가 어려워질수록 중국과 경제협력은 부진할 수밖에 없을 것이다. 또한 북한이 갖고 있는 지하자원도 지구촌 생산량이 크게 늘어 이미 공급 과잉 상태에 있다. 따라서 중국에서 볼 때 북한의 지하자원은 예전에 비해 크게 매력적이지는 않다.

앞으로 1~2년 내 중국의 부동산 거품과 신용 거품이 붕괴될 가능성이 매우 높다. 그때는 중국이 북한에 투자하기에 더욱 어려운 상황이 올 수 있다. 중국과 경제협력이 부진하면 북한은 어떤 선택을 하게 될까? 북한 경제난이 악화되고 외부의 경제지원이 절실해질수록 북한이 전향적인 선택을 할 가능성이 높아진다. 또한 북한이 핵무기를 포기한다면 미국과 불가침 협정이 가능하다는 미 국무부의 입장이 발표된 것은 북한의 경제개방을 위해 매우 고무적인 진전이라 할 수 있다.

따라서 빠르면 2~3년 이내, 늦어도 5년 이내 북한이 경제개방 정책을 채택할 가능성이 높다. 만약 경제개방을 선택하지 않고 계속해서 북한 정권이 경제난을 타개하기 위한 희망을 인민에게 보여주지 못하면 북한 정권이 스스로 붕괴될 가능성도 배제할 수 없기 때문이다. 북한 주민들은 발전된 중국을 보고 상대적인 박탈감을 갖고 있다. 북한 김정은의 중국 방문 요청이 여러 번 거절된 적이 있다. 그 이후 박근혜 대통령이 중국을 방문할 당시 시진핑(習近平) 주석이 보인 환대는 북한 기득권층에게 충격적인 인상을 남겼을 것임에 틀림없다.

북한이 경제개방을 한다면 우리의 기술과 자본 그리고 북한의 노동력으로 경쟁력 있는 협력체제가 구축되면서 한반도에선 고도 성장기가 다시 시작될 수 있다. 한국의 브랜드파워는 북한 생산품을 세계 시장에 수출할 수 있는 판로를 열어줄 것이다.

개성공단의 활성화와 확장, 함흥제철소 건설, 북한 SOC 투자, 러시아 가스관 공사, 제2의 시베리아 횡단철도 건설, 그리고 인구 구조적인 내수 규모 확대 등 북방경제는 우리에겐 매력적인 성장 동력이 될 수 있다. 남북한 경제협력이 성공적으로 진행되면 북한을 넘어 러시아, 중앙아시아 그리고 동유럽으로 이어지는 무역 실크로드가 활발해지고, 에너지 개발사업과 중앙아시아 개발도상국들의 도시개발 사업 진출도 늘어날 수 있게 된다. 그야말로 우리 경제를 비상시킬

'북방경제'가 열리는 것이다.

3. 정보화시대 한국인의 축복

한국인은 지구촌에서 가장 뚜렷한 사계절 속에서 살아왔다. 1만 년 전 농경시대부터 계절에 따라 농번기와 수확기, 그리고 월동기에 맞추어 제때 움직이지 않으면 생존의 위협을 받았다. 그래서 우리 한국인에겐 '빨리빨리' 유전자가 각인되어 있다.

이 유전자는 정보화시대에 들어 확실히 두각을 나타내고 있다. 튼튼하게 만들고 체계적인 시스템을 구축하는 일은 독일인과 일본인에게 따라가지 못하지만, 빨리 만들고 재빠르게 활용하는 부문에서는 한국인이 단연 최고이다.

필자가 오래 전 독일에 체류할 때 남유럽과 북유럽 사람들의 극명한 국민성 차이가 아주 인상 깊었다. 그래서 '이러한 극명한 차이를 어떻게 이해할 수 있을까?' 하는 궁금증을 갖고 오랜 기간 그 원인을 찾다가 유럽의 기후에서 해답을 찾았다. 지리적으로 같은 대륙이면서도 남유럽과 중북부 유럽의 기후는 완전히 다르다.

기후가 국민성에 영향을 준 것은 한국인도 마찬가지이다. '빨리빨리'를 달리 말하면 '허겁지겁'이 된다. 산업화시대에서는 '허겁지겁'이 상품의 완성도를 낮추고 생산성 저하를 유발하는 고질적인 단점으로 작용했지만, 정보화시대에선 '빨리빨리'가 오히려 강력한 경쟁력으로 나타나고 있다. 또한 한류 문화는 일시적인 현상이 아니다. 유행을 만들고 주도해가는 흐름에는 시장을 신속하게 읽고 반응해가는 한국인의 '빨리빨리' 문화가 그 기반이 되고 있는 것이다. 아직은 아시아의 할리우드 정도이지만 한류 문화는 세계 속에서 점점 더 확산·발전해갈 것으로 예상된다. IT 산업의 부흥과 한류 문화의 번성은 직접적인 관련성이 없지만 둘 다 국민 성향 측면에서 '빨리빨리'라는 공통적인 뿌리를 갖고 있다. 정보화시대의 한국인은 정말로 축복받은 국민이다.

4. 한반도 르네상스 시대 도래

'빨리빨리'를 기반으로 한 IT 산업의 부흥과 한류 문화의 발전이 한국의 브랜드파워를 높이고 있다. 일본과 중국의 추격에도 불구하고 한국의 경쟁력은 여전히 선두를 유지할 것으로 예상된다. 향후 남북 경제협력 시대가 오면 북방경제를 통한 전통산업의 발전과 함께 균형 있는 한반도 경제성장을 만들어낼 수 있다.

북방경제로 신(新)실크로드 시대를 열고 진취적으로 한반도 경제를 부흥시킬 수 있다. 10~20년 후에는 일본을 넘어 아시아에서 중국 다음으로 큰 경제대국이 될 것으로 예측된다. 인구 7천5백만 명의 통일한국은 인구 1억2천만 명인 일본보다 더 강한 나라가 될 수 있다.

개성공단 재가동과 금강산 관광 재개는 신뢰회복의 기본 단계일 뿐이다. 국가 차원에서 포괄적인 투자보호협정과 안정보장협정을 맺고 대기업이 진출할 수 있어야 비로소 북한경제가 개방된다고 볼 수 있다. 북한이 개방경제를 선택하면 그야말로 '한반도 르네상스 시대'가 열리는 것이다.

최근 박근혜 대통령의 '유라시아(Eurasia) 단일 시장' 제안은 경제부흥과 평화통일 기반구축을 위한 선제적인 행보로 볼 수 있다. 북방경제는 아주 먼 미래의 이야기가 아니고 수년 내 실현 가능한 현실적인 전망이다.

1) 국내 부동산시장 전망

우리나라는 2013년부터 본격적인 주택 공급 과잉 시대에 접어들었다. 2012년 주택보급률이 통계청 발표 기준으로 주거용 오피스텔을 제외하면 약 102%(1인 가구 포함)이며, 매년 약 0.8%씩 증가하고 있다. 주거용 오피스텔을 포함하면 약 107%(1인 가구 포함)로 추정된다. 주택건설업계가 일부 퇴출되고 있지만 아직도 연간 35만 호는 건설해야 현존 건설업계가 생존할 수 있다. 하지만 실수요는 연간 약 25만 호 정도이다.

주택뿐 아니라 상업용 건물도 공급 과잉이다. 저성장이 고착화되고 있기 때문에 새로운 수요도 조금씩 밖에 늘지 않는다. 장기간 저금리가 유지되면서 상업용 부동산 투자는 확대되고 지속되어 왔다. 공급 과잉이 2016년경 정점을 이루고 난 뒤 다소 누그러지겠지만 공급 과잉 상태가 오래 지속될 것으로 예상된다.

현황과 전망은 그렇다고 하지만 앞으로 남북경협이 활발해지고 통일 준비 단계로 간다면 부동산시장은 어떻게 될까? 필자는 북한에 투자가 몰리면서 남한 부동산시장은 다소 소외될 것으로 예상한다. 남한 공단의 상당수 제조업이 북한으로 이전하게 되고, 기술진도 함께 이사해야 할 것으로 생각된다. 북에 가족이 있는 실향민 중 일부도 북으로 이주할 것이다. 만약 평양에 투자할 수 있다면 여러분은 서울과 평양 중 어디에 투자하겠는가?

2) 국내 주식시장 전망

우리나라는 개방경제이기 때문에 해외 경제대국의 동향을 제대로 파악하지 못하면 국내 경제전망을 할 수 없다. 경제강국인 일본과 중국이 어려워지면 당연히 우리나라도 영향을 크게 받을 수밖에 없다. 일본과 중국이 어려워지면 미국과 유럽의 회복세도 약해질 수밖에 없다. 따라서 국내 주식시장은 단기적으로는 매우 어려운 국면이 이어질 것으로 예상된다. 앞으로 1~2년 내 일본의 재정위기 그리고 중국의 금융 위기가 발생할 가능성이 높고, 그 여파로 국내 주식시장이 1,500P 아래로 내려갈 수도 있다. 일본의 재정위기는 필시 엔화 약세를 유발할 수밖에 없다. 엔화 약세가 110엔/달러까지 추가로 이어지면 우리나라 수출 대기업의 수익성을 빠르게 악화시킬 것이다. 가능성이 낮기는 하지만 엔화 약세가 120엔/달러까지 상승할 경우 주식시장이 더 크게 하락할 가능성도 있다.

그럼에도 불구하고 장기적으로는 전망이 매우 밝다. 남북경협은 주식시장에 매우 큰 호재이기 때문이다. 북방경제의 최대 수혜자가 남한 대기업이 될 것은 분명하다. 대기업의 매출과 수익이 늘면 남한 주가지수는 크게 상승할 수 있다. 특히 마땅히 투자할 대안이 없는 선진국 자금이 몰려들 것으로 예상된다. 그야말로 어둠 속 촛불같이 인상적인 투자시대가 올 것이다. 북방경제가 열리면 그 이후 3~5년간 대세 상승 국면이 이어지고 국내 주식시장은 4,000P에 이를 수도 있을 것이다.

3) 외환시장 전망

중장기적으로 재정 건전성을 위해 한동안 긴축했던 유럽이 하락을 멈추고 상승을 모색하고 있다. 여전히 구조조정이 미흡하지만 소폭이라도 성장할 수 있는 여건을 만들어가고 있다. 경기회복은 더디지만 꾸준히 진행될 것으로 예상된다. 따라서 유로화가 최근의 강세(절상)를 이어갈 것으로 전망된다. 향후 1~2년 내 약 1.5달러/유로~1.6달러/유로까지 상승할 수 있다.

반면 엔화는 추가로 약세가 진행될 것으로 예측된다. 일본은행이 추가로 양적 완화를 늘릴 수 있고, 110~120엔/달러까지 절하될 수 있다. 예상대로 재정위기가 발생하면 더 큰 폭으로 절하될 수 있으나 풍부한 외환보유고를 이용해 환율을 방어할 수 있다고 본다. 재정위기를 수습하기 위해선 금리를 하향 안정화시켜야 하는데 그러기 위해선 환율안정이 필수이다. 따라서 일본 당국의 개입으로 엔화 약세는 120엔/달러를 넘지 않을 것으로 예상된다.

그리고 원화는 외국인 자금유출로 인한 절하 요인과 준(準)안전자산으로 인정받는 절상 요인이 동시에 작용하여 당분간 1,100원/달러에서 1,000원/달러 박스권에서 머물 가능성이 높다. 하지만 북방경제가 시작되면 이후 수년간 강세(절상)를 이어갈 것으로 예상된다. 1,000원/달러 아래, 이어서 900원/달러 아래로 내려갈 수도 있다.

5. 창조경제 지원을 위한 경제전망 활용

정부의 정책도 머지않은 미래 북방경제의 기회를 인식하고 북한 경제개발과 경제지원에 대한 예산확보를 서두를 필요가 있다. 제한적인 예산과 자원을 효율적으로 활용하기 위해서는 당연히 선택과 집중이 필요하다. 그리고 우리의 단점을 개선하는데 예산과 자원을 낭비하기보다는 강점을 더욱 키우는데 투자를 늘려 성과를 극대화해야 한다. 즉 '빨리빨리' 유전자의 효과가 잘 발휘되는 산업에 우리의 예산과 자원을 집중해야 한다.

투자자에게 위기는 곧 기회이다. 예상했던 악재들이 모두 노출되어 시장에 반영되고 난 뒤에는 그야말로 좋은 투자 기회가 열릴 것이다. 북방경제가 시작된다면 비록 지구촌 여러 국가들의 경제침체가 지속되더라도 한국 경제는 고도성장을 다시 시작할 수 있다. 문제는 북한이 언제 경제개방을 시작하는가에 달려 있다.

아직은 투자할 때가 아니다. 현금성 자산을 모으면서 때를 기다려야 할 시기이다. 쉬는 게 아니라 모색하고 준비해야 할 시기이다. 많이 준비할수록 더 많은 수익을 얻지 않겠는가? 이순신 장군은 확실한 승산이 없으면 결단코 출전하지 않았다.

어떤 전문가도 미래를 '정확히' 예측하는 것은 불가능하다. 하지만 거꾸로 말해서 미래를 '부정확하게' 예측하는 것은 가능하다고 필자는 생각한다. 필자는 '부정확하게'를 '큰 흐름'으로 바꾸어 예측하는 경제전문가이다. 우리가 큰 흐름만 놓치지 않고 예측할 수 있다면 그것만으로도 매우 큰 활용가치가 있다.

미래의 큰 흐름을 예측할 수 있다면 투자뿐 아니라 창업하시는 분에게도 활용 가치가 있다. 창업자는 성공하기 위해 좋은 아이디어와 차별화된 전략 그리고 적합한 재무 계획과 지치지 않는 열정 등 여러 가지 조건을 갖추어야 한다. 창업 초기에는 예상치 못한 난관에 봉착할 수도 있고, 계획에 차질이 발생할 수도 있다.

창업자가 경제 전망을 활용하여 창업하기에 유리한 시기를 선택하여 사업 성공 가능성을 높일 수 있다. 또한 업종이나 장소를 선택할 때에도 미래 성장 가능성이 높은 품목이나 장소를 고려하여 사업계획에 반영할 수 있다.

창업자뿐만 아니라 기존 사업가들도 긴축 경영을 선택할 때인지 확대 경영을 선택할 때인지 판단할 수 있다. 새로운 성장산업에 진출할 경우 그 시기와 방향을 계획하는데 활용할 수 있을 것이다.

제2부

창조경제,
어떻게 달성할 것인가?

한글의 산업화와 세계화는
새로운 한류

신부용

1. 한글 세계화와 창조경제

창조경제를 간단히 '경제를 창조하는 것'으로 해석해본다. 여기서 '경제'란 '돈을 버는 것'이고, '창조'란 '없던 것을 만들어 내는 것'으로 볼 수 있으므로, 결국 창조경제는 '예전에 없던 방법으로 돈을 버는 것'으로 정의할 수 있을 것이다.

'한글 세계화'라 함은 '한글이 세계 여러 나라에서 널리 쓰이도록 하자는 것'이어서 결국 '한글 수출'이라고 말할 수 있겠다. 수출의 첫째 조건은 돈을 버는 것이다. 그러려면 외국 사람들이 돈을 주고 사 갈 수 있도록 만들어야 한다. 그러므로 한글 세계화는 한글을 외국인들이 돈을 주고 사가도록 만드는 일이다. 과연 한글에 그럴 만한 가치가 있을까?

한국인들은 모두가 한글이 우리나라 최고의 문화재라고 말한다.

그런데 국가 최고문화재로서의 가치가 부족하여 외국인들이 그 가치를 인정하지 않는다면 그 나라는 뭐가 되겠는가? 한글은 우리나라 역사상 최고의 과학기술자라 할 수 있는 세종이 제왕의 자리에 있으면서 10년간 모든 열정을 쏟아 만든 최고의 걸작품이다. 마지막 3년간은 국정의 결재권을 태자에게 맡기고 조정에도 나가지 않았다고 한다. 더구나 훈민정음은 조선 사람만을 위해 만든 것이 아니라는 사실을 확실하게 알 수 있다. 이런 한글을 우리가 수출하지 못한다면 그 가치가 모자라서가 아니라 우리 스스로가 못나서이다. 창조경제가 우리 발목에 시한폭탄을 매달아 놓았다고 생각하면 된다.

2. 한글의 상품성

한글은 꿈 같은 문자이다. 영어를 세계 최고로만 알던 서양 언어학자들은 알파벳 이상 가는 문자가 없는 줄 알았다가 한글을 보고 놀란 후에는 자기가 구사할 수 있는 최고의 표현력을 동원해 칭찬하기 바빴다. 영국의 서섹스 대학(University of Sussex)의 언어 전산처리학자인 제프리 샘슨(Geofrey Sampson) 교수는 '한글을 알파벳과 같은 소리글자로 분류하기에는 부적절하다'고 하여 음형 글자(Featural Alphabet, 혹은 '소리 모양 글자')로 분류했다. 글자 자체가 소리를 보이는 글자라는 획기적인 의미이다. 이 챕터의 마지막에 음형 글자에 대한 보충설명을 달아놓았다.

아일랜드가 낳은 천재적 지성인 버나드 쇼(George Bernard Shaw)는 알파벳의 약점을 극복하는 새로운 문자를 만들려고 시도하면서 다음과 같은 조건을 달았다.

첫째, 최소 40글자가 되어야 한다(알파벳 26글자로는 표기 못하는 발음이 많으므로).

둘째, 글자와 발음이 1:1로 일치하여야 한다(1:1 대응이 이상적인 문자의 특성).

셋째, 라틴 알파벳과 혼동되지 않는 모양을 가져야 한다.

그의 사후에 BBC 방송이 나서서 이 조건을 걸고 실제 연구개발을 거쳐 '쇼 알파벳(Shavian Alphabet)'이라 부르는 문자 체제가 개발되었지만 결국 흐지부지되고 말았다. 버나드 쇼가 진작 한글을 보았더라면 깜짝 놀라서 몸도 제대로 가누지 못했을 것이다. 발음 표기 기능을 위해 글자 수를 늘리는 것이 아니라 조합을 한다든지, 발음과 글자가 일치할 뿐 아니라 발음되는 모습까지 담아낸 글자가 이미 500년 전에 만들어졌다는 사실이 그에게 얼마나 놀라운 일이었을까?

그런데 우리 스스로는 한글이 이렇게 훌륭한 글자라는 사실을 과연 제대로 알고 있을까? 현대 지성을 대표하는 MIT의 노암 촘스키(Avram Noam Chomsky) 교수는 '한국 사람들은 한글이 얼마나 훌륭한 문자인지 모르는 것 같다'고 하였다. 이런 한글을 수출하지 못하는 이유는 외국 사람들이 쓸 만한 용도를 개발해내지 못했기 때문이다. '우리 한글이 당신네 글자보다 좋으니 써보시오'라고 들이민다면 환영 대신 반감만 살 것이 당연하다. 그렇다면 어떤 용도로 개발해야 할까?

3. 한글의 용도 개발

1) 장애인 보조 기술

장애인들은 그들의 장애를 극복해주는 방도를 제시한다면 쌍수를 들고 환영할 것이다. 시각 장애인이 스마트폰으로 문자 메시지를 보내는 경우를 가상해보자. 원하는 문자 단추를 찾을 수 있도록 단추를 2번 누르거나(안드로이드), 누른 손가락을 뗄 때(아이폰) 소리가 나도록 하여 시각 장애인들이 사용할 수 있도록 해놓았다. 익숙해지면 정상인도 그렇듯이 단추 위치를 기억하여 보지 않고서도 빨리 칠 수 있다. 한글은 알파벳에 비해 장애인을 위한 자판 배열이 여러 모로 유리하다. 게다가 한글은 소리나는 대로 글자를 만들어 보내면 상대방이 이해하는데 반해, 영어는 단어의 스펠을 정확히 써서 보내야 한다. 따라서 문자생활을 많이 하지 않는 시각 장애인들에게 단어의 스펠까지 기억하도록 하는 것은 무척 어렵다. 결국 미국의 시각 장애인들은 문자 메시지를 받기는 하지만(글자에 손을 대면 발음을 해줘 읽는 것은 가능) 답장을 하는 일은 극히 드문 일이라고 한다. 그러나 한국의 시각 장애인들은 채팅도 한다. 필자와 함께 연구에 참여하고 있는 시각 장애인은 채팅에서 필자보다 더 빠르게 대응한다.

미국의 시각 장애인들도 한글을 쓰면 이런 문제는 저절로 해결된다. 'I am happy'라는 문자를 보내려 한다면 am인지 em인지 알아야 하고, 또 hapi나 haepi가 아니라 happy라는 철자를 알아야 하지만, '아이 엠 해피'라고 입력하면 한국 시각 장애인들처럼 빨리 입력할 수 있다. 문제는 상대방이 이 표현법을 모르기 때문에 상대방이 한글

표기법을 배우든가 아니면 한글로 된 표기를 영어로 바꾸어주는 기능을 내재시키면 된다. 필자는 이러한 프로그램을 이미 만들어 앱으로 올려놓았다. 즉 '해피'라고 치면 'happy'로 전환시켜주는 것이다. 이 기술은 영어에만 적용되는 것이 아니다. 중국어나 일본어도 소리로 표기하면 충분하다. 이 앱에서 '가쿠세이'라고 치면 '學生'으로 출력해준다. 중국어도 포함되어 있다. 원리는 간단하다. 이 지구상에는 수백 개의 언어가 있지만 '가쿠세이'로 소리나는 단어는 일본어에만 있기 때문에 소리로 다국어 사전을 만들어 놓으면 다 찾아낼 수 있다. 이 앱은 '언어가 소리 기반'임을 알려준다. 한글은 소리 기반이니 당연히 어느 언어나 쓸 수 있는 것이다.

문제는 '이 앱을 어떻게 외국의 시각 장애인에게 전달하느냐?'이다. 쉬운 일이 아니다. 그 나라의 장애인협회를 통해야 할 터인데, 우선 장애인협회를 찾아 메일을 보내든지 아니면 직접 찾아가 판촉을 하여야 할 사람이 있어야 하고, 경비도 조달할 수 있어야 한다. 아마도 복지단체가 나선다면 가능한 일이겠지만, 돈을 벌기까지는 상당한 초기 투자가 필요할 것이다. 그러나 장애 보조기구는 정부나 복지단체의 보조금이 있으므로 상당한 시장을 형성하고 있다. 전세계를 대상으로 할 수 있다는 사실을 고려할 때 그 시장은 결코 작지 않을 것이다. 투자해볼 만한 사업이라 할 수 있겠다.

청각 장애인들 중 난청 장애인들은 보청기를 사용하는데 장애 정도가 심하면 보청기가 큰 도움이 되지 못한다. 결국 말을 못 알아들어 사회활동에서 큰 제약을 받게 된다. 이들에게 음성을 인식하여 들리는 대로 한글로 받아 써주는 앱을 만들어 제공한다면 큰 도움이 될 것이다. 기존의 음성 인식 기술은 소리를 인식한 다음에 그 소리가 무슨 뜻을 나타내는지를 찾아준다. 따라서 뜻을 찾지 못하면 검색에 실패했다고 결론내린다. 하지만 난청자들은 그것보다는 소리를 그대로 써주기를 바란다. 뜻은 자신이 스스로 판단하는 것이 더 신속하고 편리하기 때문이다. 예를 들어 '아버지가 들어 오'까지만 들었다면 기존 음성 인식기는 '아버지가 들어 오신다'라고 완성시키든지 아니면 '아버지가 through'라고 하여 자기가 판단하여 뜻을 만들어낸다. 그렇지만 난청 장애인들은 그것이 반갑지 않은 것이다. 그저 '아버지가 들어 오'까지만 받아 써주면 사용자가 더 잘 판단할 수 있다는 것이다.

이러한 음성 인식기는 아직 상품화된 것이 없다. 개발자들이 그런 수요가 크지 않을 것이라고 생각하고 있기 때문이다. 그러나 장애인 구호사업으로 보조금을 지원받는다면 시장이 있을 수 있다. 또한 이 앱은 국내 수요만 있는 것은 아닐 것이다. 어느 나라에서나 한글을 배우면 이 기계를 사용할 수 있을 것이다. 누가 한글을 배우겠느냐고 하겠지만 장애를 극복할 수 있다면 이야기가 달라진다. 더구나 한글을 배우는 것은 식은 죽 먹기보다 쉬운 일이다. 필자는 전맹자(全盲者; 태어나면서부터 시각 장애를 가진 사람)에게 훈민정음 원리를 설명해 가며 한글을 가르쳐준 일이 있다. 3시간을 약속했는데 45분 만에 자기 이름을 쓸 수 있는 정도가 되었다. 시각 장애인임을 감안하여 모아쓰기는 요구하지 않았다. 한글은 글자 하나하나가 모두 독립된 소리를 내므로 용도에 따라서는 모아쓰기를 고집할 필요가 없다.

2) 다언어 기술

앞에서 이미 다언어 접근에 대해 언급했고, 또한 한글이 만국어 문자가 될 수 있음도 설명했다. 미국 동포 중에 쟈니 윤이라는 유명한 코미디언이 있다. 그는 한글 덕택으로 쟈니 카슨의 'The Tonight Show'라는 미국 최고 토크쇼의 단골 초청객이 될 수 있었다고 한다. 처음 그 프로에 등장한 그는 17개국의 노래를 원어로 유창하게 불러 모두가 놀라 "어떻게 그렇게 여러 나라 말을 잘 하느냐?"고 물으니, "무슨 소리인지는 하나도 모른다. 그냥 발음만 따라 했다"고 했다는 것이다. 나중에 그는 한글의 위력을 절감했다고 술회했다.

문자의 궁극적인 목적은 말을 기록해두는 것이다. 최초의 문자인 상형문자가 사용되던 당시에는 생활이 아주 단순하여 몇 가지 그림만으로도 의사소통이 가능했을 것이다. 그림이지만 말(발음)도 붙어 있었을 것이라고 상상할 수 있다. 아마 그렇게 해서 말과 글이 발달했으리라 생각된다. 중국 사람들은 그림을 단순화하여 글자로 만들었다. 한자의 약점은 우리가 잘 알고 있다. 한자보다 좀 더 앞선 수단이 알파벳이라 할 수 있다. 인류의 지식 범위가 급속하게 확산되면서 사물 하나하나에 글자를 만들어 붙이는 데에는 한계가 있어 알파벳을 조합하여 단어를 만들어 해결하는 방법이었다. 영어와 알파벳은 현재 인류 문화를 지배하다시피 하고 있다.

그러나 위에서 언급한 버나드 쇼의 이야기에서 알 수 있듯 사실 알파벳보다 더 효율적인 문자가 필요하다. 그는 불과 60년 전 사람이었지만, 우리의 세종대왕은 이미 600년 전에 그의 고민을 완벽하게 해결했던 것이다. 버나드 쇼가 살아 있다면 주저하지 않고 한글을 세계화하자고 주장했을 것임은 명약관화하다. 그리고 '이미 영어로 구축해 놓은 방대한 지식 체계를 어떻게 한글로 전환해 쓸 것인가?' 하는 방법을 찾아내려 했을 것이다.

문자가 말을 1:1로 표기하지 못할 때에는 그 가운데에 발음기호를 놓아 통하게 만든다. 우리는 모두 중학교에서 영어의 발음기호를 배웠다. 그런데 그 발음기호가 어려워서 미국 사람들도 사전에서조차 잘 안 쓰고 있다. 중국의 한자는 알파벳을 발음기호로 사용하고 있다. 소위 '병음(Pinyin)'이라는 것이다. 하지만 한글에는 발음기호가 따로 없다. 한글이 바로 발음기호이기 때문이다.

요약하면 한글은 소리와 글자가 직결되어 있는데 비해, 영어는 글자를 조합하여 단어를 만들어야 소리가 발생한다는 것이다. 즉 한 번 갈아타야 한다는 말이다. 중국어에서는 병음이 있어 영어보다 한 단계 더 갈아타야 한다. 직행열차를 타는 것과 한 번 갈아타는 것, 또는 두 번 갈아타야 하는 것의 차이는 굳이 설명할 필요가 없다. 우리는 이 차이가 부각될 수 있는 기술을 개발해야 한다. 전쟁에서 승리하려면 자기 전술이 먹혀들 수 있는 장소로 적을 유인해내야 하듯 말이다. 그러기 위해서는 한 가지 전제 조건이 있다. 지금의 한글로는 f, r, v 등 몇 개의 발음 표기가 안 되는데 이것부터 해결해야 한다. 이것은 정부가 조금만 관심을 기울인다면 내일이라도 당장 훈민정음의 옛 글자를 복귀시키든지 아니면 훈민정음의 원리를 기반으로 간단히 표기 방식을 만들어낼 수 있다. 이미 무수한 아이디어들이 시중에 알려져 있어 선택만 하면 된다. 그런데 정부가 마음을 여는 것이 꽤 어려운 모양이다. 일제강점기인 1930년대에 만들어놓은 맞춤법을 아직까지 고수하고 있으며, 아예 국어기본법이라는 것을 만들어 쇠사슬을 감아놓았다.

우리 한글이 만국어 발음 기호가 된다면 창조경제는 활짝 필 수 있을 것이다. 우선 중국 사람들이 알파벳으로 된 병음을 버리고 한글 병음을 채택할 것이며, 영어를 배우는 사람들도 어려운 발음기호 대신 한글로 배우게 될 것이다. 실제 최근 등장한 '한글로 영어'라는 강좌는 전국에서 몰려오는 남녀노소 학생들로 예약하고 순서를 기다려야 하는 지경이라고 하며, 적지 않은 가격의 교재도 주저하지 않고 사고 있다고 한다. 이것이 절대로 우리나라에서만 가능한 일은 아닐 것이며, 일본이나 중국에서도 당연히 그렇게 될 것이다.

이렇게 한글이 보급되면 점차적으로 자국 문자 대신 한글로 통하는 일이 잦아질 것이며, 그렇게 됨으로써 종국에는 세종대왕의 의도대로 우리 한글이 만국 문자로 등장하게 될 것이다. 그러면 우리말을 아는 것만으로도 우리 젊은이들이 세계 각지에서 할일이 엄청나게 생겨날 것이다. 마치 미국·영국·호주·필리핀 사람들이 강남에서 환영받듯이 말이다.

4. 맺는말

필자는 '한글 세계화'처럼 창조경제를 활짝 꽃피울 소재가 또 있을까 생각해본다. 기존에 없던 것을 완전히 새로 시작하는 것이고, 우리 고유 문화재의 가치를 활용하는 것이며, 연구·개발은 거의 우리 전유물이어서 외국이 이를 모방하거나 지적재산권 소송을 걸 일도 없을 것이다. 게다가 그 기대 효과는 세계 곳곳에서 다양한 방법으로 그리고 엄청난 규모로 나타날 것이다.

그렇다고 사전에 해결해야 할 문제도 그렇게 대단한 것은 없다. 단지 외래어표기법을 고쳐서 만국어 발음 표기 능력을 보강하고, 연구 체제를 구축하여 연구 겸 교육을 병행하는 과제를 수행토록 하면 될 것이다. 큰 공장을 짓거나 대규모 부지를 요하는 일도 없다. 즉 이 사업은 시간이나 비용의 문제가 아니라 정부의 의지 문제라고 생각된다.

하지만 그렇다고 만만하게 볼 일도 아니다. 이 사업의 가치를 눈치 챈 외국이나 외국 기업, 특히 일본에서 한국인들을 대량으로 고용하여 선수를 칠 수도 있기 때문에 신속하게 그 기초를 구축하여야 할 것이다. 급하더라도 기본 계획부터 수립하고 차근차근 추진해나가야 할 것이다.

❖ 음형 글자(Featural Alphabet)

'음형 글자'라는 말은 '글자 자체가 음가(音價)를 보이는 글자'라는 뜻인데, 앞에서 언급한 '쇼 알파벳(Shavian Alphabet)'과 알렉산더 그래함 벨(Alexander Graham Bell) 부자가 개발한 'Visible Speech' 등 8개를 꼽을 수 있지만, 지금은 거의 존재하지 않거나 속기 글자 등 특수 목적으로 쓰이고 있으며, 상당한 사용자를 갖고 있는 문자는 한글뿐이다.

다음 그림은 캐나다 원주민 언어인 '크리(Cree)'를 표기하는데 쓰이는 'Syllabics'라고 불리는 문자이다. 간단하고 배우기가 쉬워 19세기 후반에는 캐나다 원주민들이 세계에서 가장 낮은 문맹률을 보였을 가능성이 높다고 한다. 모음에 따라 자음의 형상을 바꿔가는 재미있는 아이디어를 보이고 있다.

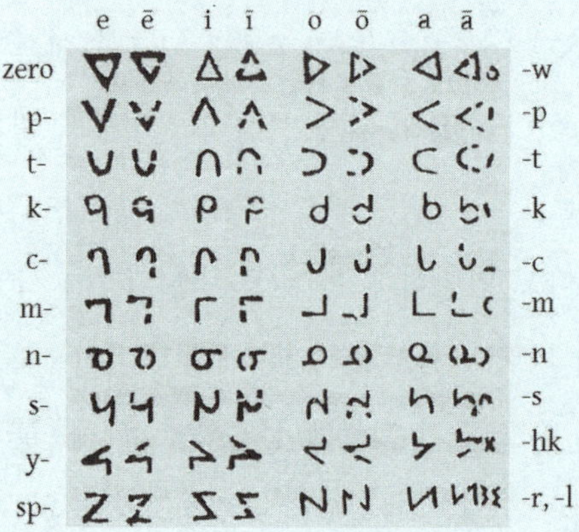

w-: · (mid dot). Final -y: ˙ (high dot). h- and -h: "

❖ 소리가 보이는 문자(Visible Speech)

미국의 알렉산더 멜빌 벨(Alexander Melville Bell)과 그의 아들 그래함 벨은 1867년부터 수년 동안의 연구 끝에 목구멍, 혀와 입술을 형상화한 글자를 선보였다. 그러나 글자들이 비슷비슷하고 특히 로마자와 혼동되어 크게 보급되지 못하다가 IPA가 출현하면서 자기의 목표가 달성되었다고 생각했다. 몇 가지 예를 아래에 소개해 본다.

Bell's Letter	Pronunciation
ʊ	't' in tea
ɒ	'd' in day
ɯ	'n' in son
ɜ	'th' in thigh
ɜ	'th' in thy
ɔ	's' in hiss
ɜ	's' in his

2

시스템 과학과 시스템 엔지니어링을 알아야 한다

박영원

1. 왜 세상은 점점 복잡해지는가?

창조경제의 구현 방법에 관한 성공적인 방법론이 아쉬운 때이다. 사람들은 원시시대부터 현세에 이르기까지 일상생활 주변의 모든 것들을 점점 더 복잡하게 만들어왔다. 석기시대의 단순한 도구에서 시작하여 오늘날 ICT 기술과 인터넷으로 전 세계가 엮어진 사회경제적 시스템의 복잡성은 우리에게 시사하는 바가 크다.

왜 세상의 모든 것들이 점점 복잡해지고만 있을까? 이에 대한 해답은 융합과 복합을 통해 얻어지는 시스템을 이해하면 쉽게 수긍이 된다. 바로 '순기능 창발성(Positive Emergent Property)' 또는 흔히 말하는 '시너지(Synergy)'에 대한 욕심 때문이다. 서로 다른 구성 요소들을 결합하거나 상호작용하도록 설계하여 운용할 때, 각 구성 요소에는 없는 새로운 성질로 나타나는 시너지의 효용성과 혜택들이 세상의 모든 것들을 점점 더 복잡하게 만드는 이유이다. 이러한 시너지는 시스템을 구성하는 인력, 하드웨어, 소프트웨어, 공정 그리고 정보 요소들의 어떠한 조합에서도 가능하며, 구성 요소 각각도 하나의 시스템으로 하부 구성 요소에 없는 기능적 또는 비기능적(성능, 효과성, 안전성 등) 성질을 얻기 위해 형상화되고 창조된다.

따라서 우리가 창조경제를 구축하는 일은 새로운 물리적, 개념적, 제도적, 문화적, 경제적, 정치적, 인적 또는 사회적 장치들을 '순기능 창발성'이 극대화되고 '역기능 창발성'이 최소화되도록 온 국민이 새로 만들거나 기존 장치나 시스템들을 개선하고 진화시키는 일이며, 정부는 주도적으로 또는 촉진자 입장에서 법적, 제도적, 정치적 또는 사회적 장치들을 창조하며 환경을 조성하고 지원해야 한다. 결국 '창조경제를 이룩하자'는 의미는 유익한 새로운 시스템과 장치들을 모든 분야에서 정부와 사회 구성원들이 개발하고 개선하여 사회적, 문화적 그리고 경제적 자산을 마련하는 일에 모두가 함께 매진하는 일이라고 생각한다.

2. 시스템적 사고는 동서고금을 통한 공통의 지혜

현대는 모든 인간의 문제들을 시스템을 통해 해결하는 복합 시스템의 시대이다. 어렵고 복잡한 사업은 분야를 막론하고 인력 조직(People System)이 필요하고 공정 체계(Process System)가 필요하며, 도구 체계(Product System)가 있어야 한다. 또한 지원 시스템도 필요하다.

이들 시스템을 구성하는 구성 요소들과 지원 시스템 구성 요소,

그리고 자연 및 사회적 시스템 구성 요소들의 상호작용에서 발생하는 순기능들이 모든 임무의 성공 여부를 결정하고 있으니, 시스템과 장치에 의존하지 않고서는 어려운 일을 성사시킬 수 없는 세상이 되었다. 결국 사업 임무의 성공과 실패도 창발성의 발현인 것이다. 따라서 선진국들은 경쟁적으로 시스템적 사고의 응용을 경영, 사회, 정치 및 공학 분야에 적용하며, 대학교의 교과 과정과 학위 과정을 혁신적으로 개혁하고 있다.

시스템 관점으로 세상을 보는 눈은 동서양을 막론하고 만인의 평등과 자유에 기초를 둔, 부분 최적화가 아니고 전체 최적화 추구에 대한 국가 경영 이념의 민주주의 사상에 기초하고 있다. 시스템적 사고는 복잡한 개발문제에 대한 해결책, 모든 이해 관계자의 관심사와 제약 사항, 수명 주기에 걸친 요구 사항과 제약 사항, 상호작용하는 사회적 또는 자연환경, 그리고 모든 불확실성 등을 고려하는 사고 방법이다.

이러한 시스템적 사고의 일상적 응용은 〈성공하는 사람들의 7가지 습관〉의 저자 스티븐 코비(Stephen Covey)가 성공적 사회생활 공정 지침으로 제시하는 일곱 가지 원칙들 모두가 시스템 해결책을 위한 설계에 공통적으로 적용되는 지침과 동일한 내용이다.

국가적 문제를 해결하기 위한 모든 정책이 수행 단계에서 순기능만이 발생하기 위해서 모든 이해 관계자의 요구 사항과 제약 사항들이 사전 수렴되어야 성공한다. 이러한 시스템적 접근이 사회경제적 문제 해결에 응용됨을 대변하는 것으로서, 시스템 과학의 역할을 나타내고 있는 것이다.

그러면 모든 융·복합 시스템과 장치들은 어떻게 개발되는 것일까? 영감을 얻고 무수한 조합의 실험과 시행착오를 통해야 하는 것일까?

3. 시스템적 사고와 시스템 엔지니어링 방법론

융·복합을 통하여 새로운 시스템과 장치가 창조되기 위해서는 먼저 우리 주변에 혼재하는 불편, 비효율성, 부패, 불평등, 고통 등의 해결 그리고 임무 성공의 필요성과 새로운 즐거움, 행복, 편익의 필요와 개선에 대한 기회를 포착하여 문제를 정의해야 한다. 그리고 이에 대한 해결책을 찾는 목적 지향적인 임무 정의로부터 시작해야 한다. 현존하는 대부분의 시스템과 장치들이 목적 지향적으로 창조되어 세상에 존재하기 때문이다. 목적 지향적이 아니고 구성 요소가 많은 제품개발을 융·복합적인 실험에 의존하는 경우는 자원의 낭비로 인해 바로 한계에 봉착하게 된다.

목적 지향적 시스템과 장치의 개발은 미국의 첨단산업과 사회과학 분야에서 많은 복잡한 문제를 해결하고 첨단 문명의 이기(利器)를 개발하면서 시스템적 사고와 접근 방법의 중요성을 인식하게 하였으며, 개발 기술의 이해와 발전을 이루어놓았다. 이러한 시스템과 장치가 필요한 이유는 우리 주변에 존재하는 모든 어렵고 복잡한 문제들과 이들에 대한 해결책들은 많은 이해 관계자들과 사회적, 문화적, 역사적, 자연 환경적 그리고 경제적 복합 요소들을 내포하고 있기 때문이다.

　명확한 문제 정의를 위해서 총체적(Holistic) 또는 시스템적(Systemic) 접근을 하지 않을 경우 올바르게 문제를 정의하지 못한다. 잘못된 문제 정의는 잘못된 해결책에 이르는 첩경이다. 해결책 정의를 위해서도 모든 이해 관계자들의 관심사들을 아우르는 종합적 해결책을 통해 전체 최적화의 해결책이 채택되어야 하기 때문이다. 따라서 한정된 자원과 시간 내의 우선순위에 따른 문제들을 정의하고 효과적 해결책을 얻기 위해서는 목적 지향적으로 접근하는 시스템적 접근이 최선의 방법이라 할 수 있겠다. 이러한 문제 정의와 해결책 정의는 각각 시스템 요건 공학과 시스템 아키텍팅, 또는 시스템 설계 학제 과목에서 특수공학 분야와 시스템 해석 또는 시스템 모델링과 시뮬레이션의 지원을 통해 다루어지고 있다.

　많은 첨단 시스템을 개발한 선진국들은 시행착오를 통해 시스템적 접근이 필수적임을 체득하고 시스템 과학과 시스템 공학을 발전시켜 왔으며, 이런 노력이 가속화되고 있다. 제2차 세계대전 중에 레이더와 통신망, 그리고 항공기 등의 개발 사업으로 발전하기 시작한 시스템 엔지니어링은 냉전 시대에 대륙간 탄도탄(ICBM) 망의 구축과 아폴로 사업을 성공시켜 미국 우주 방산업체들이 대외비로 간직하는 개발기술의 노하우로 성숙하였다. 냉전이 끝나고 우주 방산업체들이 통·폐합되고 구조조정되면서 민수(民需)산업으로 기술 이전이 시작되어 국제시스템공학협의회(INCOSE)가 1990년대 초반에 활동을 개시하면서 개발기술 방법론으로 세상에 알려지기 시작하였다. 특히 복잡한 시스템들의 개발기술을 시스템 엔지니어링으로 정의하고 그 지식 체계를 정리하여 세계 250여개 대학에서 새로운 학위 과정으로 채택하고 있다.

4. 창조경제와 시스템 엔지니어링

모든 시스템의 성공적 개발은 순기능을 극대화하면서 역기능(Negative Emergent Property)을 최소화하도록 시스템의 개발 문제를 정확하게 정의해야 한다는 것과 그에 대한 해결책 정의도 전체를 고려한 전체 최적화 설계를 해야 한다는 것이 시스템적 접근 방법의 핵심이다. 즉 시스템 설계를 통하여 새롭고 유익한 성과들을 얻도록 하는 것이 목적인 만큼 역기능의 발생도 억제하는 설계가 되어야 한다는 것이다.

이러한 시스템 설계는 기술적 시스템뿐 아니라 사람을 포함하는 모든 장치와 기업, 그리고 사회경제적 인프라까지 그 응용 영역을 점점 넓혀가고 있다. 역기능을 최소화하는 시스템 설계는 전체 수명 주기에 걸쳐 시스템과 상호작용해야 하는 모든 이해 관계자들의 관심사와 지원 시스템들의 제약사항 등을 개발 초기에 개발 문제 정의와 설계 해결책 정의에 반영하는 것이다. 그리하여 이러한 시스템적 사고의 응용은 많은 시행착오를 통한 교훈으로서 이를 개발 공정에 반영하고 시스템적 접근을 통해 다양한 대상 시스템의 개발과 진화의 문제를 올바르게 정의하고 문제에 대한 최적 해법을 설계하는 분야가 되었다.

모든 산업 분야에서 개념 및 기본 설계 단계는 개발 사업의 타당성을 보여주고 개발의 문제를 단계적으로 명확하게 정의해주며 개발

사업의 비용과 일정을 개발 의사결정이 가능한 정확도 수준으로 추정할 수 있도록 최선의 시스템 해결책을 찾아준다.

이러한 중요한 투자 결정을 가능하게 해주는 개념 설계와 기본 설계의 방법론은 산업 분야에 따라 크게 다르지 않다. 시스템 엔지니어링의 가장 중요한 영역은 설계 자유도가 가장 높은 개념 정의와 기본 설계 단계의 프로세스, 방법 및 도구에 대한 지식 체계이다.

우리나라는 제조 산업을 중심으로 역공학(逆工學, 완성품을 분해하여 기본 원리와 기술을 추적하는 방법)을 통해 산업화를 이루어왔다. 이러한 과정에서 가장 부가가치가 크고 창의산업에 필수적인 선행 엔지니어링 개발(Front-End Engineering and Design) 단계를 대부분의 산업에서 선진국에 의존하며 역공학을 통하여 일부 상세 설계 기술을 확보했다. 하지만 대부분의 산업에서 개념 설계와 기본 설계 분야를 수행할 기회가 없었고, 이에 대한 노하우를 모르며 공과대학에서도 교과 과정에 빠져 있는 상태이다.

이를 수행하는 학제간 노하우가 시스템 엔지니어링의 핵심 분야이며, 각 전문 분야별 시스템 해석을 제외하고 모든 산업 분야에 공통적 프로세스(P), 방법(M), 도구(T)와 환경(E) 요소들을 대부분 포함하고 있다. 이러한 공통 요소들을 산업 분야 간에 중복하지 않고 공부하는 학문이 시스템 엔지니어링이며, 역시 모든 사회적 시스템들의 문제 정의와 해결책 정의에 공통적 방법론으로 다루는 학문이 시스템 과학이다. 그리고 시스템 과학과 시스템 엔지니어링은 시스템적 사고와 접근 방법들을 공유하며 발전하고 있다.

5. 시스템 엔지니어링은 제품, 임무 그리고 엔터프라이즈 시스템 개발에 응용

우리나라에 '생산기술'과 '제조기술'이 발전해 있듯이, 복잡한 시스템의 신규 개발 경험이 풍부한 선진국들은 '개발기술'이 발전해 있고, 이들도 ICT 기술의 발전과 함께 융합 기술의 방법론으로 발전하고 있다. 국제시스템공학협의회(International Council On Systems Engineering : www.incose.org)에서 정의하는 시스템 엔지니어링은 '학제간 접근 방법이며 성공적 시스템 개발을 가능하게 해주는 방법으로 고객과 이해 관계자들의 필요와 요구되는 기능성을 개발 주기 초반에 식별하고 분석하여 요구 사항들을 문서로 만들고 전체 수명 주기의 이해 관계자들의 관심사를 고려한 설계 해결책을 합성하고 이를 시험검증 방법을 통하여 검증하고 확인한다.'

따라서 제품 시스템 개발의 성공을 위해 임무 시스템의 큰 그림을 분석하며 개발하다 보니 임무 시스템의 큰 그림인 엔터프라이즈 시스템을 분석하게 되고, 임무 시스템을 성공시키기 위해 엔터프라이즈 시스템을 분석하게 되는 등 시스템적(Systemic) 접근 방법은 꼬리에 꼬리를 물고 더 큰 그림의 응용으로 확산되고 있다.

이처럼 방위산업과 우주항공 분야에서 복잡한 시스템 개발의 시행착오로부터 교훈이 쌓여 발전한 시스템 엔지니어링은 개발기술의 기법을 이끌어가며, 그 응용 영역을 복합 시스템(SoS)과 엔터프라이즈 시스템의 개발과 진화의 방법론으로 넓혀가고 있다. 즉 창조경제를 위한 모든 시스템과 장치 개발은 시스템 엔지니어링이 개발기술의 핵심 방법론인 것이다.

6. 시스템 엔지니어링의 역할과 혜택

〈그림 1〉에서 보듯이 복잡한 첨단 시스템 개발 문제는 어느 한 분야의 전문성으로 결정되지 않고 고객의 임무 목표를 만족하기 위해 관계되는 이해 관계자 모두의 관심사들을 취합해서 주어진 제약 사항들과 요구 사항들을 고려한 개발 문제와 이에 대한 시스템 해결책이 절충과 해석을 통해 얻어져야 한다. 시스템 엔지니어가 상충하는 최종 목표와 임무를 고려하여 전체 최적화, 자원의 효과성과 효율성을 달성하도록 기술적 기획관리, 문제분석 및 정의, 해결책 정의, 인터페이스 조율, 대안 분석, 통제와 통합, 시험검증과 확인 업무 등을

| 그림 1 **시스템 엔지니어의 역할과 책임** |

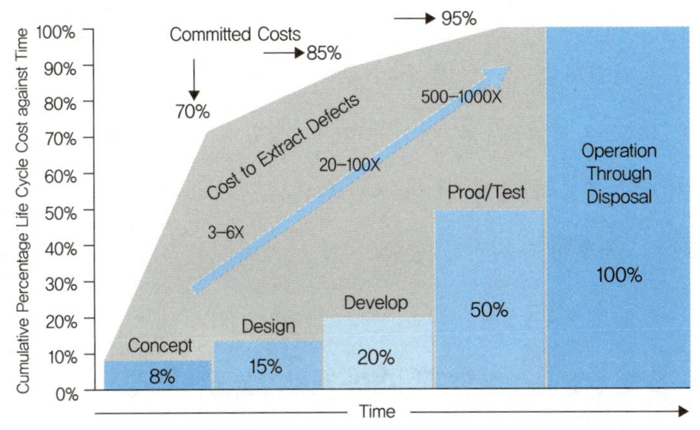

성공적으로 수행해야 한다.

개발 초기 선행 단계에서 수행하는 개념 단계의 결과물은 개발 총 예산의 8% 정도의 자원만을 소모하지만 〈그림 2〉의 그래프처럼 개발 예산 70% 이상을 결정하는 역할을 한다. 이 말은 개념 단계의 품질이 개발사업 성공을 크게 좌우할 뿐만 아니라 이 단계가 창의성을 수용하는 유연성이 가장 큰 단계임을 시사한다. 따라서 창조경제를 구축하기 위해서는 모든 산업 분야에서 개념 단계의 기법이 필수적임을 알 수 있다. 그리고 개발 단계의 진척에 따른 설계오류 수정 비용이 기하급수적으로 커짐을 알 수 있고, 개념 단계의 완벽 여부가 사업 성공을 담보하고 있음을 보여주고 있다.

이렇게 중요한 시스템 엔지니어링 지식이 없이 개발 사업을 수행한다면 결국 시스템을 마구잡이로 난개발하는 결과를 초래할 것이며, 우리나라의 모든 첨단 시스템 개발 사업들이 왜 반복적으로 실패하고 있는지를 잘 보여주고 있다. 시스템 엔지니어링은 실패를 예방하기 위한 개발 초기 활동과 수명 주기에 걸쳐 단계별 위험 부담을 항상 점검하고 사전 완화하며, 시스템 최상부에서 꼭 필요한 기능적, 그리고 비기능적 창발성이 얻어져 개발 사업이 성공하는데 필요한 기술적 조율과 통합 관리, 시스템의 무결성(Integrity)을 지속해서 검증하고 확인하는 역할을 한다.

7. 우리나라 시스템 엔지니어링 개발기술의 시급성

일본과 중국 사이에서 제조 산업의 경쟁력이 후발국의 도전에 직면한 우리나라는 이제 개발기술을 통해 창의 산업에 진출해야 한다. 창조경제에서 선진국들과 어깨를 나란히 겨루기 위해서는 우리 스스로 모든 산업 분야에서 융·복합 시스템의 개념 설계와 기본 설계 능력을 신속히 갖춰야 한다.

이는 개발 임무 달성을 가능케 하는 개발 공정·방법과 도구의 기술 성숙도를 높이고, 불확실성과 복잡성, 그리고 역기능들을 극복하며, 개발 사업의 도전 빈도와 성공률을 선진국 수준으로 확보하는 일에서 시작된다. INCOSE의 금년도 통계에 따르면 미국에서 71개 대학, 그리고 미국을 제외한 선진국에서 157개 대학들이 시스템 엔지니어링 교과 과정을 운영하고 있다. 2000년도 초반의 같은 자료와 비교할 때 미국의 경우 10년 사이에 2배 이상으로, 미국을 제외한 경우 10배 정도가 증가된 통계 수치이다. 우리나라의 교육계와 산업계가 선진 문물을 받아들이는데 지나치게 보수적인 태도를 보이는 사이에 외국 대학들이 얼마나 개혁과 혁신에 몰두하였는지를 보여주는 좋은 사례라 할 수 있겠다.

선진국 시스템 산업체들과 연구소들은 이미 40여 년 전부터 엔지니어링 조직도에 시스템 엔지니어링 부서가 임무를 수행하였으나, 우리나라 시스템 산업체들은 아직 시스템 엔지니어의 역할이 거의 없는 상태이다. 그렇지만 분야에 따라 선진국과 경쟁하는 제품들이 개발되고 있으니 알게 모르게 시스템 엔지니어링에 해당하는 업무를 주먹구구식으로 하여 시험 검증 단계에서 많은 낭비를 하거나 조선 분야처럼 선진국에 설계 용역을 주어서 하거나, 또는 선두주자 위치가 아닌 역공학으로 위험 부담이 적은 사업만 하는 상황이다.

2013년 미국의 필라델피아에서 열린 '국제시스템공학협의회 2013 심포지엄'에서 미 국방부 시스템 엔지니어링 차관은 미 국방부에서 일하는 시스템 엔지니어들이 3만 9천 명이라고 발표했다. 이들의 활동을 통해 세계에서 첨단 시스템을 가장 많이 개발하는 미 국방부 획득 조직이 개발 문제와 해결책, 그리고 접근방법을 명확히 정의하며, 가장 적은 자원으로 가장 많은 위험 부담을 가장 빨리 제거하여 비용, 일정 및 성능 목표들을 달성하기 위한 해결책 구축에 낭비가 없도록 모든 예방적 조치를 수행하고 있음을 엿볼 수 있다.

미 국방부 예산의 12분의 1 정도의 예산을 한국 국방부가 지출한다 하더라도 거기에 필요한 시스템 엔지니어의 숫자는 3천 명 이상이어야 한다. 하지만 시스템 엔지니어링 전문 학위과정이 1개 대학에만 운영되고 있는 우리나라 실정에서 분야에 대한 학계, 정부, 산업계 모두가 각성해야 하는 시점에 있음을 주장하는 바이며, 단기교육 과정과 전문대학원 과정, 또는 학부 과정들이 시급히 개발되어야 한다. 세계 250여 개 대학에서 학위 과정이 진행되는 엔지니어링 과정이 우리나라의 세계 경제적 위상에 걸맞지 않게 잘 알려져 있지 않다는 것은 고민해야 할 상황임에 틀림없다.

필자는 이 책을 통해 우리나라의 창조경제와 시스템 산업 발전에 대한 사회적 자산의 신속한 축적을 위하여 융·복합 시스템의 '개발 기술' 방법론으로서의 시스템 엔지니어링의 중요성을 새롭게 인식하고 확산시킬 수 있기를 새삼 기대해본다.

안전하고 지속 가능한
에너지 정책

나용환

1. 에너지 공급 우선 패러다임의 종언

2013년 여름은 전국을 밤낮없이 용광로처럼 달궜던 폭염으로 인해 1973년 이래 가장 더웠던 여름으로 기록되고 있다. 열대야 현상도 22일이나 지속되어 19년 만에 기록을 갈아치웠다. 더욱이 원자력 발전소 3기가 본격적인 여름철을 앞두고 가동 중단되어 전력 부족까지 겹치면서 국민들은 몇 배의 고통스러운 여름을 보내야 했다. 지난 10년간 여름철 최대 전력 증가율은 4.3%로 공급 증가율 3.0%를 크게 상회하고 있다. 정부의 전력공급량 확충 속도가 국민의 전력사용 욕구를 따라잡지 못하고 있는 것이다. 여기에 올해의 경우 원자력 가동 중단 등의 영향으로 전력공급 능력이 전년도에 비해 감소(2012년 7,708만KW, 2013년 7,672만KW)하는 사상 초유의 사태까지 벌어졌다. 말 그대로 설상가상의 상황이 전개된 것이었다. 전력 당국에서는 끌어 모을 수 있는 공급 시설은 모두 끌어 모으고, 발전소 가동률을 최대화하는 등 가용 가능한 자원을 극대화하기 위한 사투가 매일 벌어졌고, 국민들은 국민들대로 연일 정부의 절전 정책에 참여하느라 지쳐 피곤한 하루하루를 보내야 했다. 공장에서는 절전 규제가 시행되어 조업시간을 변경하거나 일부 생산 라인을 가동 중지해야 했고, 산업체·상업시설·공공기관 등 일정량 이상 전기를 사용하는 대상자는 모두 실내 냉방 온도를 준수해야 했으며, 상점에서는 문 열고 냉방하는 영업 행위가 집중 단속의 대상이 되기도 했다. 이러한 전력 가뭄과의 전쟁 결과, 우리는 2011년 9월 15일 겪었던 '순환 정전'의 재연을 가까스로 막아낼 수 있었던 것이다.

조금만 시야를 넓혀 보면 비단 전력 공급난만이 문제가 아님을 알 수 있다. 지금은 선진국과 후진국 간의 재원 부담 합의 지연 등으로 시간을 벌고 있지만 기후변화에 따른 에너지 위기 문제도 '빅 이슈'로 잠복해 있다. 기후변화 대응은 본질적으로 화석 에너지 시스템의 종언을 말한다. 온실 가스 배출을 야기하는 화석 에너지 사용량을 어떻게 해서든 줄여야만 기후변화 문제가 해결되기 때문이다. IPCC에 따르면 기후변화에 따른 지구 온도 상승을 2℃ 이내로 막기 위해서는 글로벌 온실 가스 배출량이 2020년부터 하락해야 하며, 특히 2020~2050년 기간에는 급격한 감축이 필요하다고 한다. IMF 사태로 인해 경기가 급격하게 위축된 1998년을 제외하면 우리나라는 에너지 사용량이 전년에 비해 감소된 적이 없는 국가이다.

그렇다면 과연 어떻게 대응해야 할까? 기후변화 문제가 글로벌 이슈화되면서 떠오른 시장이 원전과 신·재생에너지 분야이다. 둘 다

온실 가스 배출량이 없다고 봐도 무방한 수준의 청정 에너지이다. 일단 원전 쪽을 보자면 세계 40여 국가에서 가동 중에 있으며, 우리나라를 비롯하여 프랑스·중국 등에서 개발 확대 계획을 내놓고 있다.

하지만 원전은 2011년 3월에 일어난 일본 후쿠시마 원전사고로 인해 역풍을 맞고 있다. 원전의 안전성과 신뢰성에 의문이 제기되고 있는 것이다. 거기다 국내에서 속속 밝혀지고 있는 원전 비리 등의 문제로 인해 '과연 향후에도 그동안 우리나라 경제발전을 뒷받침해온 원전 중심의 에너지 공급 정책이 유효할 것인지'에 대한 의문이 제기되고 있는 상황이다. 밀양 송전탑 문제에서도 알 수 있듯이 '대규모 원전을 짓는데 성공하더라도 전력 공급처와 수요처를 연결하는 송전선이 지나가는 지역의 민원을 쉽게 돌파할 수 있을까' 하는 문제도 여전히 남아 있다.

신·재생에너지 분야로 넘어가도 상황은 호락호락하지 않다. 전세계의 모든 정부는 신·재생에너지가 향후 각 국가의 주력 에너지가 될 것이라는 데에는 동의하고 있다. 국제에너지기구(IEA)에서는 2015년이 되면 신·재생에너지가 석탄에 이은 두 번째 발전원, 2035년에 이르면 최대 발전원이 될 것으로 예측하고 있다.

국내에서도 이러한 글로벌 전망처럼 큰 변화가 일어날 수 있을까? 세계 태양광 시장의 60%를 '박리다매식 전략'을 보유한 중국이 장악했고, 기술력 우위의 독일·덴마크 기업들은 풍력시장의 지배력을 확보해가고 있다. 여기에 석탄화력 발전의 단점, 즉 온실 가스 다배출 문제를 해결할 탄소저장기술(CCS : Carbon Capture Storage)의 기술개발이 일본·영국·스웨덴 등 주요 국가에서 진행되고 있고, 셰일가스로 대변되는 비(非)전통 에너지원이 출현하면서 신·재생에너지는 경제성 부족, 발전의 간헐성 등 에너지원이 갖고 있는 단점만 부각된 채 활력을 잃어가고 있는 실정이기 때문이다.

매년 계속되고 있는 전력 수급난, 메가톤급 화약고를 숨기고 있는 기후변화 문제의 대응에는 해법이 있는 것일까? 창조경제 시대를 맞은 우리나라 에너지 정책은 어떠한 변화를 가져와야 할까?

2. 창조경제 시대의 개막과 우리의 현실

2013년 2월 새 정부는 우리나라 경제를 이끌어갈 새로운 경제발전 패러다임으로 '창조경제'를 제시했다. 창조경제란 기존의 추격형 경제에서 선도형 경제로 전환하고, 모든 분야의 창의성이 접목된 융·복합 산업을 통해 성장 동력과 일자리를 창출하기 위한 정책을 의미한다. 이러한 창조경제의 비전을 구현하기 위해 ①성장을 뒷받침하는 경제 운영 제시, ②산업 전반에 ICT 기술 융합 및 신성장 동력과 일자리 창출, ③중소기업의 창조경제 주역화, ④창의와 혁신을 통한 과학기술 발전, ⑤원칙이 바로 선 시장경제 등을 포함하는 실천 전략을 마련했다.

이러한 경제발전 패러다임의 진화와 관련하여 에너지 부문의 역할을 크게 나누어 본다면 지속가능한 경제성장을 뒷받침하는 안정적인 에너지 공급과, 관련 산업을 성장 동력으로 발전시키고 이에 따른 신규 일자리를 창출하는 것이다. 그러나 지금까지의 에너지 정책은 새 정부의 경제발전 패러다임의 핵심 가치를 충분히 반영하지 못하고 있다. 원천적인 에너지 수요를 억제하기 위한 노력보다 불확실한 수요 증가에 대응한 '에너지 공급 정책'과 물가 안정 및 산업경쟁력 확보 차원에서 유지되고 있는 '저(低)에너지 가격 정책'은 현재 창조경제의 추동력을 약화시키는 요인이 될 수 있기 때문이다. 지난 2011년 9.15 정전 사태 이후로 상시화된 전력 수급 위기, 원전 가동 중지, 전력 공급 설비 확충에 따른 사회적 이슈와 갈등을 통해 현재의 에너지 정책 문제점이 분명히 드러나고 있다. 그리고 빠르게 증가하고 있는 전력 수요의 주요 원인으로 지적되고 있는 원가 이하의 전기요금이 현실화되지 않을 경우, 창조경제 사회로의 전환이 지연될 수도 있다. 국가 에너지 기본계획에 따르면 우리나라는 지속되는 경제성장으로 2030년까지 에너지 수요도 연평균 1.6% 수준으로 꾸준히 증가할 것으로 전망하고 있다. 또한 현재와 같이 저렴한 에너지 가격이 지속될 경우 전력 중심의 에너지 소비가 빠르게 증가하고, 발전소 건설 등 공급 설비 확충이 늦어질 경우 에너지 수급 위기 역시 지속될 수밖에 없다.

3. 창조경제 시대의 에너지 정책 발전 방향

1) 에너지 요금의 현실화

정부에서는 수요 관리의 핵심인 에너지 요금을 산업 부분의 경쟁력 제고를 위해 낮게 유지해 왔으나, 앞에서 살펴본 여러 이유 등으로 공급 확충을 통한 저(低)에너지 요금 정책은 한계를 보이고 있다. 일본의 소프트뱅크 등 전기 다소비 기업은 값싼 우리나라 전기요금을 적극 활용하기 위해 전기를 많이 소모하는 IDC 등의 시설을 국내에 설치하고 있다. 국내 건물과 가정에서는 관리가 불편한 유류·가스 냉방보다는 깨끗하고 저렴한 전기 냉방기기(EHP)를 선호하여 날로 설치 증가율이 폭증하고 있다. 기존에 기름을 사용하던 가열로를 전기로로 바꾸는 공장도 크게 늘고 있다. 우리나라 전기 요금은 원가 회수율이 90% 수준에 불과하며 OECD 국가 중 가장 저렴한 편에 속하기 때문이다. 그 결과 하절기와 동절기 전력 수급 위기는 상시화되고 있고, 현재 경제성이 부족한 태양광 등 신·재생에너지는 설자리가 없게 되는 것이다. 국내 수요 관리 정책의 문제점을 해결하기 위해서는 에너지 가격 기능 회복이 우선되어야 한다. 이렇게 될 때에만 효율 중심의 수요 관리 강화, 수요 관리 산업 육성으로 지속가능한 에너지 시스템 전환이 가속화될 수 있기 때문이다.

2) 에너지 수요 관리 중심의 정책 패러다임으로 전환

에너지 수요 증가에 대응한 공급 중심의 에너지 정책에서 수요 부문의 효율 향상을 통해 에너지 소비를 근본적으로 줄이는 수요 관리 중심의 에너지 정책으로 전환되어야 한다. 에너지 수요 관리는 창조경제의 첫 번째 실천 전략인 '성장을 뒷받침하는 경제 운영'을 뒷받침할 뿐 아니라, 동시에 에너지 공급의 불확실성과 비용을 최소화하는 최선의 방법이다.

현재 수립 중인 제2차 에너지 기본계획에 있어 기존 패러다임을 뛰어넘는 혁신적 사고가 필요하다. 우리나라 전부문의 에너지 수요 관리 잠재량을 먼저 전망하고, 이를 실현할 국가적 정책 마스터 플랜을 구체화하여 실현 가능한 수요 관리 잠재량을 확보한 후, 부족한 부분에 대한 에너지 공급 확충 계획을 만들어야 한다.

1년 중 전력 수급 위기 시즌은 하절기와 동절기 합쳐 50여 일에 지나지 않는다. 이들 기간의 위기 극복을 위해 막대한 예산이 소요되고, 기후변화 문제의 대응을 늦추며, 사회적 갈등이 잉태되는 화석연료 중심의 에너지 공급 우선정책을 과거와 같이 지속할 이유가 없다.

IEA는 에너지 효율 향상만으로도 2010~2030년간 온실 가스 감축 목표를 57%나 달성할 것으로 예상하고 있다. 특히 지구 온도 상승을 2℃ 이내로 묶기 위해 필요한 정책, 즉 450ppm 시나리오에 따르면 정책에서 에너지 효율이 차지하는 비중이 2030년경이면 33%로 커져 5%에 불과한 발전은 물론 10%인 원자력보다 더 중히 다뤄질 것으로 보고 있다. 국가적 전력 수급 위기 이외에 글로벌 기후변화 대응전략에 있어서도 수요관리 분야는 효자 노릇을 할 수 있다는 것이다.

국가 전부문의 에너지 효율 향상은 전력 등 에너지 사용량 커브를 전반적으로 낮춰 에너지 위기 시즌 이외 평시에도 에너지의 96%를 수입에 의존하는 국가 경제에 큰 기여를 할 수 있다. 이를 위해서는 막연한 계획보다는 실천력이 담보된 구체적 계획이 필요하다. 우리나라 에너지 사용량의 60% 이상을 차지하는 산업 부문에 대한 대책 마련이 우선되어야 한다. 현재 선진국 대비 떨어지고 있는 '에너지 원단위'를 개선하기 위해 '부문별 원단위 개선 목표 관리제'의 도입, 대규모 개발 사업의 '에너지 영향평가제도' 등의 도입을 고려해야 한다. 업종별 원단위 개선 목표관리제는 4차 에너지 합리화 기본계획에서 정한 국가 원단위 개선목표를 달성하기 위해 산업·건물·수송 등 부문별 원단위 개선 로드맵을 정해 각 업종별 목표 원단위를 계획 연도까지 달성토록 유도하는 제도이다.

에너지 사용량이 매년 급증일로인 우리나라의 현실과 수출 주도 경제인 산업 상황을 고려할 때, 기업에서 생산하는 제품별 에너지 투입량을 최소화시켜 에너지 절약, 온실 가스 감축, 기업 생산경쟁력 제고를 촉발시키는 원단위 개선 목표 관리제야말로 국가와 기업이 윈윈(Win-Win)할 수 있는 제도가 될 것으로 보인다.

에너지 영향평가제도는 대규모 개발 사업이 지역 에너지 수급에 미치는 영향을 평가하여 별도 부과금을 부과하거나, 신·재생에너지, 열병합 등 분산형 전원으로 사용 에너지의 일부를 대체토록 하는 제도이다. 이를 통해 중앙공급식 에너지 정책의 폐단(밀양 송전탑 사태 등)을 개선하고, 국가적으로 권장하고 있는 분산형 전원의 시장 자생력 확보 등 여러 효과를 기대할 수 있다.

3) ICT 기반의 융·복합 시장 육성

앞서 소개된 창조경제의 실천 전략 중 ICT는 최근 에너지 정책 패러다임 전환을 위한 메가트렌드로 부상하고 있다. 〈Global Insight〉의 자료에 의하면 ICT 기반의 세계 에너지 효율 산업은 연평균 14% 성장하여 2020년에는 115조원의 거대 시장으로 성장할 것으로 전망하고 있다. 스마트 플러그, 에너지 관리 시스템(EMS), 에너지 저장 장치(ESS) 등이 ICT를 활용하는 에너지 효율 산업의 대표적인 사례이다.

또한 정부는 지난 8월 'ICT 기반의 수요 관리 신시장 창출 전략'을 제시하였다. 이는 기존의 강제 절전 등을 통한 전통적 에너지 수요 억제 방식을 탈피하여 ICT 기술을 활용한 선진화된 에너지 수요 관리 방식으로 전환하는 중요한 발판을 마련한 계기가 되었다고 볼 수 있다. 뿐만 아니라 ICT 기술이 접목된 새로운 방식의 수요 관리 비즈니스 모델이 등장하고, 이에 따른 다양한 일자리를 창출할 수 있을 것으로 전망되고 있다. 앞으로 이런 ICT 기술이 접목된 수요 관리 정책의 정책 성과 제고를 위해 다양한 수단들을 발굴하고 보급 확산을 위한 제도적 기반을 마련해야 할 것이다.

에너지 수요 관리 산업을 창조경제 시대의 새로운 성장 동력으로 육성해야 한다. 먼저 에너지 수요 관리 기업의 기술력과 해외 진출시 시장 경쟁력을 제고하기 위해 수요 관리 R&D 기능을 대폭 강화하는 것이 필요하다. 또한 기술력이 우수한 중소기업의 경우 체계적 지원을 통해 창조경제의 히든 챔피언으로 집중 육성해야 한다. 궁극적으로 창조경제의 핵심 가치와 부합하는 에너지 수요 관리 산업 생태계를 조성하여 에너지 효율 기술의 시장 진입 장벽을 제거하고 에너지 수요 관리 기업의 육성 및 일자리 창출을 극대화하는 것이다.

4. 에너지 분야에서도 기존 사고에서 탈피한 창조적 아이디어가 필요

지금 유럽에서는 아프리카의 사하라 사막에 있는 태양열과 바람 자원을 에너지원화하여 유럽에 옮겨 사용하는 'Desertec' 프로젝트가 추진 중에 있다. 발단은 독일의 물리학자인 게르하르트 크니스(Gerhard Knies) 박사의 구상에서 시작됐다. 사막에 내리쬐는 6시간 동안의 태양열은 전인류가 사용할 수 있는 1년치 에너지보다 더 많은 양을 쏟아내고 있다는 것, 그리고 이 태양열을 전기로 전환하여 유럽으로 보낸다면 유럽의 에너지 문제가 해결됨과 동시에 온실 가스의 80%를 줄일 수 있다는 획기적 아이디어였다. 당시에는 이러한 이론이 사람들의 비웃음만 샀을 뿐이다. 시대를 앞서가는 사고였기 때문이다. 하지만 지금은 지멘스(Siemens) 등 이름만 들어도 알 수 있는 굴지의 세계적 기업들이 이 프로젝트에 참여하고 있다.

소프트뱅크의 손정의 회장은 몽골 고비 사막을 활용한 동북아 6개 국을 잇는 에너지 그리드 사업을 제안한 바 있고, 이를 더 발전시켜 어느 학자는 전 세계를 그리드화하여 부족한 전기는 서로 융통하자는 아이디어로 진화시키고 있다.

심지어 미국·일본·중국 등은 점차 지구에서 우주로 눈을 돌리고 있다. 지구에서는 1일 평균 2~6시간 정도밖에 태양을 활용하지 못하고 있다. 낮과 밤이 있고, 두꺼운 대기가 태양열을 가리며 또한 비도 내리기 때문이다. 이를 극복하기 위한 아이디어는 우주로 나가는 것이다. 이른바 '우주 태양광'이다. 우주는 밤낮이 없다. 24시간 태양열을 이용할 수 있는 환경이라는 것이다. 지구 정지 궤도에 태양광 패널을 띄워 놓고 이를 마이크로웨이브 방식으로 지상 송신소에 보내 우리가 필요한 전기를 쓸 수 있게 하자는 상상력이다.

일본과 중국은 2030년에 우주태양광 발전소를 건립하는 계획을 야심차게 추진 중에 있다. 10년 전만 하더라도 대부분의 사람들은 손에 PC가 들어가는 스마트 세상이 올 것이라고는 꿈도 꾸지 못했다. 휴대전화 세계 1위 기업이었던 노키아는 이러한 시대변화를 읽지 못해 마침내 미국 마이크로소프트에 인수되는 굴욕을 겪었다.

창조경제 시대의 지속가능한 에너지 정책, 기존에 생각해내지 못했거나 과소평가되고 있는 아이디어를 현실로 만드는 힘이 결국 창조경제 시대의 지속가능한 에너지 정책을 이끄는 거대한 메인 스트림이 될 것이다.

새로운 교통 시스템
카쉐어링(Car-Sharing)

하호선

1. 21세기 공유 경제의 선두주자는 카쉐어링

한때 '아나바다'란 말이 유행한 적이 있다. 이 말은 '아껴 쓰고, 나눠 쓰고, 바꿔 쓰고, 다시 쓰자'에서 첫 글자들만 따서 만든 조어로, IMF 구제금융 요청 사태가 발생한 이듬해인 1998년에 국민들이 불필요한 지출을 줄이자고 만든 범국민운동의 이름이자 슬로건이다.

하지만 이 말은 최근 들어 세계 경제의 장기 침체 및 심각한 환경 문제와 연관되어 새롭게 사람들의 주목을 받고 있다. 그리고 '나눠 쓰고, 바꿔 쓰자'는 말은 경제 분야의 화두이자 미래 경제의 중심축으로 부상하고 있는 '공유 경제'의 키워드가 되고 있다.

그런데 필자가 소개하려는 '카쉐어링(Car-Sharing)' 사업은 공유 경제 가운데서도 핵심을 차지하는 사업이다. 이 사업은 공유 경제 가운데서도 단기간 내에 분명히 가시적인 효과를 보일 수 있고, 또한 그

수혜 계층도 개인에서부터 기업은 말할 것도 없고, 국가와 세계적으로 엄청난 경제적 가치를 창출할 수 있는 창조경제의 대표적인 사례이기 때문이다.

하지만 우리 사회는 아직 공유 경제에 대한 사회적 인식이 얕아서 그런지 카쉐어링 제도의 가치와 중요성을 충분히 이해하지 못하고 있어 안타깝기만 하다. 이 제도가 하루빨리 정착되어 개인과 기업, 국가 경제에 큰 도움이 되기를 진심으로 바란다.

2. 카쉐어링 제도는 무엇인가?

이 제도는 복수의 이용자가 자동차를 공유해 사용하는 시스템으로 필요한 때 필요한 시간만큼만 사용하고 사용 후에는 지정 장소에 반납하며, 차량보관소가 주택가·대중교통거점 등 이용자의 일상생활 공간과 가까운 곳에 위치하고 임차 절차가 간소하여 이용하기 쉬우며, 이용시간·거리에 따라 비용을 지불하고, 운영회사가 회원 관리·차량 관리·유지보수·보험을 담당하는 시스템으로 저성장·친환경 시대의 새로운 교통수단으로 정착되고 있다.

카쉐어링은 1950년대 스위스에서 사회운동 형태로 처음 시작된 이후 1990년대 들어 서유럽과 미국에서 상업화가 진행되었고, 특히 2008년 금융 위기 이후 실용적 소비 패턴과 지속가능성에 대한 관심이 높아지면서 확산되어 현재는 60여 개국, 1천여 개 도시에서 운영되는 것으로 추산되고 있다.

미국의 경우 1998년 오리건주(州) 포틀랜드에서 시작된 후 2000년대에 본격적으로 확산되었는데, 교통문제를 획기적으로 개선한다는 평가를 받아 사업 시작시 자금 지원이나 주차장 이용 등의 각종 우대 조치를 받고 있다. 그리하여 7년만인 2005년 미국 전역에 걸쳐 17개의 카쉐어링 조직이 76,420명의 회원과 차량 1,192대를 보유하는 규모로 성장했다.

실제로 미국 렌터카 전문업체인 집카(Zipcar)는 카쉐어링 서비스 1위 사업자로 도약하면서 미국 시장의 성장을 이끌고 있는데, 2009년 1억 3천만 달러의 매출을 올려 창업 10년 만에 세계 1위 카쉐어링 회사로 성장했으며, 미국·캐나다·영국에서 가입자 50만 명에 차량 8천 대를 보유하고 있다.

또한 이 제도는 모바일과 무선 인터넷, IT 자동차 기술이 급속도로 발전함에 따라 미국뿐 아니라 일본, 독일, 스위스, 영국, 프랑스 등 선진국에서는 이미 대중화 단계에 접어들고 있다. 하지만 인터넷과 IT 강국인 우리나라에서는 현행법과 각종 규제 조치로 인해 이제 걸음을 떼는 단계에 머물러 있는 것이다.

정부가 조속히 카쉐어링 사업을 중소기업 고유 업종으로 지정하여 대여사업자 기준을 50대에서 20대로 낮추고, 자가용 소유자가 카쉐어링 운영 시스템의 업체에 회원으로 가입하면 이용자와 차량을 공동 이용이 가능한 제도를 허용한다면, 개인 및 기존의 중소 렌터카 사업자의 신규 창업이 늘어날 것이다. 또한 새로운 교통수단이 전국적으로 확대 적용된다면 관련 분야의 신규 고용창출에 기여할 수 있는 사업 모델로서의 카쉐어링 제도는 세계 최고 수준의 디지털 융합 기술을 활용해 휴대폰과 자동차에 적용 가능하며, 서비스 이용자를 위한 디지털 중개사업 및 다양한 서비스 사업 모델이 발굴되고 창업으로 이어져 획기적인 창조경제의 모델이 될 것이다.

그러면 이 제도와 렌터카의 차이점은 무엇일까? '렌터카'는 장거리 운행에 필요한 목적으로 이용하거나 자동차 소유자들이 사고가 나거나 보험대차를 할 때 단기간 사용하는 시스템으로서 보통 중대형 승용차 위주이며 1일 단위로 대여하고 있다. 반면 '카쉐어링'은 차를 편리한 장소에 먼저 배치하고 회원들을 사전에 모집한 다음, 대여에 필요한 운전면허 확인과 대금 결제 등을 위한 회원 인증을 거쳐 신용카드를 발급받게 되면 언제든지 스마트폰이나 인터넷으로 편리하게 차량을 이용할 수 있는 시스템이다. 이 제도는 소형차 위주이며, 또한 시간 단위로 대여가 가능해 상대적으로 낭비 요소가 없다는 점을 장점으로 들 수 있다.

한편 '카쉐어링'은 에너지 절약 차원에서 같은 방향의 사람끼리 함

| 유사 서비스 간의 차이점 비교 |

	렌터카	카풀	카쉐어링
이용 행태	하나의 차량을 특정 이용자가 일정시간 동안 단독 대여 사용	하나의 차량을 다수 이용자가 동일 시간에 사용	하나의 차량을 공유하여 여러 사람이 시간대를 달리하여 사용
차량 소유자	서비스 공급자	같이 이동하는 사람 중 한 명	서비스 공급자
이용시간	최하 6시간 이상	특정 시간	보통 최하 1시간 단위
유류비	별도	이용요금에 포함	이용요금에 포함
보험료	별도	해당사항 없음	이용요금에 포함
반환	정시에 임대장소로 반환	해당사항 없음	다른 보관소에 반환 가능

| 다양한 형태의 카쉐어링 서비스 모델 |

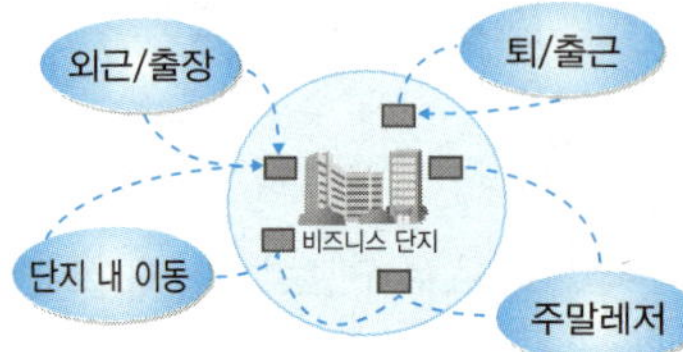

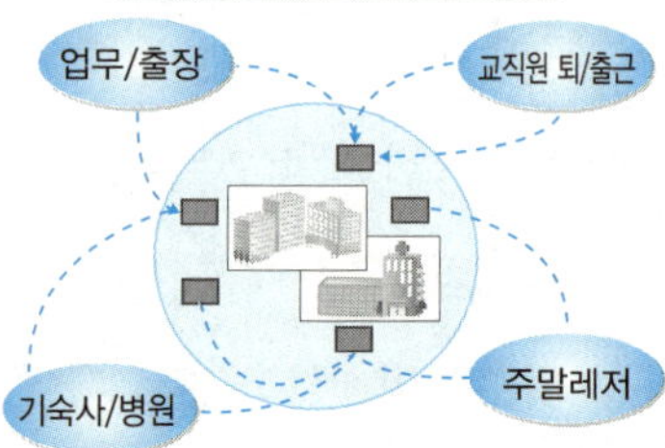

구분	내용
사용고객층/규모	비즈니스 단지 모든 임직원(30명당 1대)
고객편의성	회사 차량 관리 업무효율성/편의성 확대, 사용자 편의
경제적효과	회사 고정비 절감(차량유지비, 주차비, 유류비)
실현시기	2012년 2분기 시범 운영, 2013년 확대
성공전략	아파트 커뮤니티 지원 및 홍보 부녀회 등 실거주자 의견 수렴 및 맞춤화 상품 고객 소유 차량 쉐어링 지원(기술적 프로세스)

구분	내용
사용고객층/규모	교수, 학생, 임직원, 환자 가족(회원 50명당 1대)
고객편의성	편리한 접근성, 경제성
경제적효과	이용 비용 절감, 주차면/차량 감소 효과
실현시기	2012년 1분기 시범 운영, 2분기 확대
성공전략	사용 목적별 차별화된 요금제도 운영 –출/퇴근용 운영본부 공략–차량/주차면 감소 효과 홍보 학생 공략–기숙사, 학과에 필요성 등 홍보

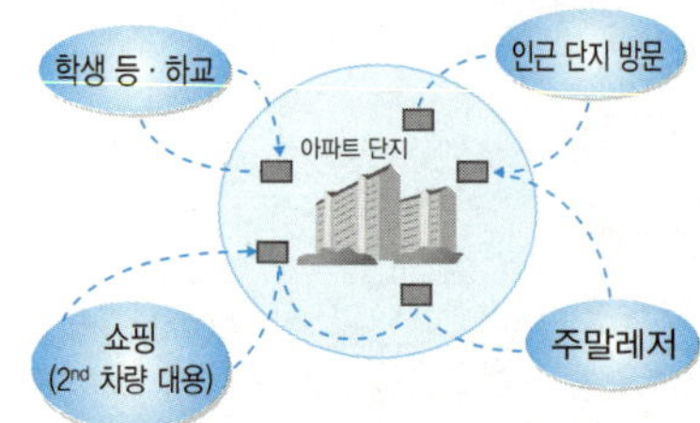

구분	내용
사용고객층/규모	아파트 입주민, 아파트 관리사무소 직원(50명당 1대)
고객편의성	필요한 만큼 사용, 세컨드 차량 활용
경제적효과	이용 비용 절감, 주차면/차량 감소 효과
실현시기	2012년 2분기 시범 운영, 2013년 확대
성공전략	아파트 커뮤니티 지원 및 홍보 부녀회 등 실거주자 의견 수렴 및 맞춤화 상품 고객 소유 차량 쉐어링 지원(기술적 프로세스)

께 타고 출퇴근하던 과거의 '카풀'과는 달리 자동차를 한 사람이 소유하지 않고 공동으로 소유해 필요할 때만 사용할 수 있다는 점이다. 제도적으로 허용된다면 자기가 소유한 차량을 카쉐어링 업체에 등록하여 타인과 공유하면서 수익도 창출되고 타인 자동차를 구입하지 않아도 되는 장점이 있다.

3. 카쉐어링 제도의 장점

지금부터 카쉐어링 제도의 장점을 개인적 측면과 집단·기업적 측면, 그리고 사회·국가적 측면으로 세분하여 보다 구체적으로 살펴보기로 하겠다.

1) 개인적 측면

먼저, 개인적 측면에서 교통 관련 비용을 획기적으로 절약시켜준다. 우리나라에서 개인이 승용차를 소유하려면 부담해야 하는 경제적 비용이 만만치 않다. 비싼 기름값을 비롯하여 차량을 거의 운행하지 않더라도 1년 동안 물어야 할 보험료 및 각종 세금, 자동차 검사비용 등 그 종류도 각양각색이다. 또한 자동차를 관리하는데 쏟는 관심은 말할 것도 없고, 그 비용도 녹록치 않다. 그리고 무엇보다도 주차장이 없는 경우에는 지자체 등에서 상당한 금액의 요금을 물고 주차 공간을 확보해야 한다. 따라서 이 모두를 합산하면 연료비를 제외하더라도 연간 4~7백만원 정도의 유지비가 필요하다. 하지만 카쉐어링은 이 모든 문제와 고민을 말끔히 해결해주는 '자동차 해결사'이다. 기껏해야 3분의 1 정도의 비용으로 더 큰 만족을 누릴 수가 있기 때문이다.

둘째, 비용이 저렴하면서도 내 차처럼 마음대로 이용할 수 있는 편리함이 있다. 사실 이 제도는 '뚜벅이 족의 자가용'이라 불릴 만큼 서민층과 젊은층에 더 도움이 되는 제도이다. 이 제도는 자기가 필요로 하는 시간만큼만 빌릴 수 있어 아주 경제적이다. 이용 요금은 보통 10분 또는 30분 단위로 정산하는데, 차종에 따라 1시간 요금이 6천~1만원 정도여서 택시 요금보다도 훨씬 저렴하다.

그렇다면 경제적으로 크게 도움이 되는 만큼 고객이 차를 대여하는데 불편함은 없을까? 평소에는 굳이 차가 필요 없지만 아기가 밤에 갑자기 아프다거나, 무거운 짐을 급하게 옮겨야 할 때 또는 결혼이나 회갑 등 가족·친척들의 중요한 모임, 휴가철을 맞아 근처 나들이 등 그래도 1년에 몇 번쯤은 자동차가 꼭 필요한 경우가 생긴다. 특히 어떤 때는 갑작스럽게 이용해야 하는 경우도 있을 것이다. 이럴 때 정말 이용에 아무런 불편이 없을까?

물론이다. 카쉐어링은 언제 어디서나 내 차처럼 이용할 수 있는 편리한 이용 시스템을 구비하고 있기 때문이다. 고객은 인터넷이나 앱으로 간단히 신청만 하면 곧바로 주변 카쉐어링 주차장에서 차를 이용할 수 있다. 회원으로 등록할 때 발급받은 카드만 갖다 대면 차 문이 열리고 키는 차 안에 보관돼 있어 렌터카처럼 번거롭게 업체를 직접 방문할 필요가 없다. 게다가 사용 후에는 고객과 현재 위치에서 가장 가까운 지역에서 반납이 가능하기 때문에 반납을 위해 굳이 특정 지역으로 이동해야 하는데 드는 추가 비용이나 시간 낭비도 덜 수 있다.

과거 고성장 시대에는 수입이 늘어나면 승용차, 그것도 중대형을 구입했다. 하지만 저성장 시대로 접어들면서 소형 승용차 구입마저 부담스러운 요즘 승용차를 구입할 형편이 안 되더라도 얼마든지 편리하게 이용할 수 있는 형태의 승용차 문화가 카쉐어링 제도를 통해 실현되고 있는 것이다.

| 카쉐어링 이용절차 |

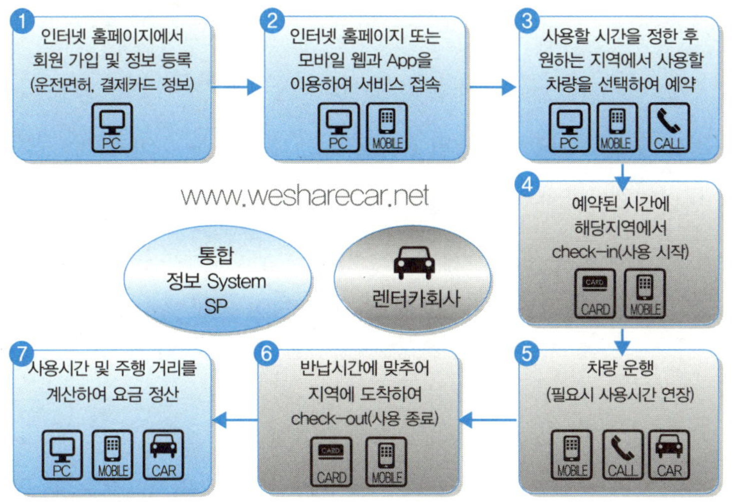

2) 집단·기업적 측면

다음으로 집단·기업적 측면에서의 장점이다. 먼저 입주민을 위한 신개념의 주거복지 서비스를 제공받을 수 있어 해당 부동산의 경제적 가치가 높아진다. 예를 들어, 차 없는 세대나 대중교통이 열악한 지역 입주민들의 이동 편의를 위해 승용차와 같은 이용이 편리한 교통수단이 제공된다면 입주민들의 주거복지의 질은 자연스럽게 향상될 것이며, 그 부동산의 경제적 가치도 상승할 것이다.

필자가 몸담고 있는 한국카쉐어링은 세이브카와 공동으로 기아자동차의 경차 레이(일반차) 50대를 배차하여 서울 서남부 지역에서 이 사업을 추진 중에 있으며, 특히 지정주차장에 카쉐어링 차량이 주차되어 있어 접근성이 뛰어나고, 생활거점형·교통중심형·업무중심형으로 구분하여 배치하여 이용자의 편리성과 시장성이 우수하기 때문에 보다 안전하고 깨끗한 차량을 저렴한 비용으로 이용할 수 있는 장점이 있다.

둘째, 주차 공간을 크게 줄일 수 있어 단지 내 토지 이용률을 극대화할 수 있다. 카쉐어링이 활성화되면 자가용 보유 문화에 대한 인식이 변화되고, 이에 따라 승용차 보유 대수가 감소함에 따라 단지 내 주차 공간에 여유가 생기게 된다. 이럴 경우 기존 주차장의 여유 공간을 다른 용도로 활용할 수 있어 새로운 경제적 가치를 창출할 수 있다.

셋째, 기업용 카쉐어링 서비스가 활성화되면 기업은 업무용 차량을 절반으로 줄일 수 있어 연료비 등 고정 비용이 획기적으로 감소할 뿐만 아니라, 주차장 공간이 줄어들어 기업의 부대 유지비용에서도 상당한 효율과 비용 절감의 혜택을 볼 수 있다. 따라서 많은 기업들이 법인 차량을 소유하지 않고 렌터카를 장기 임차하여 카쉐어링으로 공유하면서 원가 절감을 실현하는 추세에 있다.

3) 사회·국가적 측면

끝으로 사회적 또는 국가적 측면에서도 많은 이득을 얻을 수 있다. 첫째, 지역 기반의 소규모 렌터카 사업자들의 카쉐어링으로 신규 사업 확대가 가능하며, 카쉐어링 운영 시스템의 지원을 받아 창업자의 신규 진입이 용이하여 창업 및 고용창출이 가능하다는 것이다. 그리고 대기업 위주의 렌터카 사업이 장기 렌털 중심이라면 중소기업 위주의 카쉐어링 사업은 중소 렌터카 사업자의 고유 업종으로 정부로부터 보호를 받아 지역 기반의 사업자들이 많이 생겨나게 될 것이다. 그리하여 이들이 당사의 카쉐어링 운영 시스템을 이용하면 창업 기간을 1개월로 단축시킬 수 있고, 또한 미리 확보한 고객을 곧바로 마케팅에 연계할 수 있어 창업자의 리스크도 줄이고 수익 창출에도 큰 도움이 될 것이다.

둘째, 최소 1일 이상의 장기적인 대여에 초점이 맞춰진 렌터카에 비해 카쉐어링은 근거리를 단시간에 대여하고 반납하는 형태이므로 서울과 수도권으로 연계되는 메트로폴리스에서 더욱 활용도가 높은 시스템이다. 따라서 카쉐어링의 활성화는 대중교통의 이용도를 높여 서울처럼 거대한 메트로폴리스 도심의 차량 수를 획기적으로 줄일 수 있다. 이 경우 매연이나 이산화탄소 배출도 이에 비례하여 감소함으로써 대기오염 개선에 상당한 기여를 하게 될 것이다.

셋째, 불필요한 차량 운행을 없앰으로써 화석연료의 수입을 줄이는 한편으로 도로 건설 수요까지 감소시켜 국가 경제에 기여할 수 있다. 비록 현재의 카쉐어링 시스템은 렌터카 운영과 동일한 방식, 즉 차량을 대여 받은 장소에 다시 반납하는 서비스이지만, 한국카쉐어링은 정부 및 서울시와 연계하여 A지점에서 B지점으로 이동하게 되면 도착지인 B지점에 차량을 반납하는 원 웨이(One-Way) 방식으로 전환할 준비를 하고 있다. 이렇게 되면 반납을 위해 차량을 운행할 필요가 없어 운행 낭비 요소를 제거할 수 있다.

넷째, 전기차를 활용한 카쉐어링 제도는 전기자동차의 성장을 촉진함으로써 결국 국가의 첨단 산업 발전을 지원하는 역할을 한다. 전기차의 보급이 확대된다면 무인 항법에 의해서 움직이는 운전 방식으로 상용화될 것이다. 미국에서는 이미 '구글카(Google Car)'라는 전기차가 2012년 말부터 상용화되어 3개 주(州)에서 무인 운행 허가를 받은 상태이다. 특히 이산화탄소(CO_2) 배출에 대한 국제사회의 규제가 날로 강화되고 있는 상황에서 우리나라는 혁신적인 전기차를 개발·생산하는데 역량을 집중시킬 필요가 있다. 그리하여 스마트폰 사용 확대와 무인으로 운행 가능한 전기차의 보급이 확대되면 카쉐

| 카쉐어링 제도의 사회공익적 측면 |

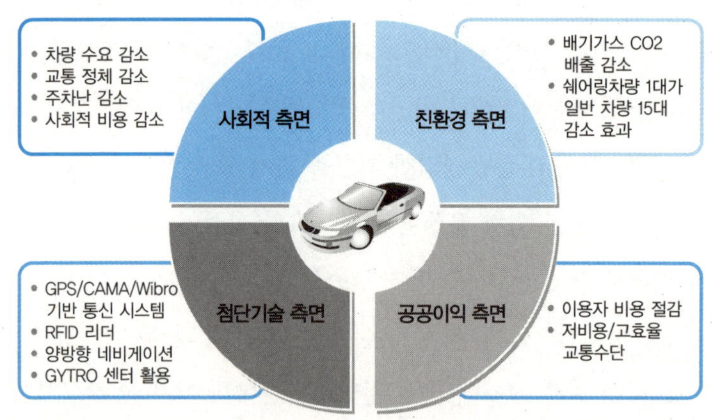

어링 사업은 환경 개선에 더 큰 기여를 할 것이다. 이렇듯 카쉐어링 제도는 공유 경제이면서 동시에 친환경 부문을 주도하는 미래지향적인 사업임이 증명되고 있다.

4. 카쉐어링 제도 정착을 위한 정부의 역할

저성장·친환경 시대에 신개념 교통수단인 카쉐어링 제도가 안정적이고 지속적으로 발전하기 위해서는 국가 지원 정책이 절실하다는 점을 강조하면서 이 글을 마치려고 한다.

첫째, 이 업종은 중소기업 고유 업종으로 지정되어야 한다. 전국적인 중소 렌터카 업체들이 카쉐어링 시스템을 도입하여 시간 및 단기 렌트 사업에 집중할 수 있도록 하고, 차량의 장기 리스·장기 렌털 사업에 치중하는 국내 대기업의 대형 렌터카 사업자들은 카쉐어링 사업에 진출할 수 없도록 중소기업 고유 업종으로 제한을 두어야 한다. 그렇게 해야 중소 단기 렌트 중심의 영세한 렌터카 회사들이 카쉐어링 시스템으로 사업을 확대하여 고용과 수익을 창출하며 지역별 거점 사업자로 성장할 수 있을 것이다.

현재 50대 기준의 대여사업 면허 기준을 20대로 낮추고 신규 진입을 용이하게 하면 일반 퇴직자의 카쉐어링 관련 신규 창업이 늘어날 것이며, 고용창출에서도 창업자인 사장 외에 차량관리 및 콜센터 등의 인력이 신규 채용될 것이다. 전국적으로 카쉐어링 차량을 10만 대로 보면 5천 개 기업이 생겨나며, 회사별로 최소 3인 기준으로 보면 1만5천 명의 신규 고용이 창출될 것이다.

국내 빅3 업체 외에 중소기업체 중에서 한국카쉐어링은 동국대학교가 주축이 된 기술지주회사의 자회사이다 보니 대학교 소속의 교수 및 소프트웨어 연구 인력 인프라를 다양하게 활용할 수 있을 뿐만 아니라, 이용자 및 렌터카 업체에게 저렴하게 서비스를 제공할 수 있다는 점에서 공공재적 성격이 강한 사회적 기업이라 할 수 있다. 또한 한국카쉐어링은 렌터카 협력업체인 한카와 세이브카를 통해 전기차와 일반 차량을 서비스하고 있어 전기차의 보급에 많은 기여를 하고 있으며, 타 중소기업과 협력하는 경영으로 카쉐어링의 정착에 크게 기여하고 있다.

둘째, 카쉐어링 차량의 확장성은 현재처럼 개인 소유의 자가용 형태에서 탈피해 차량을 이동 수단의 새로운 공공재로 활용해야만 시행 효과와 경제적 효율을 극대화할 수 있다. 자유롭게 자가용을 카쉐어링 업체에 등록하여 누구든 공유하여 사용할 수 있도록 하면 개인은 비용 절감을 통해 저축이나 노후자금 확보가 가능해지며 다른 산업의 활성화에도 도움이 된다. 따라서 아파트 단지, 서울시·수도권의 지자체 시설공단에서 관리하는 주차 공간이나 대학교·기업체 건물과 빌딩에 사업자들이 카쉐어링으로 이용할 수 있는 주차공간을 확보할 수 있도록 정책적으로 지원해야 한다.

셋째, 친환경 전기차를 카쉐어링하는 경우, 정부나 지자체는 차량과 주차 장소에 대한 정책 지원을 확대하고 주차장은 무료로 제공해야 한다. 그렇게 해야 관공서 직원들이나 인근 지역 사용자들의 이용 금액에 대한 부담이 줄어들게 된다. 그리고 지자체가 카쉐어링 정책을 서민의 새로운 교통수단으로 접목시키려 한다면 접근성이 용이한 곳에 주차시설을 배치 지원함으로써 이용 시민들에게 실질적인 도움이 되도록 해야 할 것이다. 프랑스 파리의 경우 소형 전기차를 편리하게 이용할 수 있는 주차장이 다수 지역에 갖춰져 있어 원 웨이 시스템이 원활하게 이루어지고 있는 것으로 보고되고 있다.

| 전기차 공동이용 운영 시스템 |

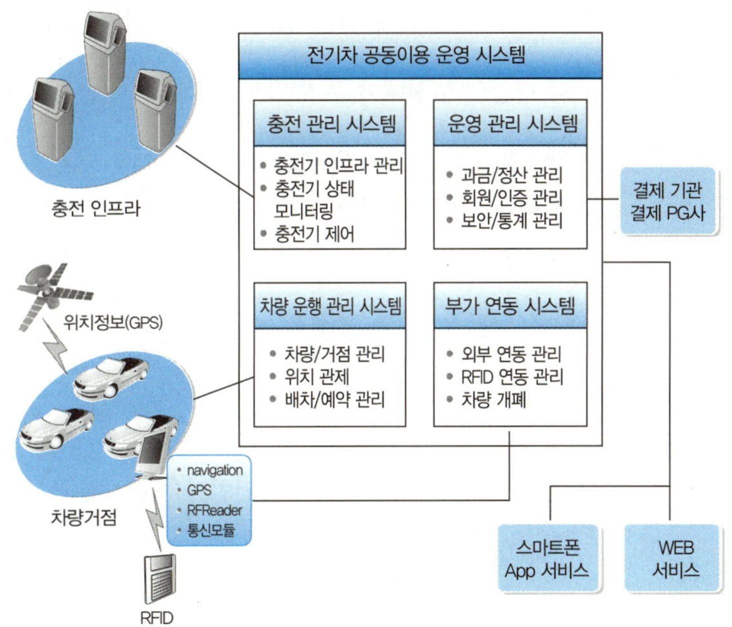

넷째, 정부는 카쉐어링 운영 시스템을 구축하여 사업하는 업체를 선정하여 지자체나 기업 및 렌터카 사업자들이 자체적으로 운영 시스템을 구축할 필요 없이 필요한 차량만 구입하고, 이용자 또한 저렴한 사용료를 내고 이용할 수 있는 형태로 카쉐어링 사업을 운영한다면 적은 예산으로도 최대 효과를 거둘 수 있을 것이다. 그리고 자가

용 구입자가 카쉐어링 운영 서비스 업체에 차량을 등록하여 편리하게 공유할 수 있는 제도를 조속히 시행하여 공유 경제의 모델로 발전시키고, 정부조달 품목으로 지정하여 지자체 및 공공기관에서 편리하게 구매 사용할 수 있도록 해야 할 것이다.

다섯째, 대도시에서 갈수록 골칫거리가 되고 있는 주차난을 근본적으로 해결하기 위해 아파트 건설시 주차 공간에 카쉐어링을 기본 옵션으로 10~20대 정도 넣어 설계하도록 의무화함으로써 주차 대수 및 공사비 절감 방안을 추진해야 주거 비용도 줄이고 친환경 의식을 제고할 수 있다.

여섯째, 교통 혼잡·온실 가스 배출·교통사고 같은 자동차 중심의 교통체계에서 비롯되는 많은 문제점들을 해결하기 위해서는 카쉐어링을 확대 보급하고 지속가능한 교통체계 구축을 위해 한국형 공유 기반 교통 시스템인 클라우드 교통 시스템의 도입을 적극 추진해야 한다.

클라우드 교통 시스템은 이용자의 위치에 기반하여 원하는 목적지와 시간에 맞는 최적의 통행 경로를 생성하여 제공하고, 한 번의 클릭만으로 통행 경로를 구성하는 모든 통행수단을 예약·결재해주는 시스템으로 이용자는 티켓의 예약 및 구매를 위해 해당 수단의 운영 시스템에 별도 접속해서 복잡한 과정을 거치지 않아도 된다. 클라우드 교통 시스템이 구축될 경우, 이용자는 대중교통 서비스의 미연결 구간으로 인해 더 이상 개인 승용차를 이용할 필요가 없으며, 경로 탐색을 위한 시간과 노력을 절감할 수 있고, 보다 저렴한 비용으로 보다 빠르게 이동할 수 있게 된다. 또한 사회적으로는 교통 혼잡 완화·온실 가스 배출 및 에너지 소비의 감소·주차공간의 감소·교통 시스템의 총사회적 비용 절감 등 많은 효과를 기대할 수 있으며, 추가적으로 전기차와 같은 친환경 차량의 보급에도 도움이 될 것으로 기대가 된다.

클라우드 교통 시스템이 적용되기 위해서는 편리함뿐만 아니라 비용 측면에서도 효율적이어야 하며, 이를 위해서는 카쉐어링 시스템의 이용 요금을 낮추고, 도심 내의 주차비용을 높이는 것이 중요한 요소가 된다. 클라우드 교통 시스템을 도입하기 위해서는 공공과 민간에 퍼져 있는 각종 교통정보와 수단을 통합하고 관련 법·제도 정비가 필요하므로 중앙정부가 시스템 구축을 주도해야 한다. 교통 서비스를 거래할 수 있는 클라우드 교통시장은 굉장한 성장 잠재력을 갖고 있는 것으로 전망된다.

| 클라우드 교통 시스템에 관한 개념도 - 박준식 박사(한국교통연구원) |

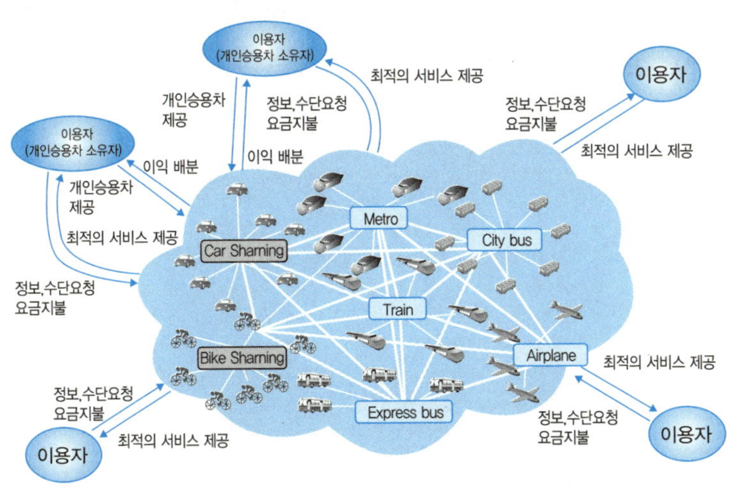

5. 맺는말

현재의 추세로 보면 인류가 지향하는 첨단 IT 시스템은 스마트폰의 디지털 정보기술 혁명을 통한 편리성과 자동차의 전자통신 제품으로의 진화라고 본다. 그런데 이 두 기기를 융합하여 자가용을 소유하지 않아도 편리하게 승용차를 사용하는 신교통수단으로 새로운 일자리 서비스로 탈바꿈시킨 창조경제의 산물이 바로 '카쉐어링' 제도이다.

스마트폰과 자동차는 하나의 서비스 시스템으로 통합되어 가고 있다. 그리고 우리나라는 세계 최고의 IT 기술과 세계 빅5에 끼는 자동차 기술을 보유하고 있다. 향후 모든 교통정보와 자동차를 네트워크로 통합함으로써 이용자의 상황과 요구에 맞는 최적의 서비스를 제공할 수 있는 신개념의 공유기반 카쉐어링 시스템을 개발하고 정부의 클라우드 교통 시스템과 연계하여 이용자가 클라우드에 요청하기만 하면 이용자의 상황에 맞는 최적의 통행 경로와 카쉐어링 서비스를 네트워크화 할 것이다.

창조경제 활성화의 주역인 주얼리 산업의 육성

유동일

1. 창조경제란?

창조경제는 영국의 경영전략가인 존 호킨스(John Howkins) 박사가 2001년에 펴낸 〈The Creative Economy〉에서 처음 사용한 용어로서 '새로운 아이디어, 즉 창의력으로 제조업과 서비스업, 유통업, 엔터테인먼트 산업 등에 활력을 불어넣는 것'으로 정의했다. 또한 최근 미래창조과학부에서 오픈한 창조경제 종합포털(www.creativekorea.or.kr)에서는 그 개념을 '창의적 아이디어, 상상력과 과학기술, 정보통신기술이 결합된 창의적 자산이 활발하게 창업 또는 기존 산업과 융합하고, 이를 통해 새로운 시장과 산업을 생겨나게 함으로써 양질의 많은 일자리를 창출하는 새로운 성장 전략'으로 정의하고 있다.

지난 40여 년간 한국경제를 이끈 추격형 전략은 글로벌 경제위기와 신흥 산업국가의 추격 등으로 한계에 봉착했다. 이에 박근혜 대통령은 지난해 대선 과정에서부터 한국 경제가 겪는 저성장, 고용 없는 성장의 해결책으로 창조경제를 제시했다.

세계 경제는 노동·자본을 중심으로 한 산업경제와 지식·정보를 중심으로 한 지식경제에서 혁신적 기술과 창의적 아이디어가 중요해지는 창조경제로 이동했다. 예컨대 스마트폰, 소셜 네트워크 서비스(SNS) 등 기발한 상상력과 아이디어에서 혁신적인 시장과 경제 발전의 새로운 동력이 나타났다. 이에 따라 미국, 영국, 유럽연합(EU) 등 주요 선진국들은 창조와 혁신을 통해 시장과 일자리를 창출하는 경제 패러다임으로 전환했다.

한국 경제도 그 동안의 추격형 성장에서 벗어나 창의성에 기반한 선도형 성장으로 전환하기 위해 한국형 창조경제 추진 전략을 수립하게 됐다. 박근혜 정부의 창조경제의 핵심도 국민의 상상력과 창의성을 과학기술과 ICT에 접목하여 새로운 산업과 시장을 창출하고, 기존 산업을 강화함으로써 좋은 일자리를 만드는 새로운 성장 전략이다.

첫째, 창의성이 정당하게 보상받고 창업이 쉽게 되는 생태계 조성

둘째, 벤처·중소기업의 창조경제 주역화 및 글로벌 진출 강화

셋째, 신산업·신시장 개척을 위한 성장 동력 창출

넷째, 꿈과 끼, 도전정신을 갖춘 글로벌 창의인재 양성

다섯째, 창조경제의 기반이 되는 과학기술과 ICT 혁신 역량 강화

여섯째, 국민과 정부가 함께 하는 창조경제 문화 조성

2. 우리나라 주얼리 산업의 역사

한반도의 금속공예 역사의 시작은 아마도 BC 10세기 전후의 청동기시대로 알려져 있다. 청동기시대의 고분에서 출토된 동검(銅劍), 동경(銅鏡), 마구(馬具)나 제사의기(祭祀儀器) 등의 금속공예품이 삼국시대에 와서 세련되고 미적으로 완성된 귀금속 제품으로 발전했다. 우리나라 최초의 금제 세공품으로서 평양 석암리 9호 고분에서 출토된 2세기경 마한의 금제 띠고리나 신라 · 백제의 고분에서 출토된 금관과 금귀고리, 금팔찌, 곡옥, 유리 제품 등은 우리 선조들이 일찍부터 금세공과 보석 가공 및 유리 제조에 뛰어난 기술을 가지고 있었음을 말해주고 있다. 특히 신라 천마총의 금관과 새 모양의 관식(冠飾; 모자의 장식), 부여에서 출토된 금동용봉봉래산향로(金銅龍鳳蓬萊山香爐) 등을 보면 금세공 기술에서 세계 최고로 알려져 있는 페르시아보다 몇 곱절 더 우수한 귀금속 세공 기술과 미적 감각을 가지고 있었음을 알 수 있다.

이처럼 우리가 세계에 자랑할 수 있는 고대의 귀금속과 보석 등의 유물은 창의적인 디자인 기술을 요구하는 귀금속 · 보석 분야에서 우리 민족의 DNA 속에 놀라운 세공 기술을 갖고 있었음을 잘 보여준다. 삼국시대로부터 찬란한 명맥을 이어온 우리의 주얼리 산업은 일제 침략에 의한 36년간의 암흑기와 한국전쟁(6 · 25 전쟁)을 거치면서 낙후 산업으로 추락했다가, 그때부터 50여 년에 걸친 발전을 통해 지금에 이르게 되었는데, 그 발자취를 돌아보면 다음과 같다.

1) 태동기(1965~75년)

　해방 후인 1947년 광주광역시 충장로에 있던 '서울금방'에서 시작된 우리나라 최초의 금은방은 생계 수단으로 결혼 예물 반지와 목걸이 등의 귀금속 제품을 주로 거래하던 점포 형태였다. 그 뒤 서울 중구 을지로3가에서 보석상을 운영하던 이종근 씨가 귀금속 가공 기술을 가르치기 위해 1963년 10월 처음으로 '경화보석공예학원'을 개설했으며, 여기서 배출된 기술자들에 의해 을지로, 청계천, 종로3가 주변에 가공업체 및 유통업체와 판매상들이 생겨나게 됐다. 따라서 우리나라 초창기의 주얼리 산업은 1965년부터 1975년 사이 금은방으로 대표되는 소매 중심의 산업 구조였다. 이런 구조는 수공업적인 생산 구조를 벗어나지 못한 채 각 금은방에서 자체적으로 디자인하여 제작한 제품을 개별적으로 판매하는 방식으로 운영됐다.

2) 도약기(1976~85년)

　1976년은 우리나라에서 주얼리 산업이 본격적으로 산업화되기 시작한 해이다. 1974년 12월에 완공된 총규모 $1,424,793m^2$(43만1천 평)의 이리공업단지는 1976년 1월 수출자유지역의 일부를 해제하여 수출산업공단으로 전환·지정됐고, 수출자유지역($317,355m^2$, 9만6천 평), 수출산업공단($1,041,322m^2$, 31만5천 평), 귀금속단지($66,115m^2$, 2만 평)로 나뉘어 분양됐다. 수출자유지역은 외국인 투자유치를 원칙으로 한 것이므로 석유 파동 이래의 불황으로 외국 상사의 단지 입주가 부진한 상태였으나, 수출산업공단으로 전환되어 수출업체에 대한 각종 특혜가 약속되자 150여 개의 대소 업체가 입주했다. 입주업체는 섬유, 봉제업 및 귀금속 가공 업체가 대부분이었다. 단지가 완공되자 전국에 퍼져 있던 많은 가공업체들이 전북 익산으로 이전함으로써 귀금속·보석이 본격적인 내수 산업의 주체가 되었고, 나아가 정부의 지원 하에 활발하게 수출에 나서면서 한국의 귀금속·보석 산업이 도약기를 맞게 되었던 것이다.

3) 발전기(1986~95년)

1986년 이후 국내 시장의 급속한 성장으로 1990년에는 국내 시장 규모가 7천억원으로 커졌다. 그리고 정부는 귀금속·보석의 수입 전면 자유화에 대비하여 이리 귀금속판매센터에 디자인 개발과 기술 인력 양성을 위한 '귀금속 및 보석 종합기술연구소'를 설립하고, 이어서 전국 대도시에 귀금속판매센터를 설립했다. 1991년 정부의 '보석 수입 전면 자유화' 정책 추진 이후부터 수출과는 별도로 국내 주얼리 산업이 활성화되기 시작했다. 이때부터 경제발전과 더불어 전반적인 국민소득의 향상으로 일부 계층에 한정됐던 보석에 대한 수요와 관심은 종래의 사치품이나 재산 개념이 아닌 자신을 표현하는 대중적 패션 상품으로 자리잡기 시작한 것이다.

4) 재도약기(1996년~현재)

1997년의 외환 위기와 해외 명품의 수입 증가 등 국내외적인 위기 요인의 발생으로 시장 규모가 축소되고 내수 불황을 경험하기도 했다. 하지만 1970년대 서울 청계천과 종로5가, 예지동을 중심으로 형성된 국내 최대 규모의 귀금속상가가 2004년 12월 서울시에 의해 '관광특구'로 지정되면서 국제적언 보석상가로 도약할 계기를 마련하였다. 종로 귀금속상가에는 봉익동 2천 개, 종로3가 500곳, 예지동 500 곳 등 총 3천여 개의 점포가 영업하고 있다.

서울시의 육성 정책 시행 이후로 서울·부산 등 전국 5대 도시에 새로운 주얼리 유통업체들이 등장하면서 우리의 주얼리 산업은 디자인 중심의 패션 주얼리 산업으로 패러다임이 전환되고 있다. 또한 주얼리 제품의 대중화, 수출시장 개척 등의 기회 요인이 지속적으로 축적되면서 계속적인 성장세와 함께 재도약의 기회를 맞고 있다.

2012년 초부터는 저렴한 인건비 때문에 20년 전 중국이나 필리핀으로 진출했던 대형 가공업체들이 현지의 인건비 상승과 생산성 저하 등의 경영 환경 악화로 인해 국내로 유턴하는 사례가 늘어남에 따라 국내 주얼리 산업의 비약적인 재도약이 예견되고 있다.

3. 세계 주얼리 시장의 규모

2012년 11월 7일자 MBC Economy News의 '세계 주얼리 시장 규모' 기사에서는 월곡 주얼리 산업연구소(WJRC)와 일본 야노(Yano) 경제연구소의 연구 결과를 인용해 세계 시장 규모를 다음과 같이 소개했다. 세계 주얼리 시장 규모에 대해 분석한 자료로는 아마 이 기사가 가장 최근 자료일 것으로 판단된다.

세계 주얼리 시장의 전체 규모는 1,386억 달러(159조원)에 이른다. 이 가운데 북미 477억 달러, 중국 366억 달러, 유럽 189억 달러, 일본

80억 달러, 한국 46억 달러, 러시아 42억 달러 순이다. 이 통계를 보면, 중국의 시장 규모가 엄청나게 성장했으며, 한국의 시장 규모도 결코 적지 않음을 알 수 있다. 중국의 경우에는 2009년 260억 달러에서 2010년 366억 달러로 무려 40% 이상 성장한 것으로 알려지고 있다. 반면에 일본과 유럽은 완만한 하락세를 보이고 있다. 일본은 2005년 145억 달러에서 2010년 80억 달러로 줄었고, 유럽은 2005년 210억 달러에서 2010년 189억 달러로 감소했다.

다음으로 2010년 국가별 금 주얼리 소비량을 보면, 인도가 657.2톤으로 1위를 차지했고, 이어서 중국 451.8톤, 미국 128.6톤, 터키 70.6톤, 사우디아라비아 67.6톤, UAE 62.4톤, 브라질 34.1톤, 인도네시아 32.8톤, 영국 27.3톤, 일본 18.5톤 순으로 나타났으며, 한국은 15.9톤으로 18위를 차지하였다.

여기서 금 제조 국가 순위를 알아보면, 인도가 783.4톤으로 1위이고, 그 다음이 중국 508.6톤, 미국 180.9톤, 일본 157.5톤의 순이며, 한국은 68.1톤으로 세계 7위의 생산국이었다. 다만 한국의 경우 수입한 철과 동을 제련해서 얻은 산업용 금이 대부분을 차지했다.

한편 다이아몬드 컨설팅 회사인 Tacy LTD에 따르면, 2010년 세계 다이아몬드 시장 규모는 원석이 125억 달러, 나석(원석을 연마한 것)이 171억 달러 규모였다. 킴벌리 프로세스(Kimberly Process)에 따르면, 2010년 세계 다이아몬드 생산량은 1억2천8백만 캐럿이었다. 그 중 러시아가 27%로 가장 높았고, 2위 보츠와나, 3위 콩고, 4위 캐나다, 5위 호주의 순이었다. 이를 금액으로 환산하면 생산국의 순위가 조금 바뀌어 1위가 보츠와나, 2위 러시아, 3위 캐나다, 4위 남아공, 5위 앙골라 순이다. 이는 캐나다에서 생산되는 다이아몬드가 양은 적으나 질이 좋고, 호주와 콩고에서 생산되는 것은 양은 많으나 질이 떨어짐을 말해준다.

베인앤컴퍼니(Bain&Company) 자료에 따르면, 세계 명품시장 규모는 2,370억 달러(266조원)였다. 이 가운데 유럽이 877억 달러로 37%를 차지했고, 미국이 711억 달러로 30%, 중국이 14%, 일본이 10%를 차지하였다.

4. 국내 주얼리 시장의 규모

WJRC와 한국갤럽의 공동조사에 따르면, 2012년 국내 주얼리 시장 규모는 5조1,099억원에 이르며, 연간 주얼리 구입 인구수는 562만 명, 구매건수는 830.9만 개로 나타났다.

2011년의 국내 귀금속·보석 사업체 종사자는 3만2,129명으로 전년 대비 3.0% 상승했다. 업종별로 살펴보면, 제조업 종사자 수는 5,997명으로 전년 대비 7.8% 상승했으며, 도매업 종사자 수는 5,792명으로 3.5%, 소매업 종사자 수는 2만340명으로 1.5% 상승했다.

다음으로 국내 귀금속·보석 사업체 수는 1만5,265개 업체인데, 그 중 제조업 1,399개 업체, 도매업 2,254개 업체, 소매업 1만1,612개 업체로 나타났다. 그리고 서울의 사업체 수는 5,675개 업체로서, 제조업 818개 업체, 도매업 1,787개 업체, 소매업 3,071개 업체로 나타났으며, 종로의 경우에는 2,655개 업체 중 제조업 594개, 도매업 1,455개, 소매업 606개 업체로 나타났다.

서울 소재의 사업체 수를 전국과 비교하면 전체의 37.2%, 그리고 제조업 수는 58.4%, 도매업 수는 79.2%, 소매업 수는 26.4%를 차지하고 있는 것으로 나타났다.

또한 1년 동안의 국내 혼인 건수는 32만9,087쌍이며, 이 가운데 30만8,355쌍이 예물 주얼리를 구매했으며, 예물 주얼리 평균 매장 방문 횟수는 2.2군데를 상담한 후 구매한 것으로 드러났다.

국내 주얼리 산업의 구매 성향을 살펴보면, 예전에는 예물용이 70% 정도로 그 비중이 높았다. 이는 주얼리 제품을 소비품이 아닌 환금성이나 투자 가치성, 자기 신분 과시용으로 구매하는 성향이 매우 높았음을 시사한다. 시장 구조면에서 국내 시장은 결혼 예물이 전통적으로 높은 비중을 차지한다. 하지만 IMF 이후의 두드러진 특징의 하나가 예물 시장은 점차 줄어드는 대신, 상대적으로 비(非)예물 시장의 비중이 높아가고 있다는 것이다.

국내에서 유통되는 보석들은 대부분 수입에 의존하는데, 2003년부터 2006년까지의 관세청 수입 통계 보도자료(2006년 12월 4일)에 따르면, 금·은 1.3%, 에메랄드 17.8%, 다이아몬드 26.5%가 증가했고, 진주 6.8%, 사파이어 13.8%, 루비 24.5%, 비취 48.6%, 오팔 49.6%가 감소했다. 이 통계로 보아 결혼 예물용의 경우 금, 다이아몬드, 에메랄드 등 전통적인 인기 보석류의 수입은 증가한 반면, 소모량이 적은 장식용 보석인 진주, 비취, 오팔, 루비, 사파이어 등 중저가류는 감소한 것을 알 수 있다.

금, 다이아몬드, 에메랄드의 수입 증가는 매년 결혼식이 전년도 대비 증가함에 따른 결혼 예물 수요 증가와 국제 시세 상승에 따른 국내 소매가격 상승에 따른 것으로 분석된다. 또한 루비, 사파이어의 경우 IMF 이후 저질 제품 수입으로 소비자 선호도가 낮아져 수입이 감소한 반면, 에메랄드는 이런 루비, 사파이어의 틈새시장을 파고들어 증가한 것으로 보인다.

5. 국내 주얼리 산업의 세계 시장 경쟁력

국내 산업의 올바른 육성을 위해서는 세계 시장에서의 우리 위치를 분명히 파악하는 것이 중요하다. 정부의 '귀금속·보석 산업 발전방안'(2007년 7월 16일)의 아래 비교표를 보면 미국에는 품질과 가공기술 측면에서 앞서 있지만 브랜드와 마케팅 능력에서는 절반 수준에 머무르고 있고, 주얼리 산업의 종주국인 이탈리아에 비하면 기술과 품질에서는 경쟁력 있게 따라가고 있지만 브랜드, 마케팅, 디자인은 절반 이하의 수준임을 알 수 있다.

비교 국가	디자인	브랜드	마케팅	품 질	기 술
미 국	98%	44%	56%	110%	120%
이탈리아	67%	39%	57%	81%	78%

또한 2000년 한국무역협회가 작성한 '한국 주얼리 산업에 대한 세계 경쟁력 평가 보고서'는 원화절상과 임금 상승 등으로 가격 경쟁력이 많이 떨어졌고, 기술이나 디자인 및 마케팅 능력에서도 매우 열세임을 보여주고 있다.

구분	평가	비고
1. 가격 경쟁력	열위	임금상승, 원화절상
2. 비가격경쟁력 – 가공기술 수준 　• 합성보석 　• 천연보석 　• 귀금속 – 디자인 개발능력 – 해외시장 마케팅능력	전반적인 열위 전반적인 열위 우위 열위 비슷 열위 열위	 • 세계적인 수준 • 기술축적도가 극히 낮음 • 디자인 분야의 뒷받침 부족 • 극히 취약 • 극히 취약
3. 기타 – 원석구입능력 – 수출가공 공단입지 여건 – 해외시장 정보입수	 열위 불리 불리	 • 자금부족, 중간상인을 통한 구입 • 공항과 원격지 소재 • 조합 활동 미흡
4. 전체적인 수출 경쟁력	열위	

국내 산업의 세계 경쟁력이 열세임에도 불구하고 현재 주얼리 생산과 가공 기술이 세계적 수준에 근접해 있을 뿐만 아니라 나날이 발전하고 있어, 주얼리 산업을 알차게 육성한다면 충분히 세계적 경쟁력을 갖춘 산업으로 키워나갈 수 있다.

6. 실리콘밸리와 같은 종로 주얼리 단지

청계천변을 끼고 우측에 있는 종로3가에서 종로5가까지는 2천여 가공업체와 상점, 중개업체가 활동하고 있는 주얼리 밀집 지역이다. 이렇게 단지화된 지역 내에 원자재 공급부터 제조와 도·소매에 이르기까지 모든 것이 갖춰진 곳은 세계적으로도 드문, 자생적으로 조성된 클러스터와 같은 동업종 생태계로서 미국의 실리콘밸리와 같은 성격이다. 더욱이 바로 이웃한 곳에는 전기·전자·기계 분야의 청계천시장까지 자리해 있어, 종로 주얼리 단지는 창업과 제조 및 판매가 원스톱으로 이루어지는 최대의 장점을 갖추고 있다.

종로 주얼리 단지는 2000년대 초까지 꾸준히 성장·발전해 왔으나 외환위기 이후 장기적인 경기 침체 및 세계적 트렌드의 변화에 제대로 대처하지 못한 폐쇄적 운영으로 인해 쇠퇴일로를 걷고 있다. 서울시는 전통시장 활성화 차원에서 종로 주얼리 지구를 되살리기 위해 2010년 '주얼리 개발 진흥지구'로 지정하는 등 다양한 방안을 모색하고 있다. 최근 들어 한류의 영향으로 중국인과 일본인 등 외국 관광객들의 명동과 광화문, 인사동, 청계천, 동대문 패션단지 방문 횟수가 늘어나고 있다. 종로 주얼리 단지도 관광객이 자주 방문하는 인사동, 동대문 패션단지와 인접해 있어, 지리적 이점을 활용하고 관광객 및 해외 바이어들과의 상담, 홍보 및 전시공간을 만들어 운영한다면 세계적인 주얼리 관광문화단지로 탈바꿈할 수 있다

7. 주얼리 산업 발전의 걸림돌로 작용하는 불합리한 세율 문제

종래의 모방기술로 수출산업을 주도하던 많은 기업들은 선진국의 기술 이전 기피로 인해 자체 기술 개발 없이는 더 이상 성장하기 힘든 실정이다. 더욱이 최근 수년간 노사분규의 홍역을 치르면서 과거 저임금에 대한 보상 차원에서 이루어지는, 생산성 향상 폭을 상회한 임금 상승은 노동집약적 상품의 가격 경쟁력을 약화시키고 있다. 이런 상황에서 개별 산업별로 문제점을 차분히 분석해보면 의외로 문

제 해결이 손쉬운 분야가 있음을 발견하게 된다.

밀수 및 음성 거래는 고(高)세율 때문에 조장되는 경우가 많아 정부는 각종 관련 세율을 시급히 현실성 있게 조정해야 한다. 우리나라의 과세율은 선진국은 물론이고 경쟁 상대국인 대만이나 동남아시아에 비해서도 높은 편이다. 탈세와 연결되는 밀수는 정상적인 소득자들의 세 부담을 상대적으로 가중시키는 반면에, 부당이득을 노리는 자들의 세 부담을 낮춤으로써 결과적으로 국민정서를 해치고 건전한 노동 의욕을 감퇴시키며, 소득분배를 개선하려는 정부의 노력과 정책의 효과를 반감시킨다. 만약 정부가 각종 세율을 낮춘다면 많은 기업이 수출에 활발히 나서게 되어 외화 획득에도 큰 도움이 될 것이다.

주얼리 분야의 세제는 시대에 맞지 않으므로 개별소비세를 조속히 폐지해야 한다. 주얼리를 아직도 사치품으로 인식하는 세무 공무원의 인식은 주얼리 산업 발전의 저해 요소로 작용하고 있다. 사치품의 경우 세제상 2백만원 이상이면 개별소비세 20%를 부담하고, 나아가 그 20%의 30%를 다시 교육세로 내야 하므로 약 25%의 높은 세율을 부담해야 한다. 이는 수출품과 수입품에 모두 적용되며, 금과 같은 원자재도 마찬가지다.

2007년 정부는 '귀금속·보석 산업 발전방안'을 마련하면서 개별소비세를 폐지하려다가 이 발전방안이 추진력을 잃어버리면서 세제 개선도 흐지부지되고 말았다. 세율이 지나치게 높으면 주얼리 업계에서는 2백만원 이상의 고급 상품을 거의 만들지 않는다. 이 외에도 고가 제품의 실거래가 음성화되는 폐단도 덩달아 나타나게 된다. 특히 금 관련 세제 개선의 필요성은 직접적으로 금 현물 시장의 양성화와 관련이 있다. 따라서 세제 개선과 함께 거래 양성화 및 과표 현실화를 위한 제반 정책도 함께 시행돼야 한다. 세제 개선만으로는 현물 시장에 대한 의문이 남을 수도 있다. 하지만 일본과 대만이 세제 개선 후 1년 만에 시장의 절반 이상이 양성화(대만은 80%)된 전례에서도 알 수 있듯이 금에 관한 한 세제 개선책이야말로 음성 거래의 강력한 해결책이라 할 수 있다.

현물시장 양성화는 단지 시장 양성화에서 그 효과가 그치는 것이 아니다. 골드뱅킹 및 금 선물시장의 활성화, 건전한 투자 대상으로서의 금에 대한 인식 전환, 한국은행의 적정 수준의 금 보유 확대 등을 통해 금융산업의 발전과 안정까지 꾀할 수 있다.

물론 세제 개선 및 기타 모든 제반 여건이 좋아진다고 문제가 다 해결되는 것은 아니다. 예를 들어, 세제 문제가 해결되면 그 동안 가려져 있었던 각종 기본 문제들이 드러나고, 그때에야 비로소 이런 문제를 해결하기 위한 작업이 시작될 것이다. 즉 기술 향상 문제, 원자재 구입 문제, 해외시장 개척 문제, 국내 소비자 보호 문제 등 손대야 할 분야가 한두 가지가 아니다.

이렇게 경제적으로 어려운 시기에 주얼리 산업이 수출은커녕 외국 제품으로 인해 방대한 국내 시장의 태반이 잠식당한 채 방치돼 있다는 것은 뭔가 잘못됐다고 하지 않을 수 없다. 더구나 세제 개선을 통한 적극적인 육성책만으로도 국내 생산기반 구축이 가능하고, 이를 바탕으로 수출 증대도 가능한 주얼리 산업을 1인당 국민소득 몇 백 달러 시대에 폈던 정책을 2만 달러 시대까지 고수한다는 것은 답답하기 그지없는 일이다.

8. 맺는말

주얼리 산업은 고부가가치 산업이면서도 또한 노동집약적 산업이어서 고용창출 효과가 매우 크다. 주얼리 산업을 활성화시키면 4만 명의 고용창출 효과가 있는 것으로 분석되고 있다. 이 정도 인력고용을 위한 실업대책을 수립하려면 수조원이 넘는 예산이 필요할 것이다. 그런데 주얼리 산업은 이 막대한 비용을 절약할 수 있다. 밀수 근절과 국내업계의 내수 기반을 확대·강화하여 주얼리 산업의 수출 경쟁력을 확보하도록 정책적 지원이 수립돼야 한다. 가능한 한 한시라도 빨리 정책을 전환시켜 주얼리 관련 세제를 개선하기 위한 필요 조치가 이루어져 주얼리 산업 육성을 위한 기틀이 마련돼야 한다. 그렇게 함으로써 엄청난 외화 손실을 막고, 나아가 수출산업의 면모를 갖춰 주얼리 산업이 수출 증대에 일익을 담당할 수 있기를 기대한다.

요즘 같은 수출 침체기에는 여건에 맞는 새로운 수출 유망산업을 육성하는 것이 국가의 당면 과제이다. 그런데 필자의 소견으로 볼 때 박근혜 정부의 창조경제가 성공하기 위해서는 주얼리 산업이 창조경제의 엄연한 한 축이 되어야 한다. 그리고 그렇게 되기 위해서는 박근혜 정부가 팔을 걷고 나서서 다음 과제를 우선적으로 해결해야 한다.

첫째, 전통거리(인사동, 북촌 한옥마을)와 조선 왕궁(경복궁, 창덕궁) 및 세계문화유산인 종묘와 종로 주얼리 단지를 한데 아우르는 '서울 한

류관광단지' 육성

둘째, 종로 주얼리 단지를 활성화하기 위해 단지 내에 호텔, 주차장 및 홍보 전시장 건설

셋째, 자생적으로 발전 가능성이 있는 국내 귀금속·보석협동조합의 원자재 공동구매, 제조, 공동판매 및 수출에 대한 자금 지원과 세제 개선의 조속한 시행

주얼리 산업은 다른 어떤 산업보다 창의적 아이디어와 혁신적인 과학 기술력이 필요한 산업으로서 앞으로의 발전은 무궁무진하다 할 수 있겠다.

예체인지(藝體仁知)로 체인지하라

배기열

1. 식물적 삶과 인간적 삶

살아생전 남다른 서정적인 시세계를 펼쳐보였던 박재삼 시인은 자신이 평생 쓴 시의 금전적 가치가 유명화가의 그림 한 호 값도 안 된다고 했다 한다. 그 얘기를 들으면서 '우리가 살고 있는 자본주의 체제는 참으로 허망하구나!' 하는 생각을 했다. 시장 가치와 삶의 가치 사이의 괴리가 점점 커져가는 세상에서 돈은 모든 것을 살 수 있는 신비한 마력을 지녔을 뿐만 아니라, 지상의 모든 것을 재는 지고의 척도이기도 하다. 그렇다면 예술가로 산다는 것은 과연 어떠해야 하는가?

예술은 '나' 혹은 '우리'의 정체감을 구성하는 상식의 울타리를 뛰어넘어 세계를 의심의 눈으로 돌아보는 것이다. 다시 말해 위반(違反)의 시선으로 바라본 세계를 재현함으로써 예술의 위치에 오르는 것이다. 물론 예술성을 자로 잰 듯 평가할 기준은 없다. 여기에도 역시 권력과 지식이 작용하고 있기 때문이다. 따라서 자칫 진기함이 새로움의 대명사가 되고 나아가 엽기가 독창성으로 포장되기도 한다. 이런 풍경 속에서 '식물적 삶'은 우리가 지향해야 할 인상적인 순간 혹은 지속가능한 삶을 창조할 수 있다. 인간은 늘 중심으로부터의 소외감을 이야기하지만, 누구나 크고 작은 논쟁의 중심을 주시한다. 특히 예술성에 대한 고전적 질문과 함께 사회를 가로지르는 비평적 사유의 차이를 드러낸다.

사실 언어가 주체를 구성한다고 할 때, 창조자가 창조한 인물 혹은 소재, 배경들은 한결같이 강한 주체가 되기를 요구한다. 물론 그것은 현실로부터의 허구이자 상상일 것이다. 이 허구·상상은 무엇보다 형태를 따른다. 그러나 중심의 기대, 즉 재기발랄한 스타일리스트의 자리에 오래 머물기보다 스스로의 욕망을 보다 보편적인 미학 안에 담으려는 의지를 보여야 한다.

현실에서 드러나는 허무함은 더 이상 가질 수 없는 것, 철저히 파괴된 현대인을 성찰하고 거듭 태어나기 위한 형식을 넘어섰다. 매끈한 형태를 지향하는 것이 아니라 다소 불온한 합체로서의 상황을 어떤 궁극적 경지로 끌어올리는 것이다. 창조자들이 부단히 써내려가지만 소설이나 시처럼 모멸적이고 자위적인, 혹은 욕망의 언술로 인한 비판으로부터 완전히 자유롭기란 쉽지 않겠다. 창조자들은 야심차게도 이러한 범주들을 초월하고 굳게 입을 다물고 사물(무형)을 매섭게 노려보면서 정신이 깃든 형태를 따름으로써 참 삶으로부터 벗어난 창조자 자신 스스로를 바라보도록 주문할 수 있는 것이다.

2. 유기체로서의 도시

우리는 'S.E.O.U.L'을 앞에 두고 'Urban Network'에 대해 이야기한다. 무엇인가를 안다는 것은 그것에 대해 정의하거나 상세히 적을 수 있다는 뜻이 아니다. 때로는 아주 잘 알고 있다고 생각하는 대상을 전혀 모르는 것으로 가정하고 그 실체에 도전해보는 것이, 대상을 조금이라도 더 깊이 인식하게 해준다.

대상은 색채와 윤곽, 그리고 그림자로 구성된다. 회화는 건축의 역사와 마찬가지로 진행되어 왔다. 중세에는 다양한 기법들이 연구되었고, 그 후 르네상스를 거치면서 화실에서 모델이나 정물을 유리창을 통과한 자연광을 이용하거나 혹은 실내 전등이 뿜어내는 인위적인 방식으로 빛의 효과에 의존해왔다. 그리고 마침내 과학적 사고를 미술에 도입한 19세기 인상주의 화가들은 화실 밖의 외부 자연 공간에서 일어나는 빛의 순간적인 움직임에 관심을 쏟게 된다.

기계시대에 이어 20세기 전자시대로 들어서면서 전자회로의 변형을 이용한 비디오 아트(Video Art)로, 다시 21세기 디지털 시대로 들어서면서는 더 다양한 빛의 직·간접적인 효과를 이용한 디지털 미술(Digital Art)로 새롭게 변용하게 된다. 기계를 통해 이미지가 구현되는 '미디어 아트(Media Art)'는 그 속성상 손으로 작업하는 전통 회화에 비해 차갑게 느껴질 수밖에 없다. 도리어 담백한 회화에 지친 영혼을 씻으려는 자기 정화 차원의 작업들이 생겨나기도 했다.

그래서인지 백남준이라는 걸출한 아티스트가 있었음에도 아직 미디어 아트는 우리에게 낯선 장르 중 하나다. 그러던 미디어 아트가 최근 관객들과의 거리 좁히기에 나섰고, 관련 전시와 페스티벌이 봇물을 이루고 있다. 이처럼 미디어 아트가 점점 친숙한 장르로 자리 잡고 있는 이유는 창조자와 관람객 모두 미디어에 친숙한 세대가 되었기 때문이다.

현대 시대에 예술가라면 미디어를 사용하는 것이 당연히 해야 할 부분이지만, 이전에 '테크놀로지(Technology)'라 하면 인간에게서 아주 멀리 떨어진 어떤 것으로 보인 것이 사실이다. 그렇지만 현대인들은 아침에 모바일을 켜자마자 일상 속 미디어에 노출되면서 도시간 네트워킹을 시도한다.

도시를 이야기할 때 건축가에게 'Architecture, Landscape'를 묻는다. 그들의 조언이나 언급을 주목하지만 그리 녹록하지만은 않다. 이는 사실 건축가들만큼 자기 직업의 정체성을 확인하고 싶어 하는 사람들도 많지 않을 뿐더러 '건축가'라는 이름에는 특정 분야의 실무에 정통한 전문가로서의 입장을 넘어서는 '그 무엇'이 함축되어 있음을 확인하고 싶은 이유에서다. 이것이 때로는 건축가들을 현실의 이해관계로부터 유리시키고 작업의 의미와 과정에 대한 끝없는 재사고(再思考)라는 가시밭길로 몰아넣기도 한다.

우리는 때론 흔히 책상 위에 가볍게 턱을 괴어보는 것만으로 세계가 다르게 보일 때가 있다. 여기에 미디어 아티스트의 새로운 '그 무엇'이 있는 것이다. 사물을 혹은 대상을 보고 느끼는 방법은 무수히 많다. 그 수없이 많은 보고 느끼는 방법을 일상의 대상이나 커뮤니케이션에 의식적으로 반영해가는 것이다.

창조자들은 많은 것을 고려하고 있다. 갤러리로 들어서는 누군가가 작품과 마주했을 때 느낄 당혹감과 'S.E.O.U.L'은 굳이 일컬어 불가해한 어느 도시 유형 중에 하나라는 사실, 그 한 국면에 도시가 존재하고 혼란한 깊이와 넓이 속에 부침하지만 결국 그것들을 단출한 미와 기쁨으로 승화, 정리시켜 보려는 시도 등등….

미디어 아트는 결국 빛에 의한 상호 소통이고, 그 행위를 통해 빛은 하나의 의미가 되는 것이다.

3. Be-ing

온갖 존재하는 사물들은 나름대로 아름답고 신비롭다. 인간의 지혜로 헤아려보는 일이 매우 어렵다는 생각을 하면서도 자연을 배우는 마음으로 자연 속으로 들어가기도 하고 자연의 한 옆에 돌처럼 놓이기도 해본다. 풀 한 포기가 인간의 존재를 위로할 때도 있고, 혹은 인간에게 무음(無音) 노래가 들릴 때 그 위안과 덧없음을 적어보는 즐거움에 잠기기도 한다.

정겹게 흐르는 시냇물이 우리의 가족이고 사회일 수 있다는 것을 인간은 잘 안다. 보이지 않는 무한 세계의 여행, 그 자유로움이 생활 속에서 겪는 고통과 좌절을 부추겨 부족한 인간 존재를 성찰하고 내면의 뜨거운 눈물의 힘으로 슬프게든 기쁘게든 예술을 통해 삶을 표현하게 만든다. 또한 인간의 불안과 고독이라는 본질적 전통성을 생각해본다. 이는 생(生)은 필히 사(死)에 대하여 엄청난 숙명적 '있음(Be-ing)'으로서의 신비(神秘)를 감촉케 하며, 또한 그 점을 인지할 수 있는 유일종(唯一種)으로서의 의미를 스스로 이룩하려는 일이기도 하다. 인간이 그 안에 하나의 부속물로 내포되어 있는 사물과 세계는 유전(遺傳), 명멸(明滅), 무상(無常)이라는 전체성이고 그 자체가 어쩌면 하나의 정의일 수도 있다면, 우리 인간은 그 속에서 진리나 도덕, 선(善)이거나 미(美)를 추구하게 되는 것이다.

우리가 살아가고 있는 삶은 영원을 향해 가고 있다. 이 영원을 향해 가는 것은 사람이나 자연이나 마찬가지이다. 자연이 영원으로 이어지기 위해 식물이 자라나면서 잎이 돋아나고 꽃을 피우는 것을 되풀이하는 것처럼, 인간 또한 자손 번식과 함께 생활문화와 예술을 이어가고 있다. 이 예술 속에서 인간은 경험이요 삶 자체를 만드는 것이리라. 그러나 예술은 시처럼 언어로 쓰여진 것이 아니어서 때론 불가해한 부분도 존재한다. 그래서 무엇보다도 인간 존재의 의미와 한계 인식은 예술에서 더욱 중요한 것이다. 그리고 누구나 쉽게 이해하고 같이 감동할 수 있는 그런 예술 향기가 우리 인간의 존재를 영원성으로 인도할 것이다.

4. 고뇌의 평균율

혹독한 유년의 삼동(三冬)과 목마름의 성년에 이르기까지 한 시대에 동참하려는 창조자의 몸부림은 처절하다. 빈손의 암담함, 세계로부터의 소외감은 언제나 어디서나 창조자를 위협한다. 요즘 창조자들은 행렬의 맨 끄트머리를 따라가며 주류와 하나 되기를 얼마나 갈구하는가? 세계로 연결되는 길은 멀고 험난하고 무수한 절망의 벼랑 위에서 끊임없는 상실과 끊임없는 회복에의 투쟁에 노출되어 있다.

창조자가 이미 아름다울 수만 없는 그들만의 목소리가 되어, 그들만의 노래가 비롯되고 있다.

작품을 한다는 것은 어쩌면 종교 같은 것인지도 모르겠다. 생활하다가 구석구석에서 영감이 떠오르고 그것에 매달리며 또 생활을 해나간다. 한 작품이 완성되고 발표되면 후회와 부족함에서 오는 아픔이 또 가슴을 찢는다. 창조자라는 소리 듣는 게 익숙해지기도 전에 잊히지나 않을까 약간은 두려움도 갖게 된다. 그 두려움 속에서 창조자는 이제 자신의 본 모습을 되찾았으면 좋겠다. 호심(湖心)처럼 고르게 가라앉고 입춘처럼 때맞추어 찾아주던 작품 생산 평균율에 스스로 젖어들었으면 좋겠다. 그러기 위해선 가락 몇 개를 골라 백지에 기립(起立)시키면 한 소절의 시가 산조(散調)처럼 음(音)과 율(律)을 조형하듯 살아 있는 날선 열정과 노력이 필요하다.

바다는 날마다 다른 얼굴로 다가온다. 수천 년 출렁이며 보채는 몸짓을 계속하지만 바라보면 언제나 다른 얼굴, 다른 빛깔, 다른 소리를 토해내고 있다. 가슴의 알 수 없는 응어리가 조금씩 풀릴 때마다 바다는 하나씩의 이야기를 던져주고 간다. 그리고 우리가 그것을 은밀하게 써두어야 할 의무를 느끼는 순간, 오히려 초조와 걱정의 비늘도 털어내게 만들고 안개와 작은 섬의 슬픔도 죽이는 그 빛나는 바다 같은 마음을 우리 모두 되찾았으면 싶다. 이를 악물듯 가슴에 품으려고 하는 동안 창조자 자신으로부터 살점처럼 찢겨져 나가던 고뇌의 평균율. 그것을 되찾았으면 좋겠다.

사실 담벼락이 담벼락으로부터 벗어날 수 없듯이 창조자는 자기 자신으로부터 벗어날 수가 없다. 새가 날개로부터 벗어날 수 없듯이 우리 인간은 땅 위에 선 두 발로부터 벗어날 수가 없다.

5. 아무 것도 없는 것을 파고든다

인간은 매우 감각적인 수용기관의 다발인 동시에 민감한 기억의 재생장치를 갖춘 이미지 생성기관이다. 인간의 머릿속에 발생하는 이미지는 여러 가지 감각 자극과 재생된 기억에 의해서 만들어지는 스펙터클 영화와도 같다.

테크놀로지(Technology)는 진화할수록 자연에 접근해간다. 테크놀로지를 자연과 대립하는 곳에 두지 않고 공존시킨다는 발상에 큰 의미가 있다. 물론 기억의 저편도 혹은 자연의 이편도 모두 공존한다. 이는 감각 혹은 이미지의 복합이란 문제에 대하여 창조자들은 뇌 구조 속에 그 정보를 구축하고 있기 때문이다.

그 구조는 다양한 감각 채널에서 들어오는 자극으로 만들어진다. 시각, 촉각, 청각, 후각, 미각, 나아가 그것들의 복합을 통해서 주어지는 자극이 두뇌 속에서 재생되어 우리가 '이미지(Image)'라고 부르는 것이 출현한다. 또한 이 두뇌 속에서 구조는 감각기관에서 주어진 외부 입력뿐 아니라 그것에 의해서 깨어난 기억까지도 그 재료로 활용한다.

'기억(記憶)'이라는 것은 그 주체가 의지적으로 과거를 반추하기 위해서만 존재하는 것이 아니라 외부로부터의 자극에 의하여 끊임없이 재생되면서 새로운 정보를 해석하기 위한 이미지의 모델링으로 작용한다. 즉 이미지란 감각기관을 통해서 외부로부터 들어온 자극과 그에 의해서 재생되는 과거의 기억이 두뇌 속에서 복합, 연계된 것이다. 이는 마치 의미와 형태를 분리할 수 없는 것과 같다. 양자는 불가분한 것이다.

물론 형태가 제삼자에게 의미를 전달하는 방식에 있어서는 몇 가지 해석이 가능하다. 19세기에는 형태가 의미를 갖는 것이 감정이입에 의한 것이라 하였고, 반면에 언어학자들은 사인(Sign)의 인지를 통하여 형태는 의미를 전달하는 것이라고 말하고 있다.

하지만 어느 경우에나 대뇌의 활동 중 그것과 관련되어 있는 작용 인자는 기억이다. 감정이입이건 사인(Sign)의 인지이건 학습에 의해서 얻어지는 반응이며, 문화에 고유한 경험의 결과로서 얻어지는 것이기에 무엇인가를 안다는 것과 무엇으로부터 의미를 추출한다는 것, 이 두 가지의 회로는 서로 보충하는 것이어서 예술작품을 만들거나 그 진미를 알기 위해서는 꼭 필요한 것이다.

'혼돈된 현실 위에서 꿈과 같은 이야기'를 채색하여 예술이나 기타 경험적 사상에 내재하는 복합성과 대립성을 감정이입, 기억재생 혹은 복합연계라는 방식을 통해 창조자는 자기만의 스펙트럼을 만들어가는 것이다.

6. 익스펙토 패트로눔(Expecto Patronum)

조금은 이상한 일이다. 늘 자연의 풍광을 끼고 살았던 인간이 그리움이나 목마름의 깊이를 가늠키란 어려운 일이다. 그러나 곧 깨닫게 된다. 적어도 어린 시절을 보낸 각기 다른 도시들에도 비슷한 풍경이 더러 있지는 않겠는가 하는 위안 때문이다.

우리는 금세 자신에게 되물어보게 된다. 그리고 풍경이 서서히 잊혀질 때쯤, 또 풍경보다 사람의 속내가 더 궁금하게 된다는 사실이다. 우리가 마음속에 품고 있었던 무엇을 이젠 더 이상 곁에 두고 잊지 못하는 성급함이 생긴다. 그건 아마 심연 속에 도시적 감성이 하나의 풍경이 되어 가득 들어차 있기 때문이 아닌가 한다.

행복한 빛의 마법 익스펙토 패트로눔(Expecto Patronum)처럼 아마도 〈이상한 나라의 앨리스(Alice's Adventures in Wonderland)〉가 성급히 행복한 기억을 통해 마법처럼 또 다른 세계 속으로 들어가는 듯하다. 우리를 흔들어 깨우고 우리 속에 담고 있던 풍경은 말없이 터져 나온다.

예술을 한다는 것은 그런 것이다. 니체(F. W. Nietzsche)가 말했던가. '인간은 은유적 동물'이라고…. 인간의 말은 원초적으로 대상에서 끊임없이 미끄러질 수밖에 없음을 말하는 것이라고…. 예술은 종종 오해를 불러일으키기도 한다.

특히 사랑에 관한 한 더욱 그러하다. 빛을 통해 관객과 사랑을 나누고, 초현실적 시지각 판타지를 경험함으로써 우리는 더욱 미끄러질 수밖에 없다. 우리는 바람에 흔들거리는 작은 육신을 감싼 천을 보며 흔들리는 요원한 풍경을 상상한다. 그렇게 서로의 어깨를 토닥이듯 빛은 하나의 화두가 되고, 우리는 빛을 통해 도시를 토닥이고 이야기를 풀어낸다. 혹시 또 모른다. 도시도 우리 이야기를 잘 들어준다는 사실을….

7. 지나간 미래(Futures Past)

우리가 세상을 바라보면서 알 수 있는 단 하나의 진실은 끝없는 증식에 의해 생성되고 소멸되는 과정의 연속선상에 우리가 잠시 머물고 있다는 사실이다. 때론 편안하고 친숙하지만 한편으로는 침울하기도 한 불확실한 기억들이 우리를 상상과 현실의 모호한 환상 속으로 내몰기도 한다.

예술은 사물과 기억의 동질성과 이질성이 충돌하고 교감하며 빚어내는 이 섬세한 이미저리(Imagery)에서부터 시작됐다. 그것은 초기 작업의 정서적 흐름과는 다른 방향이다. 사물들이, 기억들이 어떻게 결합할지 전혀 예측할 수 없다.

나비는 꽃을 향해 날아가지만 어떤 향기를 따라갈지 그 방향을 알 수 없는 것처럼, 그것은 일정한 규칙성을 띠지 않고 비선형적 흐름을 갖는다. 사물과 사물, 사물과 기억, 기억과 현실이 결합하는 밀착도도 천차만별이다. 부분부분은 필요에 따라 감각적 흐름의 방향을 다르게 잡아나간다. 한 마디로 그것은 카오스(Chaos)적이다.

그런데도 각각의 이미지들은 그것대로 거대한 또 다른 거대한 이미지 덩어리로 남는다. 즉 하나의 기억들이 파편처럼 산재해 있다가 어느새 거대한 현실에서 드러나는 상상으로 존재한다. 그것은 카오스 이론에서 대기의 비주기성(非週期性) 흐름을 나타내는 로렌츠 어트랙터(Lorenz Attractor)가 한 번도 같은 지점을 통과하지 않지만 전체적으로 거대한 규칙적인 불규칙성을 보여주는 구조와 형상을 지니는 것과 흡사하다.

예술은 '은유(隱喻)는 무겁고 직유(直喻)는 가볍다'는 생각을 충실히 '마치 ~처럼' 보여주고 싶을 뿐이다. 그런 까닭에 화면에 나타나는 형상들은 현실과 유리된 구체성을 띠고, 더 나아가 상상하게 하는 방식을 취한다. 그러나 직유는 대부분 홀로 존재하지 않는다. 하나의 거대한 에너지 장(場) 속에 존재하는 이미지의 계속된 증식이다. 그것은 분열하고 결합하며 형체를 드러낼 수 없지만 새로운 주관적인 의미가 된다. 아니 혹은 존재 이유가 된다.

창조작업은 시간 속에 뻗치는 힘을 새겨서 꿈틀거리는 거대한 물결이 된다. 검은 색(어둠의 공간)은 타인의 절망의 깊이만큼 나타나며, 슬픔도 그 속에 몇 개의 부음(訃音)처럼 봉인된 기억으로 남는다. 또한 거대한 검은 색 띠의 꿈틀거림은 역동적 속성(혹은 기억)이 개입하여 두 사물 – 상상과 현실 혹은 진실과 절망 – 의 결합을 보여준다.

그래도 다행인 것은 '꿈틀거렸던' 지난 현실이 고스란히 공간에서 빛으로 역동성을 강화하는데 일조한다는 사실이다. 물론 눈에 보이는 것 이상의 절망의 형체를 드러낼 수 없지만, 우리의 인식 속에 뚜렷이 존재하며 확장되어 간다.

때론 차갑고 위태로운 느낌이 감돌기도 한다. 그러나 창조의 어법이 어느 지점까지 맞닿을지는 알 수 없다. 아마 도착한 순간 또 다른 이미지의 덩어리로 변하기 때문이다. 계속된 이미지 증식과 그 이후 분열하는 다른 이미지들, 감각적인 묘사는 도처에 깔려 있다.

구석구석 이미지의 꿈틀거림과 융합, 고요한 듯 물결치는 비유적 이미지들, 이 모두는 전체적인 아우라(Aura)를 형성하는데 중요한 역할을 한다. 묘사적 이미지들은 애초에 뿌려진 이미지 기억을 근거로 확장되고 여행을 하게 된다. 여행은 일상을 벗어나려는 기억의 조각들이 창조자 자신의 뇌리를 후벼 파고 절망의 깊이만큼 에너지를 부여할 것이다. 물론 이러한 묘사들은 공감각적 이미지로 이루어지기도 한다. 이것이 현재의 창조자가 해나가는 작업의 기본 구조라 할 수 있다.

지난날 일상의 공허가 밀려들고, 그것을 메워주는 것이 시간으로의 여행, 기억으로의 여행이었다. 그러나 이제 그것은 새로운 이미지를 만나는 탈주의 공간으로의 감각 여행이다. 여행에서 잉태된, 마치 기억장치 같기도 한 정서적 감응의 장치들을 표출하는 것이 아니라 전혀 새로운 이미지의 세계를 재창조하는 것이다.

기억은 단지 여행으로의 실마리를 제공하는 과거진행형 현실이다. 그리하여 마치 몸속으로 끌려들어가 몸과 연대하는 것이다. 그 연대는 존재에 대한 인식, 인식을 넘어서는 이미지, 그 이미지로 엮이는 새로운 세계, 혹은 그 텅 비어 있는 창조자 자신의 몸속으로 무수한 풍경들이 들어오는 것이다. 그림이 되어 나가고, 이제 다시 그곳을 채울 것이 무엇인지 알 수 없을 때 비로소 창조는 밝고 환한 이미지가 곳곳에 널려 있으면서도 아련한 애조가 여린 틈으로 삐져나오리라. 작업을 이루는 근원이 더 이상 채워도 채울 수 없을 때 비로소 그곳은 텅 빈 공허, 여백으로 남아 창조의 작업 방향을 돌려놓을 것이라 믿는다.

8. 제 몸 물어뜯는 파도를 그려라

예술을 한다는 것은 어쩌면 종교 같은 것인지도 모른다. 생활하다가 구석구석에서 예술적 행위가 시도되고 그것에 매달리며 또 생활을 해나간다. 한 작품이 완성되고 발표되면 후회와 부족함에서 오는 아픔이 또 가슴을 찢는다. 그러다보니 생활처럼 자연스럽게 나오는 것을 보기가 힘들다.

도예는 예술인 까닭에 표현일 수밖에 없으며, 표현이라면 다시 어떤 주어진 상황의 표출이어야 한다. 그리하여 개인의 희비애락(喜悲哀樂)이 시공의 올로 가로세로 짜여진 어떤 맥락에 완전히 용해됐을 때 비로소 우리의 보다 절실한 전달의 매체로 재생된다. 그러므로 우리는 사물과 관계, 물성과 인간의 내면세계처럼 나름대로의 각도와 진정성을 설정하여 보다 깊이, 그리고 널리 살피는 데 유념해야 한다.

사실 감동은 분위기 같은 것으로 직접 담기지 않는 부분까지도 부분으로 담아보려고 애쓰는 행위에서부터 시작된다. 설령 그 결과물이 초라하거나 완벽하지 않더라도 지향하는 새로운 해석은 이러한 언어의 외연성에서 오는 것이라고 믿는다. 예술 행위의 카타르시스까지도 이러한 외연성으로 수렴되어야 한다는 것이다. 이것은 모두가 창작 행위를 통하여 개체성을 벗어나 전체와 결합하려는 데서 오는 행위일 것이다.

흙을 만지고 담고 산화(酸化)시키고 하는 주체는 인간의 혼 속에 타는 불길이다. 바로 열정이다. 그 불은 타면서 열을 가해 주고, 또 빛을 발한다. 그렇다면 그 불은 자연적으로 발생하는 불이 아니라 인간 자신이 죽음을 감내하는 산화(散花)의 몸짓으로 점화되어 타고 있는 뜨거운 불길일 것이다. 그런 의미에서 도예는 거듭 죽어 다시 태어나는 물기 마르지 않는 흙에서 아픈 생(生)의 환희를 진하게 맛볼 수 있는 것이다. 마치 고행을 자처하는 구도자의 길처럼 모듬드리 다 사르어 재가 될 불꽃으로 말이다.

흙 속에 삶을 그리는 손, 불꽃을 그리는 눈물 나는 마음, 오늘도 해와 달, 말발굽소리, 제 몸 물어뜯는 파도를 그려라! 당신은 누구인가? 물방울이 한 묶음의 빛을 나누고 스러지듯 흙과 공존하고 소멸의 아름다움을 꿈꾸는 자, 당신은 누구인가?

9. 맺는말

필자가 창조경제지원협동조합 원고를 부탁받았을 때, 먼저 생각이 든 것은 창조경제를 운영하고 집행하는 모든 사람들이 창조적 예술품을 만드는 창조자들의 마음, 그들의 생각과 고뇌를 알고 이해하여야 한다는 것이었다. 현재 대한민국이 세계에 내놓을 만큼 자랑스럽게 만든 전통 문화는 수천 년 동안 아무런 생색도 내지 않은 채 묵묵히 일해 온 이름 없는 화가, 도공, 석공, 건축가, 광대, 소리꾼, 기능자와 기술자들의 창조적 정신과 혼이 이루어낸 결과물이다. 과거와 현재를 막론하고 창조가 예술이든 아니면 경제나 기술이든 모든 분야에 해당된다면, 모두가 창조자가 되어 자기 분야에서 새롭게 창조해야만 할 것이다.

일자리 창출을 위한
새로운 분야 발견

한용주

1. 고용 없는 경제성장의 원인

창의적이고 새로운 일자리 창출 방안을 모색하기 전에 전통적인 부양책들로 일자리 창출이 어려운 현실을 먼저 짚어볼 필요가 있다. '고용 없는 성장'은 어제 오늘의 일만이 아니다. 경제가 성장하는데 왜 일자리는 늘지 않을까? 중국과 동유럽이 연이어 개방을 한 지 수십 년이 지났다. 개방 후 빠른 경제성장을 거듭하고 있는 과정에서 제조업의 일자리가 국경을 넘어 중국과 동유럽으로 이동하기 시작했다. 그만큼 지구촌의 일자리 경쟁이 치열해졌다고 볼 수 있다. 그러나 정작 고용이 창출되지 않는 근본 이유는 따로 있다.

첫 번째 이유는 세계 경제에 국경이 없어지는 개방화(글로벌화)이다. 두 번째 이유는 끊임없는 기술 혁신이다. 우리는 더 큰 시장을 얻고, 더 많은 성장을 하기 위해 무역장벽을 허물어왔다. 경쟁은 격화되고, 기업들은 국내 경쟁에서 이겨야 할 뿐 아니라 세계 경쟁에서도 이겨야 생존할 수 있게 되었다. 경쟁에서 도태되는 기업들은 사라지고, 일자리도 함께 사라진다. 반면, 경쟁에서 살아남은 기업들은 더욱 강해지는 양극화 현상이 빠르게 진행되었다. 하지만 그들이 늘릴 수 있는 일자리는 사라진 일자리에 비하면 매우 적다. 더 많은 성장을 위해 추구했던 개방화(글로벌화)가 지구촌 전체로는 일자리를 감소시키고 있다고 볼 수 있는 것이다.

두 번째로, 기술혁신이 새로운 시장과 일자리를 창출하기도 하지만 한편으로는 수많은 일자리를 줄이기도 한다. 시장 측면에서 스마트폰 시장의 성장은 기존 휴대폰 시장과 개인용 컴퓨터 시장을 줄이는 효과가 있듯이 바로 그 기술혁신 때문에 퇴출되는 시장이 있게 마련이다. 그리고 일자리 측면에서는 기술혁신이 적은 인력으로도 더 많은 생산력을 갖출 수 있도록 해결해주기 때문에 기업이 기술혁신으로 매출은 늘릴 수 있지만 고용 인력은 늘리지 못한다. 경제 성장률이 낮은 시대에는 제조업의 경우 매출은 늘어도 고용 인력은 오히려 줄어든다. 그래서 기술혁신은 양날의 칼과 같다고 할 수 있다. 기술혁신이 일자리를 빼앗는다고 해서 이제 와서 기술혁신과 자동화를 멈추고 과거로 돌아갈 수도 없다. 생존을 위해서는 끊임없이 기술혁신을 해야 하고, 재투자를 해야 한다. 결과적으로 제조업만으로는 일자리를 늘리는 데 한계가 발생한다.

이러한 두 가지 근본 이유 때문에 성장을 해도 일자리가 늘지 않고 오히려 줄기까지 한다. 일자리 부족은 비단 우리나라만의 문제가 아니다. 지구촌 모든 나라가 일자리 부족을 심각하게 받아들이고 있다. 선진국들이 장기간 반복해서 돈을 찍어내는 이유도 실업문제를 해결하려는 노력의 일환이라 볼 수 있다.

그런데 통화팽창을 해도 일자리 창출은 신통치 않다. 그렇다고 돈을 풀지 않으면 실업상황이 더 나빠질 것 같아 양적 완화를 마음대로 중단하지도 못한다. 그렇다면 일자리 창출을 위해 어떻게 해야 할 것인가? 통화정책보다 재정정책이 더 효과적일까?

박근혜 정부의 창조경제가 성공하기 위해선 무엇보다 일자리 창출이 중요하다. 중산층 회복도, 복지를 위한 세수증대도 일자리 창출 없이는 불가능하기 때문이다. 따라서 정부도 일자리 창출을 위해 여러 가지 정책을 쓰고 있다. 기업들도 정부 정책에 호응하여 투자를 늘리기 위해 노력을 하고 있다.

일자리 창출을 위해 무엇보다 중요한 것은 새로운 성장산업을 찾고, 그 산업을 선점하기 위해 미리 투자를 늘리는 것이다. 무한 경쟁에서 우리가 하지 않으면 다른 나라가 차지할 수밖에 없기 때문이다. '총성 없는 일자리 전쟁'이다. 정부가 지원하는 전략사업으로 정보통신이나 바이오산업, 친환경 에너지산업 등 첨단산업을 선점하기 위해 관련 기업을 지원하고 벤처기업을 육성하는 방안은 매우 중요한 방향 설정이다.

그런데 성장산업에 대한 투자만으로 일자리가 순조롭게 창출될까? 이 역시 지구촌 각 국가 간의 경쟁이 치열하기 때문에 선점한다는 보장이 없다. 많은 나라들이 서로 선점하기 위해 앞다투어 투자하고 있다. 대규모 투자에 비해 일자리 창출효과가 얼마나 될지 자신하기 어렵다. 앞서 언급한 바와 같이 제조업만으로는 일자리 창출에 한계가 있다.

그렇다면 또 다른 대안은 없을까? 지금까지 해오던 일자리 창출 방식 이외 다른 방식으로 일자리를 창출할 수 있는 방안이 있을까? 비록 다른 나라의 사례를 모방하더라도 지금까지 우리가 하던 기존 방식이 아니라면 창의적인 방식으로 볼 수 있다. 창의적인 방식으로 일자리를 창출할 수 있다면 그것이 곧 창조경제가 아닐까?

우리의 단점을 개선하는 것보다는 우리의 장점을 더욱 발전시켜나가는 선택과 집중이 일자리 창출 전략에서도 필요하다고 본다. 한국인의 강점인 '빨리빨리' 속성이 경쟁력 우위로 뚜렷이 나타나는 방송문화 콘텐츠와 패션을 유망 산업으로 더욱 육성할 필요가 있다. 또한 한국인의 뛰어난 손기술이 발휘되는 의료산업과 건강식으로 인정받고 있는 한국 음식이 유망한 일자리 창출 산업이 될 수도 있다.

필자는 대안 농업(代案 農業), 의료관광 원스톱 서비스 분야, 그리고 방송문화 산업의 중국 현지화를 새로운 일자리 창출 분야로 보고 좀 더 집중해서 과감히 투자할 필요가 있다고 본다. 아이디어 차원에서 그 내용을 간단히 소개한다.

2. 대안 농업

귀농 또는 귀촌하는 도시민이 감당할 수 있는 소규모 친환경 농업을 일자리 창출의 한 방안으로 '대안 농업'이라 부르고자 한다. 귀농했던 도시인의 절반은 다시 도시로 돌아온다는 통계가 있다. 도시민이 귀농한 후 농업을 통해 소득을 창출하는 방법이 쉽지 않기 때문이다. 성공적으로 정착한 귀농인들도 소규모 친환경 농산물을 도시의 지인 인맥을 통해 판매하는 방식이거나 로컬 푸드 전문점을 통해 판매하고 있다. 왜냐하면 먹거리 거래는 생산자와 소비자 간의 신뢰가 매우 중요하기 때문이다.

이 신뢰 문제를 개인이 해결하는 것보다 정부가 운영하는 시스템(플랫폼) 속에서 신뢰의 고리를 만들면 판매 기회를 크게 늘릴 수 있고, 생산자(귀농인)의 소득도 늘릴 수 있다고 본다. 농협 시스템을 활용해 추가적으로 친환경 농업에 대한 생산자 관리 시스템을 도입한다면 생산자와 소비자 간의 신뢰를 구축할 수 있지 않을까?

소비자의 구매 선택 폭도 늘리고 생산자의 판로를 활성화하기 위해 도시 내 공원을 거래장터로 이용하면 효과적일 수 있다. 1주일에 2~3일 정도 생산자 직판시장을 정부에서 운영할 필요가 있다. 검증된 생산자만 판매할 수 있고, 친환경 농산물만 거래하도록 철저히 제한한다면 이런 직거래 방식은 기존 유통 채널에 큰 피해를 주지 않으면서 보완적인 거래 방식이 될 수 있다. 이 방식은 미국의 뉴욕에서 비만퇴치를 위해 실행한 적이 있는 방식이기도 하다.

이런 직거래 방식은 도시 거주자에게도 혜택을 주는 사업이다. 도시민은 예전보다 신선한 친환경 농산물을 좀 더 저렴하게 구매할 수 있는 기회를 얻게 되는 셈이기 때문이다. 귀농인들이 늘어나면 다양한 특용작물 공급도 늘어나고, 도시민의 선택 폭도 늘어날 수 있다. 친환경 농산물 공급이 크게 늘면 도시민의 건강에도 도움이 되고, 고령화에 따른 국민건강보험공단의 의료비 지출 증가 속도를 낮출 수도 있다.

비록 소득이 적다하더라도 귀농인들은 농촌생활에서 생활비를 줄일 수 있고, 적당한 운동으로 건강한 삶을 얻을 수 있기 때문에 충분히 가치 있는 일자리 창출 방안이라고 볼 수 있다. 특히 은퇴 준비가 덜 된 도시인들이 선택할 수 있는 대안이 될 수 있다. 정부로서도 미래의 복지비용을 줄일 수 있는 보완책이 될 수 있다.

대안 농업을 활성화하기 위해선 인구 밀집 지역인 서울시와 수도권 도시들이 적극적으로 참여해야 효과를 얻을 수 있다. 해외 수출을 하지 않고도 국내 시장에서 일자리가 창출될 수 있다. 그리고 도시 내 공원에서 열리는 직거래 장터 운영비용은 가급적 생산자 부담을 최소화하는 정책이 필요하다. 일자리 창출 차원에서 비용으로 인식하기보다는 투자로 인식할 필요가 있다.

3. 의료관광 원스톱 서비스

두 번째 사례로 관광과 의료, 한류 문화, 쇼핑을 복합화하는 시스템이 필요하다. 의료관광산업은 일자리 창출 효과뿐 아니라 수익성(외화 가득률)이 높은 산업이기 때문이다. 또한 관광산업은 상품 수출과 달리 내수 소비를 늘려 자영업자의 일자리를 늘리는 파급 효과가 있다. 따라서 이를 민간 자율에만 맡기기보다는 정부가 나서서 시스템(플랫폼)을 만들 필요가 있다.

의료관광산업은 아시아에서는 태국과 싱가포르에 이어 한국이 세 번째이다. 따라서 아시아 최고의 산업으로 키운다면 많은 일자리를 창출할 수 있다. 의료관광을 넘어 문화체험까지 연결하여 복합관광

산업으로 발전시킬 수 있다면 충분히 승산이 있다. 앞선 국가들을 따라잡기 위해선 고객의 편리함과 만족도를 높이는 남다른 차별화 서비스가 필요할 것이다.

하나의 예를 들어보자. 성형수술 차 한국을 방문한 중국인을 위해 비싼 호텔 대신에 병원에서 가깝고도 경제적인 호텔이 필요하고, 여유 시간에 가까운 전용공연장에서 한류 공연을 볼 수 있어야 하며, 개인적으로 좋아하는 한국 음식을 배우는 문화체험을 할 수 있는 기회가 있으면 더 좋고, 귀국하기 전에 가까운 대형 쇼핑몰에서 다양한 상품을 면세 구매할 수 있어야 한다. 시간이 더 남는다면 귀국길에 제주도를 구경하고 돌아갈 수도 있을 것이다.

현재 중국인 방문자는 강남에 위치한 인지도 있는 성형외과 병원에 예약할 수 있다. 그런데 병원 근처에는 호텔이 없고 승용차로 30분가량 이동해야 한다. 더구나 호텔비가 비싸서 불만이다. 경복궁이나 시내 관광은 별 문제가 없으나 중국인은 단순 관광보다는 한국 음식 문화체험을 하고 싶은데 아쉬움이 남는다. 한류 공연을 예약하려는데 일산까지 왕복 이동시간만 4시간이나 걸린다. 계획했던 다양한 면세품을 구매하기 위해 강북의 대형 쇼핑몰로 이동해야 하는데 호텔까지 돌아오는데 걸리는 시간이 2시간은 걸릴 것 같다. 강남에 위치한 호텔에서 체크아웃하고 공항으로 이동하려면 쇼핑도 서둘러 끝내야 한다. 제주도 관광은 꿈도 못 꿀 형편인 것이다.

위의 사례에서 방문자가 원하는 서비스를 해결하는 핵심은 원스톱 서비스이다. 만약 인천의 송도 신도시에 방문자가 예약하기 편하도록 많은 성형외과가 한 곳에 모여 있는 전문 대형 빌딩이 있다면, 그리고 방문자 일정을 개별 취향에 따라 선택할 수 있는 여행사의 다양한 상품이 준비된다면 원스톱 서비스가 가능하게 된다. 원스톱 서비스는 방문자가 한국에 체류하는 동안 이동시간을 줄여주고, 취향에 맞는 선택을 할 수 있게 해주며 여행의 만족도를 높일 수 있다. 이미 대형 쇼핑몰과 한류 전용공연장은 송도 신도시와 경기도 일산의 한류월드에 계획되어 있는 것으로 알고 있다.

문화체험으로는 영화촬영지 방문도 있지만 순창에서 고추장을 담그는 체험, 전주에서 김치 담그는 체험을 관광 일정에 선택할 수 있도록 해야 한다. 중국인은 환경오염에 노출된 먹거리 때문에 안전한 식품에 관심이 대단하다. 청정지역 동해안과 남해안을 직접 방문하여 특산물을 맛보고 구매할 수 있는 체험이 필요하다. 방문자가 쉽게 선택할 수 있는 원스톱 서비스의 옵션으로 구비되어야 한다.

최근 우리나라의 불임치료가 선진국 수준 이상이어서 불임치료차 한국을 찾는 해외 부부가 올해만도 3천 쌍이 넘을 전망이며, 해외에서 시험관아기 시술을 받으러 한국에 오는 여성이 2012년에 1만 4,185명으로 2010년 6,009명인 것에 비하면 2배 이상 높아졌다. 보건산업진흥원의 통계에 따르면 불임 때문에 한국을 찾는 외국 여성이 1,173명에서 2012년 2,505명으로 2년 사이에 2배 이상 증가했다. 주로 중동의 아랍에미리트(UAE)와 미국, 몽골, 러시아 등의 여성 환자가 급속도로 증가하고 있다.

의료관광을 늘리기 위해선 성형외과와 불임치료만으로는 부족하다. 특히 암 전문 대형 병원도 필요하다. 해외 유명병원을 유치할 수 없다면 국내 대표병원이라도 확장 이전해야 한다. 중국인의 의료관광 방문자는 최근 해마다 약 30%씩 증가하고 있다. 13억 중국 인구가 빠르게 노령화되어 가고 있는데 향후 중국인 암 환자의 폭발적인 증가는 눈앞에 불 보듯 뻔하다. 중국 대도시의 심각한 오염이 암 발생을 더욱 늘리고 있는 중이다.

중국의 전국종양등록센터가 발표한 2012년 〈중국종양등기연보〉에 따르면 중국에서 매년 312만 명의 종양질환 환자가 새로 발생해 1분마다 6명이 암 진단을 받는 것으로 나타났다. 매년 암으로 인한 사망자 수는 270만 명에 이르며 폐암과 간암, 위암, 식도암 등으로 인한 사망률이 높게 나타났다. 연령별로는 50세 이상 발병률이 전체 발병률의 80% 이상을 차지했다.

이런 엄청난 수의 중국인 암 환자들이 치료를 위해 먼 미국으로 가지 않고 가까운 한국으로 온다면 얼마나 좋을까? 성형수술과 달리 암 치료는 장기간이 소요되고, 치료 기간 동안에는 간호를 위해 가족이 동반하지 않을 수 없다. 치료를 위해 한국을 방문하는 환자 및 가족을 대상으로 관광과 문화체험 등 원스톱 서비스로 연계시켜 방문자의 한국 체류 만족도를 높인다면 빠르게 성장하는 새로운 산업이 될 수 있다. 그 경제적 효과는, 그리고 일자리 창출 효과는 상상 그 이상일 수 있다.

최근 한진 그룹에서 인천시, 인천경제자유구역청, 인하대학교와 MOU를 체결하고 '한진 메디컬 콤플렉스'를 조성하겠다고 발표했다. 이 '한진 메디컬 콤플렉스' 계획은 1,300병상의 대형 국제병원과 연구교육단지, 최고급 메디텔 숙박시설, 시니어타운, 메디컬 비즈니스 시설 등을 건설하는 내용으로 되어 있어 완공 후엔 원스톱 의료, 숙박, 관광 서비스의 환경이 갖추어질 것으로 보인다. 앞으로도 암 전문 대형 병원과 수십 개 성형외과가 입주할 수 있는 대형 메디컬 병원, 그리고 연계된 숙박시설이 필요하다.

이런 환경이 형성되면 고객에게 원스톱 서비스를 제공할 의료관광 특화 여행사 또는 의료관광 코디네이팅 회사가 자연스럽게 갖추어질 것이다.

4. 방송문화 산업의 중국 현지화

한국 영화와 드라마를 포함한 방송문화 산업이 아시아인이 부러워할 만큼 크게 발전하고 있다. 한국의 국가 인지도와 위상이 많이 높아졌고, 이로 인해 한국 상품의 수출에도 큰 영향을 미치고 있다.

하지만 국내 시장이 인구 5천만 명이라는 규모적 한계 때문에 방송문화 산업이 더욱 성장·발전할 수 있는 기회를 놓치고 있다고 볼 수 있다. 드라마나 영화를 제작하고 수익성을 맞추기 위해서는 투자 비용에 따라 수백만 명의 관객을 확보해야 한다. 그러다 보니 좋은 평가를 받는 콘텐츠를 제작하고도 수익 측면에서 적자를 면치 못하는 제작사가 많은 것이 작금의 현실이다. 특히 영세한 독립영화 제작사들은 적자를 우려하여 새로운 시도를 하지 못하는 어려운 환경에 처해 있다.

드라마나 영화 같은 콘텐츠 산업은 새로운 아이디어와 다양한 시도를 통해 성장해가야 하는데 인구 5천만 명이라는 현실적인 장벽이 가로막고 있는 것이다. 이런 한계를 뛰어 넘기 위해서는 방송문화 산업의 중국 현지화를 통해 중국 시장을 우리 시장으로 활용하는 과감한 도전이 필요하다고 생각한다. 중국에서 중국인과 한국인이 함께 출연하는 콘텐츠를 제작한다면 중국과 한국에 동시에 판매할 수 있을 것으로 본다.

〈대장금〉과 같이 한국에서 제작한 한국 고유문화가 담긴 콘텐츠가 흥행에서 대박을 치기도 했지만 중국과 한국의 문화 차이로 실패하는 사례도 상당하다. 특히 남녀 간의 애정에도 문화적 차이가 존재한다. 또한 현지 연예인이 출연하고, 현지 명소가 배경이 될 경우 흥행 성적도 좋아진다는 연구 결과가 있듯이 중국 현지화는 흥행을 위해 반드시 필요한 전략이라고 본다.

최근 중국 당국이 오락물 축소와 보도 교양물 확대를 발표했는데, 중국 언론과 출판, 영화, TV 등을 담당하는 국가신문출판광전총국에서 지난 10월 12일 각 지역 위성방송국들에게 2014년 종합채널 프로그램 편성 및 준비에 관한 통지를 전달했다. 이 통지문에서 각 지역 위성방송국은 내년부터 '외국 판권 프로그램을 매년 1개를 초과해서 편성해서는 안 되며, 판권을 산 해당년도부터 오후 7시 30분~오후 10시 사이에는 방송할 수 없다'고 못 박았다. 이 시간대 편성 제한은 5년 전부터 있어 왔지만 1개 편성 제한은 새로운 조치이다. 또 외국 프로그램을 방송하려면 2개월 전에 당국에 보고해야 하고, 매년 연말에 관련 보고서를 제출하도록 함으로써 사실상 외국 대중문화의 유입을 막고 있다. 현지에서 제작하고 중국인이 출연하는 콘텐츠는 외국 프로그램으로 간주하지 않기 때문에 국내 프로그램에 해당하는 오락물 축소에만 영향을 받는다. 따라서 규제를 피하는 방안은 현지 합작인데, 현재는 우리나라 일부 대기업이 중국 기업과 현지 합작을 통해 중국에 진출하고 있다.

위의 사례와 같은 규제의 벽을 넘기 위해서, 그리고 콘텐츠의 흥행 성공을 위해서는 개별 합작 단계를 넘어 한 발 더 나아가 현지 중국 기업과 합작법인을 설립하여 현지 합작 영화와 드라마 제작을 획기적으로 늘릴 필요가 있다. 중국인의 소득이 상당히 높아졌기 때문에 문화 소비도 함께 폭발적으로 늘어날 것으로 예상한다. 역사적으로 중국과 한국은 같은 한자(漢字) 문화권으로 상호 이해의 폭이 넓고, 지리적으로도 매우 가까워 단일시장으로 만들어갈 수 있다. 또한 과거의 사례를 보면 문화와 문화의 충돌은 한편으로 갈등을 불러오기도 하지만 다른 한편으로는 혼합된 새로운 문화를 부흥시키기도 한다.

그런데 대기업은 단독으로 중국 현지에 합작법인을 세우고 현지화를 꾀할 수 있지만 국내의 많은 중소기업과 영세기업의 중국 진출은 별도의 지원 없이는 단독으로 성사시킬 수가 없다. 그래서 소규모 기업들이 중국 내에서 콘텐츠를 제작할 수 있도록 개방형 공용 플랫폼을 구성할 필요가 있다. 현지 합작사 이름으로 제작되지만 내부로는 한국 중소기업이 제작을 주도할 수 있게 설비지원과 기술협력을 제공하고, 수익도 분배할 수 있는 시스템이 가능하지 않을까?

우리나라의 상품 수출에 있어 대기업들은 직접 해외시장을 개척하지만 중소기업인 경우에는 대한무역공사(KOTRA)에서 지원한다. 이와 같이 중소기업의 해외 문화시장 개척을 지원할 창구가 필요하다. 중앙정부나 지방정부 차원에서 중국 내 현지 합작사를 만들어 공동 제작 활동을 지원할 수 있으면 중국 시장에서 한국 기업이 콘텐츠의 상업화 기회를 크게 늘릴 수 있을 것이다. 스크린 할당제와 같은 중국의 방송문화 산업의 보호정책을 뚫고 우리가 지금보다 더 활발히 진출할 수 있다면 우리 방송문화 산업의 성장뿐 아니라 일자리 창출에도 크게 도움이 될 수 있을 것으로 본다.

해외시장에서 콘텐츠 판매를 늘려 우리의 강점인 한류 문화를 세계 속에 우뚝 설 수 있는 산업으로 키워낼 필요가 있다. 그러기 위해선 인구 5천만 명의 벽을 반드시 뛰어넘어야 한다. 13억 중국인 시장을 활용할 수 있다면 우리의 한류 문화는 거침없는 발전을 거듭할 수 있을 것이다.

5. 맺는말

이상으로 대안 농업과 의료관광 원스톱 서비스, 그리고 방송문화 산업의 중국 현지화를 아이디어 사례로 제시하였지만, 우리가 머리를 맞대면 더 좋은 아이디어와 더 나은 방안이 나올 수 있다.

첨단산업 종사자와 연구 인력은 고소득인데 비해, 관광산업 일자리와 신농업 일자리는 비교적 소득이 낮은 편이다. 그럼에도 불구하고 우리에겐 모두 중요한 일자리이다. 개인의 성향과 은퇴 나이에 따라 선택할 수 있는 다양한 일자리가 있다는 것은 중요하다.

젊은이들이 선호하는 일자리와 은퇴자들이 선호하는 일자리 모두가 우리에겐 절실하다. 우리는 일자리 창출이 매우 어려운 시대에 살고 있다. 과거처럼 손쉽게 경기를 부양하고 경제성장에 따라 일자리가 창출되는 시대는 지나갔다. 서로 아이디어를 모으고 협력하여 틈새 일자리를 찾아내야 한다. 지금 하지 않으면 너무 늦을지도 모른다. 우리는 틈새 일자리도 소중하게 여기고 감사해야 한다.

한국 경제에 제2의 기적을
가져다줄 도시농업

장완수

1. 6차 산업의 기반인 도시농업

300만 년 전, 인류의 조상인 오스트랄로피테쿠스(Australopithecus)는 동물들과 똑같이 장구한 세월을 수렵으로 삶을 영위해왔다. 엄청나게 격변하는 빙하기 등의 지구 환경을 견디면서 진화를 거듭해 4만 년 전에 탄생한 현생인류(現生人類)의 조상인 호모 사피엔스 사피엔스(Homo sapiens sapiens)는 수렵생활 속에서 건조한 아프리카 초원지의 식물 채집 부족에 시달렸다. 하지만 그들은 1만2천 년 전에 식물 채집이 아닌 좀 더 안정적으로 식물을 거두어들일 수 있는 식물 재배 방법을 터득하였다. 이로 인해 인류 조상들은 약 7천 년 전부터 토양이 비옥한 중동(中東)의 초승달 지역에서 처음 농사를 짓게 되었고, 5천 년 전에는 농업혁명을 이루어 전세계에 인류의 이동과 농업을 전파하기 시작했다.

인류 5천 년 역사에서 농업혁명으로 부락이 발전하고 나아가 도시가 형성되어 현대에 이르렀지만, 농업은 20세기까지 도시지역을 벗어난 들판의 경작지나 산림지역에서 하는 것으로 인식되어 왔다. 하지만 21세기 과학과 정보통신의 발달로 농업도 산업제품을 생산하는 공장처럼 도시지역이나 공단에서 할 수 있는 산업으로 발전하였다. 고대에도 도시지역 내에서 도시농업을 한 유적들이 발굴되고 있다. BC 600년의 바빌론에 있었던 왕궁 건물 옥상에 물을 공급하여 화초와 식물을 재배했던 전설 속의 '공중정원'이나 페루의 고산지대 도시 마추픽추(Machu Picchu)에 있었던 건물 테라스형 농경지 등이 대표적인 사례라 하겠다.

도시농업은 텃밭에서 농산물을 기르는 것부터 아파트형 공장처럼 공장 내부에 LED 조명에 의한 온도, 습도 등을 제어할 수 있는 수경재배 방식 등 여러 형태로 발전하고 있다. 또한 도시 내부에 있는 농지나 친환경 농산물 생산공장은 도시인들에 필요한 농산물의 공급지일 뿐 아니라 도시온난화 방지와 빗물의 흡수, 공기 정화 등의 다양한 기능을 맡고 있다.

현재 서울을 비롯한 대도시의 아파트 주변이나 개천변, 별장 텃밭 또는 도심 근교 주말농장에서 내 손으로 신선한 채소를 기르는 도시농부가 늘고 있는 추세이다. 우리나라도 도시농업이 자리를 잡으면서 도시에서 먹거리를 자급자족하는 시대가 도래하고 있다. 그리고 비록 시기적으로 조금 늦긴 했지만 지난 MB 정부도 저탄소 녹색성장 사업의 일환으로 도시농업을 야심차게 추진했다. 박근혜 정부 또한 국정목표인 창조경제의 활성화 차원에서 환경 친화적인 경제성장을 실현하기 위해 '환경'과 '경제'라는 양축의 시너지 효과를 동시에 낼 수 있는 도시농업을 육성하는 것이 매우 중요한 과제라 할 수 있다.

2012년 9월 유엔 안보리에서 채택된 그로 할렘 브룬트란트(Gro Harlem Brundtland) 노르웨이 전 총리의 〈브룬트란트 보고서(The Brundtland Report)〉에서 전세계의 물 부족으로 야기되는 인류의 '수자원 위기'와 물 부족에 따른 기존 농업의 문제점을 보고했다. 이 보고서는 물 부족 국가의 댐 건설 지원과 물 낭비를 막는 물 관리의 중요성을 설명했으며, 더불어 도시농업이 도시민을 위한 안전하고 신선한 농산물 공급을 늘리고 환경 개선과 물 부족 사태를 완화시킬 수 있는 대안이라고 발표한 바 있다.

농업혁명과 산업혁명을 거치면서 기계의 선진화, 농업의 첨단화를 통해 자급자족까지는 아니지만 세계적으로 농업이 상당한 수준으로 발전한 것은 사실이다. 하지만 우리나라뿐 아니라 모든 국가들이 인구의 급속적인 증가와 환경문제 때문에 아무리 첨단기법 농사가 적용된다 하더라도 정부, 농민, 소비자 모두가 만족스럽지 않은 것이 현실이다.

농사는 '풍년이 들어도 문제, 흉년이 되면 더 문제'이며, 다단계 유통 체계로 인해 발생하는 각종 문제는 기계화나 첨단화가 됐어도 풀 수 없는 오랜 숙제이다. 더욱이 도시농업이라는 추상적 주제만을 가지고는 '창조경제'에 틀을 맞추기는 힘든 일이다. 왜냐하면 위의 지적대로 첨단화만 가지고는 한계가 있기 때문이다.

이제는 창조경제의 지원산업으로서 새로운 콘셉트의 융합 산업 분

야가 필요한 시점이 되었고, 따라서 농업생명과학 융합기술 재배 –
IT·BT 종합적 지식기반 위에서 도시농업을 논해야 한다. 즉 농사
기술의 혁명만을 외칠 것이 아니라 IT와 BT를 결합한 속성 재배, 근
원적인 친환경 클린 재배 시스템 구축, 월 1회 수확이 가능한 재배
기법(연간 12회 수확), LED 램프 활용법을 통한 겨울철 난방비 절약 및
빛을 이용한 고수확 등의 선진 농법이 적용되어야 하는 것이다. 하지
만 그 중에서도 가장 중요한 혁신은 모든 시설을 스마트 네트워크화
하는 것이다.

전국적으로 시설화될 농업 현장을 중앙정부, 지방정부, 유통업자,
소비자가 한 눈에 생산량부터 현지 재고, 매월 출시되는 농산물 품
목, 출하 가격과 소비자 가격 등에 대한 통합적, 효율적 관리를 통해
흉년이나 풍년 등 작황은 물론 기후에 의존하지 않는 새로운 대륙을
발견하는 농사 기술의 혁명을 이루는 것이다.

농촌의 최대 이슈인 새로운 소득원 창출을 위해 도시농업을 활성
화시킬 수 있는 정책을 정부가 종합적으로 주도한다면, 도시농업이
창조경제를 견인하는 어엿한 한 축이 되어 한국 경제에 또 한 번의
기적을 가져다줄 든든한 디딤돌 역할을 할 수 있을 것이다. 주말농
장, 도시 텃밭 가꾸기 등의 프로젝트가 훌륭한 모델로 뿌리를 내리고
있어 한편으로는 뿌듯하고 고무적이지만, 다른 한편으로는 한계도
보이고 있어 안타까운 일이다. 단순히 도시농업을 위한 일상적인 농
업을 표방한 개념으로서는 근본적인 농업 해결책에 한계가 있다. 근
원적인 대책은 바로 도시농업이 가진 속성을 살려야 하는데, 꼭 도시
의 건물이나 새로운 형태의 신개념의 농사기법이 훌륭한 것만은 아

니다. 다시 말하면 도심지에 대형 건물을 만들어 농사를 짓는 기법이
일본 등에서는 유행하고 있으나 우리나라에서는 현실성이 떨어진다
고 할 수 있다. 하우스 형태이든 돔 형태를 취하든 온실 형상으로 만
들든지 간에 노는 땅이 많은 우리 상황에서 엄청난 자금을 들여서 금
싸라기 땅에 먹거리를 재배한다는 것은 수익성 측면에서 말이 되지
않는다.

한국에서 도시농업에 성공한 업체는 아직 한 곳도 없으며, 소리만
요란한 마차가 지나가고 있다. 그리고 정부는 지방 농민들로 하여금
새로운 도시농업과 연관한 첨단 융합 농법에 대한 시설을 지원하고
있다. 위에서 서술한 바와 같이 메인 컨트롤 타워에서 전국적으로 어
떤 지역에서 누가 어떤 시설을 하였고, 무슨 품목을 재배하고 있으
며, 이번 달 수확량이 얼마나 되는지를 중앙정부인 농림축산식품부
에서 한 눈에 파악할 수 있는 핫라인을 구축하여 지원하고 유지해나
갈 때 진정한 농업혁명이 이루어진다고 볼 수 있을 것이다.

2. 도시농업의 현황

조선시대에는 서울 외곽 잠실의 양잠(養蠶) 농업, 궁중에 채소를 공
급하기 위해 조성된 종로구 권농동의 내농포(內農圃) 등이 있었다. 그
러다가 해방 후 경공업과 중공업의 산업화 정책에 따라 도시에서 쫓
겨나다시피 했던 농업이 최근 다시 도심지로 들어오는 현상이 일어
나고 있다.

서울 구로구 궁동 620 구획을 정하여 주말농장으로 꾸미자, 이곳

에 참여하기 위한 경쟁률이 치솟고 있다. 서초구 또한 1,500세대 이상이 참여하고 있으며, 한강 노들섬에 지으려던 오페라 하우스 대신 농업공원을 조성함으로써 많은 사람들이 이곳에서 농사의 재미를 만끽하고 있다. 그 밖에도 용인, 파주, 안양 등 곳곳에서 도시 농부들이 농사를 노동으로 생각하지 않고 그 자체를 즐기고 있는 것이다. 현재 세계적으로 도시 농부의 수는 8억 명 정도로 추산되고 있다. 농사도 시대에 맞게 패턴이 변해가는 모양이다. 농사를 통해 여가와 즐김, 건강과 행복을 동시에 추구하고 있으니 말이다.

우리나라의 도시농업은 체험 형태로는 가정용 실내 재배 기법과 관광농원, 텃밭농원, 주말농장으로 분류할 수 있으며, 교류 형태로는 소비자와 생산자의 연대적 관계·생협 직판장·농촌 직거래 매장으로, 학습 형태로는 실습농장·학교급식·농업공원으로, 산업 형태로는 식량 자급률 향상·안전 농산물 공급·국토 환경 보전을 위한 프로젝트 등으로 분류할 수 있다.

2013년 현재 실물 농사 현황을 정확히 나누어보면 도시농업을 두 가지 형태로 분류할 수 있다.

첫째, 현재 도시민들의 취미생활과 맞물려 도시농업의 매력으로 인한 확산에 따라 도시민이 직접 참여하는 소규모 개념인 내 가족 건강을 위한 주말농장의 개념이 하나의 트렌드로 자리잡아가고 있다.

둘째로는 대규모 생산이 가능한 농업생명과학 융합기술 재배 − IT·BT 종합적 지식 기반시설을 정부 차원에서 주도하여 도·농간 갈등인 소득 격차를 줄이기 위한 신농법을 농촌 또는 도심지 주변의 농부들에게 우선권을 주어 새로운 농업혁명을 이루는 분야이다.

하지만 '도시농업법'이 아닌 '실물농법'의 입장에서 보면 여러 곳에서 문제가 발생하고 있다. 특히 농약의 과다 사용으로 인한 건강 문제, 유기농을 '유기농'으로 믿지 못하는 불신의 벽과 흉년으로 인한 생산량 감소, 유통 또는 물량 조절 문제로 인한 가격 폭등 등의 문제가 고질적으로 발생하고 있는 상황이다. 이 문제들은 정부가 풀어야 할 구조적 문제로 보인다.

아무리 훌륭한 도시농업이 정착한다 하더라도 모두가 참여할 수는 없는 일이다. 도시농업에 대한 높은 관심 속에 정부는 2011년 '도시농업 육성 및 지원에 관한 법률'을 제정하여 제도적인 기반을 마련했다. 그리고 지방자치단체는 조례로 다양한 서비스를 제공하고, 농촌진흥청이나 농업기술센터는 각종 교육과 자재 등을 공급하고 있으며, 시민단체 또한 다양한 활동을 전개하고 있다.

도시민들이 농업에 관심을 갖는 배경에는 소득 증가, 여가 활동, 체험 등 다양한 욕구의 증가와 스트레스, 도시 과밀 등의 이유가 있다. 도시농업에 대한 사회적 관심은 증가하는 반면에 참여 기회, 관련 인프라 정비, 이용자의 의식 등에서는 아직도 개선의 여지가 많이 남아 있다.

그 중 가장 큰 문제점으로는 지가 상승으로 인한 농지 확보의 어려움을 꼽을 수 있고, 환경 규제와 같은 많은 제약이 서로 상충되고 있어 도시농업 활성화에 걸림돌이 되고 있다.

3. 도시농업의 전망

도시민이 선호하는 도시농업으로는 크게 세 가지 종류가 인기를 끌고 있다.

첫째, 실내에서 직접 채소를 길러 먹을 수 있는 실내 재배기는 대단히 혁신적인 상품이다. 어떤 지자체에서는 자체 예산을 들여 도시민들에게 무료로 나누어주는 행사도 진행되고 있다.

둘째, 텃밭이나 주말농장형 소규모의 도시농업이다.

셋째, 도시 건물 또는 시설하우스를 이용한 돔 형태의 대단위 기업농업형 도시농업이다.

그런데 유럽이나 일본에서는 기업형 도시농업이 완전히 자리를 잡아가고 있으며, 특히 일본은 방사능 사고와도 관련이 있어서인지 70여 개의 기업이 참여하여 활발한 기업 활동을 해나가고 있다. 그리고 일본의 몇몇 지자체는 도심형 융합기술을 이용해 우리나라의 농업 중심의 지자체들과 농업기술 협약을 체결하는 한편 이를 계기로 토지를 매입하려 하는데, 우리 지자체들은 적극적인 반응을 보이고 있다. 심지어 일본의 어느 지자체는 지자체 전체가 우리나라로 거주·이전하는 협상을 진행 중이라는 소식도 들린다.

중국 역시 우리보다 한 발 앞선 행보를 보이고 있다. 10여 년 전부터 도시농업 붐이 일기 시작하면서 본격적인 생산 체제로 바뀌어가고 있으며, 실제 기업형의 대단위 단지화된 기술은 다른 나라에서 볼 수 없는 독특한 형태를 띠고 있다.

2013년 현재 우리나라 도시농업의 각종 통계는 2010년에 비해 승

승장구하고 있다. 도시농업 참여자는 76만6천 명으로 4배나 증가했는데, 이는 농촌의 농가 인구 280여만 명의 25%를 웃도는 수준이다.

도시 텃밭 면적은 558ha(168만7,950평)로 2010년 대비 4배나 증가했으며, 그 수도 1만2,663개로 50배나 폭증했다. 도시농업 활성화를 위한 정책지원을 확대하는 지자체도 늘어나고 있으며, 도시농업 지원조례를 제정한 지자체는 41곳으로 2010년 9곳에서 3.5배나 증가한 수치이다.

국내에서 도시농업을 선도하는 회사로는 일본의 농사조합법인 하이테크 펌, 캐나다의 벨센트 프로덕트, 한국의 카스트, K-Farm 등 많은 업체들이 있으며, 이들 회사의 식물공장 시설비 및 생산량과 기술 방식을 소개하면 아래 도표와 같다.

| 국내외 식물광장 시설비 비교분석표 |

업체명	국가	면적 (m²)	단	시설비 (원)	양액비 (원/월)	생산량	형태	비고
카스트	한국	165	4	3억 8천만	10만	60-70kg/일	완전제어	
파투스	한국	20	4	1억	3.5만	107포기/일	완전제어	
인성테크	한국	165	7	2억 2천만		400포기/일	완전제어	PFFL(조명)
인성테크	한국	165	7	3억		400포기/일	완전제어	LED
K-Farm	한국	432	8	3억 7천만	10만	2400포기/일	완전제어	LED+FL+ 자연광

벨센트 프로덕트	캐나다	500	8	35만 $ (약 4억)		2800포기/일		태양광
그린플레이버	일본	200		2억 5천만		288포기/일	완전제어	형광등
(유)어번펌	일본	546		1억엔 (약 14억)		30-40톤/연	완전제어	형광등
농사조합법인 하이테크 펌	일본	400		약 16억		700포기/일	완전제어	고압나트륨
피어리엔젤	일본	100		약 7억		70000봉/년	완전제어	형광등
산라이후	일본	1100		약 21억		667포기/일	태양+인공광	고압나트륨

출처 : K-Farm 자료 제공

식물공장을 최소의 비용으로 건설하면서 최대의 수익을 올리기 위해서는 660m²(200평)의 대지가 필요하고, 대략 온라인 원격 시스템을 포함한 철 구조물의 돔형 하우징(온실 소비전력 약 75KW) 건설에 3억7천만원 정도의 투자가 필요하다. 이런 식물공장을 갖출 경우 월 6만 2천 포기의 작물을 생산할 수 있다.

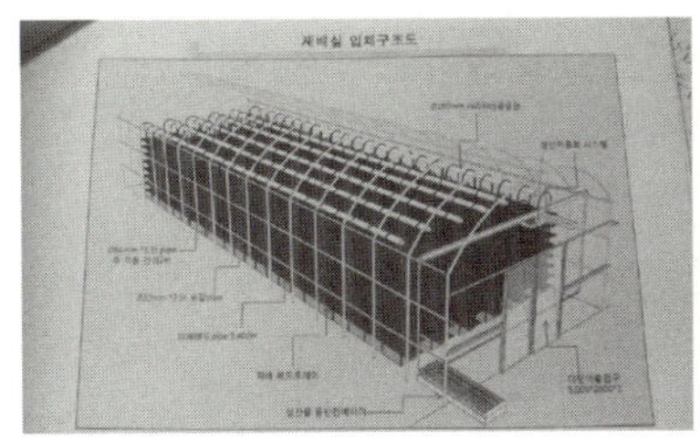

4. 도시농업의 활성화 대책

정부는 도시농업이 활성화됨으로써 실질적인 창조경제의 견인차가 될 수 있도록 법과 제도를 개선하는 한편, 실효성 있는 장기 대책을 세워야 한다고 본다. 그 가운데 정부가 특히 관심을 갖고 추진해야 할 사항을 살펴보면 다음과 같다.

첫째, 녹지 부족과 환경오염 문제 해결에 도시농업을 적극 지원하는 제도

둘째, 도시농업을 위한 농지 확보 문제

셋째, 관련법과 제도 개선

넷째, 예산 지원 제도의 획기적인 개선

일반 도시민들의 주말농장과 관련된 분야는 많은 보고서와 함께 책 발간도 봇물을 이루고 있다. 하지만 실제로 생산을 통해 경제발전에 기여할 수 있는 도시농업 분야에 대한 관심은 미미하기 그지없다. 따라서 도시농업의 진정한 목적인 대량 생산을 위한 대책으로는 다음을 들 수 있다.

첫째, 현지 농민들이 직접 참여할 수 있도록 농사용 농지를 근본적으로 해결할 대책 마련

둘째, 귀농 예정자 및 기존의 귀농자들을 대상으로 한 교육 및 교육 참여 유도

셋째, 대량 생산이 가능한 '스마트 경영 혁신 농법' 특허업체의 발굴(현재 우리나라에는 이런 업체들이 몇 군데 존재하지만 영세하여 적극적인 진출에 어려움이 많다)

넷째, 특화농법 정착을 위한 정부 예산정책의 선행

다섯째, 지속적인 지원 하에 글로벌 경쟁력 향상 시 수출 경쟁력

을 주도할 수 있는 지원정책 추진

　여섯째, 통합적 인프라 구축과 전산화를 통해 생산자부터 생산량, 품목 등을 일괄 관리하는 시스템 구축 필요성

　이런 정책이 점진적으로 시행된다면 농가(귀농인과 도시 농민)의 고소득 창출이 가능하며, 한국은 세계 최초로 정부가 식품산업을 안전하게 감시하면서 식량을 자급자족하는 국가가 될 것이다. 더불어 재배 및 가격 현황이 정확하게 데이터화된다면 거품이 빠지고 도시민들의 일자리 창출이 확대되고, 고용 및 생활 안정화가 정착되어 국가 경제 발전을 이끄는 창조경제의 견인차 역할이 가능할 것이다.

발명과 기술개발은 창조경제의 신무기

박양석

1. 관찰력만 있으면 누구나 할 수 있는 발명

우리가 발명을 이야기할 때 자연스럽게 전구를 발명한 에디슨 (Thomas Edison)을 생각하고, 에디슨 같은 천재들이나 발명하는 것으로 생각한다. 그러나 발명은 천재들이 하는 것이 아니고 일반인들의 발명에 대한 관심과 노력으로 이루어지는 것이다. 물론 에디슨 또한 천재가 아니었고, 스스로 '발명은 99% 노력과 1%의 영감으로 이루어진다'고 말했는데, 사실 이 말은 진실이라고 할 수 있겠다.

과학이나 기술을 발전시키는 가장 중요한 요소는 발견(Discovery)과 발명(Invention)이다. 발견은 '과거부터 존재하고 있는 사물이나 현상, 사실 등을 처음 찾아내는 것'을 말하며, 발명은 '과학적 창의와 기술적인 아이디어를 통해 새로운 방법·기술·물질·기구 등을 새로 창조하는 것'을 의미한다. 따라서 발견이나 발명을 하기 위해서는 세

심한 관찰이 중요한 핵심 역할을 하며 원동력이 된다. 이것은 일반인
들도 습관만 들이면 모두가 할 수 있는 사항으로서 관심과 관찰이 몸
에 배면 자신의 주변에서 벌어지는 사건으로부터 새로운 아이디어가
창출되며, 이 아이디어를 상업적으로 이용할 수 있도록 잘 다듬으면
세계적으로 성공한 발명가가 되는 것이다.

2. 다양한 발명 사례

1) 가시철조망을 발명한 13세 목동

관찰에 의한 발명품으로 가장 유명한 것이 철조망인데, 이 철조망
을 발명한 미국의 13세 소년 목동 조셉 글리든(Joseph Glidden)은 역사
이래 발명품으로 가장 많은 돈을 번 사람으로 추정되고 있다. 목장
에서 양들을 돌보던 조셉이 가끔 딴전을 피울 때면, 양들은 어김없이
울타리를 넘어 도망을 쳤다. 그리고 그때마다 그는 목장주에게 심한
꾸중을 들었다. 그런 일이 비일비재하자 양들이 쉽게 목장의 울타리
를 넘어가지 못하게 하는 방법에 골몰하다가, 하루는 양들이 장미넝
쿨의 울타리로는 접근하지 않고 듬성듬성 세운 기둥에 철사만 둘러
친 울타리로만 넘나든다는 사실을 깨달았다. 양들이 장미넝쿨의 가
시를 무서워한다는 것을 알아챈 꼬마 조셉은 대장간을 하는 아버지
의 도움으로 철사 군데군데에 가시철사 도막을 넣어가면서 새끼처럼
꼰 새 제품을 울타리에 설치했더니 단 한 마리의 양도 철조망을 넘
어가지 않았다. 조셉은 곧바로 목장주의 도움을 받아 국내외에 특허
를 출원하고 공장을 세워 철조망을 양산했다. 이 철조망이 처음 사용

된 곳은 목장과 공장의 울타리였으나, 제1차 세계대전이 터지자 세계 각국에서 국경선과 부대 주위에 설치하는 용도로 쓰기 위한 주문이 쇄도했고, 이로 인해 1918년 전쟁이 끝날 때까지 사용된 그의 철조망은 전쟁에 사용된 포탄보다 훨씬 많았다고 한다.

이 사례에서 보듯이 설정된 목표를 달성하기 위해 사물을 세심하게 관찰하고, 그로부터 얻은 지식을 바탕으로 참신하고 획기적인 아이디어를 얻을 수 있다는 것을 보면 관찰이 아이디어를 얻는 핵심 요소이며, 천재만 발명가가 되는 것이 아니라 일반인들도 획기적인 발명을 할 수 있다는 것을 분명히 알 수 있다.

수백 년에 걸쳐 수많은 발명가 중에서 사업적으로 성공한 사람은 극소수이고, 그 중에서도 몇몇은 자신이 고안하고 갖은 고생 끝에 완성시킨 발명품들이 생전에는 빛을 보지 못하다가 사후에 실생활에 유용하게 활용된 것도 있다. 하지만 대부분의 발명가는 자신의 특허나 발명품으로 사업에 도전했다가 여러 가지 사유로 실패하거나 실용화되지 못하는 불운을 겪고 생을 마감한다.

이렇게 발명가가 성공하기 어렵다는 것은 누구나 아는 사실이기 때문에, 대다수 사람들은 안전한 직장에서 월급을 받아가면서 편하게 생활하려고 한다. 그러나 아직도 상상력과 창의성이 풍부하고 도전정신이 강한 사람들은 어려운 발견과 발명에 매달리는 경향이 높다. 그 이유는 지금의 다국적기업 GE를 만든 과거의 에디슨이나 최근 먼지봉투 없는 청소기·날개 없는 선풍기 등 많은 신제품을 발명한 가전제품의 명가 '다이슨 그룹(Dyson Group)'을 만든 영국의 제임스 다이슨(James Dyson)과 같이 자신의 발명품으로 크게 성공한 발명가가 존재하기 때문이다. 이런 발명가들은 자기 나라 국민들뿐 아니라 전세계의 발명가로부터 존경을 받고 있다. 또한 자신의 발명품으로 만들어진 기업이 성공하여 국가 경제발전에 크게 기여하게 됨으로써 인생의 크나큰 성취감을 맛보기도 한다.

2) 평범한 가정주부가 발명한 스팀 청소기

우리 모두는 먹고 살기 위한 연속된 일상생활과 쥐꼬리만한 월급을 받거나 자영업의 돈벌이에 시간의 대부분을 허비하기 때문에 발명을 남의 일로 간주하면서 관심을 갖지 않는다. 방송이나 신문에 획기적인 발명품 이야기가 나오고 발명으로 크게 성공한 사람의 성공담이 소개되어도, 우리는 자신의 영역이 아닌 머나먼 달나라의 이야기쯤으로 치부해버린다. 사실 발명은 어렵고 독특한 노력을 요구하는 분야이기는 하지만, 특별한 사람의 전문 분야도 아니고 누구든지 마음만 먹으면 할 수 있는, 매우 쉬운 그리고 아이디어를 창출하는데 돈이 별로 안 드는 맛있는 음식을 먹는 것 같이 재미있는 취미활동이다.

우리는 자신의 고정된 직업으로 하는 업무나 공장 근로자로서 제품 조립을 하고 있거나 전업 주부로서 가사일을 한다 하더라도 언제든지 발명의 기회를 잡을 수 있고, 또 세계적인 발명품을 만들 수 있다. 가정주부로서 매일 방바닥과 마루에 물걸레질을 하다가 스팀 청소기를 발명하여 사업에 성공한 한경희생활과학의 한경희 사장의 예에서도 보듯이 가정주부도 자신의 일과 업무에 세심한 관심을 갖고 개선점을 찾고자 한다면 누구든지 발명을 할 수 있다.

2010 대한민국 세계여성발명대회(KIWIE 2010)를 주관한 '생활발명'의 전도사인 한국여성발명협회 한미영 회장은 한 방송 인터뷰에서 "발명이라고 하면 어렵게 생각하는데, 누구나 할 수 있는 아주 쉬운 일이다"며, 생활 속에서 획득한 작은 아이디어가 훌륭한 발명으로 연결될 수 있다고 말하고 있다. 또한 그는 "발명은 지적재산권이라는 사실을 알아야 한다. 좋은 아이디어를 지재권으로 만들 생각을 못 하기 일쑤인데, 우리가 그것을 도와준다. 아이디어는 낫싱(Nothing), 아무것도 아니다. 지재권은 산업재산권이다. 그것을 그대로 팔 수 있다. 특허를 받으면 제품화까지 하지 않아도 된다. 그래서 여성들한테 아주 좋은 것이다. 집안일을 하면서 경제활동을 할 수 있고, 직업이 있어도 부업으로 할 수 있다. 발명이 여성한테 아주 좋다는 이야기를 하고 싶다"라고 강조한다.

3) 신랑의 신부 사랑이 만들어낸 밴드-에이드

다정한 신혼부부의 생활에서도 상대방을 배려하는 사랑스런 마음이 발명으로 이어지는 경우도 있다. 앨린 프리먼(Allyn Freeman)과 밥 골든(Bob Golden)의 〈아차, 나는 왜 그 생각을 못했을까?〉라는 책의 '아내의 손을 위한 남편의 선물, 밴드에이드' 편에 등장하는 이야기이다.

1920년, 비둘기처럼 다정한 신혼부부 조세핀 딕슨과 에를은 미국 뉴저지 주(州)의 보금자리에서 결혼생활을 시작했다. 그러나 부엌일이 서툰 젊은 아내는 걸핏하면 섬세한 손을 데거나 우아한 손가락을 베이곤 했다. 그때마다 의사의 아들이었던 남편은 조심스레 다친 손에다 거즈와 접착성 물질을 발라주곤 했다. 그는 자기가 없을 때도 서투른 부인 에를이 쉽게 사용할 수 있는 밴드를 만들어주기로 마음먹었다. 약간의 의료용 반창고에다가 거즈를 대고 작은 천 조각을 덧붙였다. 소중한 아내에게 주는 남편의 이 애정 어린 선물은 훗날 세계에서 가장 편리한 상처 치료용품이 되었다. 그 이름 밴드-에이드!

한미영 회장이 말한 '생활 아이디어'의 유용성을 연상케 하는 이 발명품 덕분에 딕슨은 존슨 앤 존슨(Johnson & Johnson)에 영입됐으며, 이 회사는 지난 75년간 2억5백만 달러가 넘는 밴드 상품을 전세계에 팔았다.

4) 우주시대를 열어준 망원경

청계천 뒷골목의 자그마한 시계점이나 안경점 또는 선반 깎는 1인 공장을 하는 사람도 자신의 노력 여하에 따라 이 세상에 없는 획기적인 발명품을 고안할 수 있다.

17세기 초의 어느 날, 자기 집 창고에서 안경을 만들던 네덜란드의 안경 제조업자인 한스 리퍼세이(Hans Lippershey)는 왼손에 쥐고 있던 노안용 볼록렌즈와 오른손에 쥔 근시용 오목렌즈를 서로 비교해보다가 약간 떨어진 상태에서 무심코 두 개의 렌즈를 겹쳐 창 너머 교회 첨탑을 바라보았다. 그런데 놀랍게도 교회 첨탑이 크게 확대되어 보이는 것이었다. 우연히 발생한 이 사건이 망원경을 발명하는 계기가 되었고, 그는 정부에 특허를 신청하는 한편 사람들이 간편히 사용할 수 있는 쌍안경도 발명했다.

이탈리아에서 이 소식을 전해들은 물리학자이자 천문학자인 갈릴레이(Galileo Galilei)는 즉시 두 개의 렌즈로 망원경을 제작하는데 몰두했고, 1년간의 연구 끝에 빛의 굴절이론을 이용해 망원경의 원리를 정립했다. 그 후 갈릴레이는 새로운 망원경을 통해 하늘을 관측한 결과 천문학의 새로운 경지를 열었다.

자신의 일상 업무에 전념하던 한 안경 제조업자의 망원경 발명은 갈릴레이로부터 뉴턴으로 이어졌고, 인류가 지구를 떠나 우주로 항해할 수 있는 천문학 발전에 기초를 만드는 역사적 사건이 되었던 것이다.

5) 고구려를 동아시아 강자(强者)로 우뚝 세운 제철 기술

우리나라가 단군시대부터 고구려에 이르기까지 중국을 압도하는 동아시아의 강대국이 될 수 있었던 배경에는 기술개발과 발명이 중요한 역할을 했다. 이덕일·김병기 공저의 〈고조선은 대륙의 지배자였다〉를 보면 고조선시대의 제철 기술은 세계 최고 수준이었다고 한다. 고조선의 철기 사용은 대략 BC 7세기에서 BC 2~1세기 사이이다. 철은 탄소 함유량에 따라 구분되는데, 탄소가 적은 연철(軟鐵)은 탄성이 높은 반면에 매우 무르고, 탄소가 많은 선철(銑鐵)은 굳기는 하지만 깨지기가 쉽다. 하지만 연철과 선철의 중간인 강철(鋼鐵)은 탄성과 굳기가 모두 강하고, 주조와 단조가 가능한 구조를 갖고 있다. 유적지 발굴을 통해 고조선에서는 연철·선철·강철이 모두 사용되었음을 알 수 있다. 또한 강철의 품질을 높이기 위해 열처리 기술까지 활용했다는 사실도 밝혀졌다.

유럽에서 선철이 널리 이용되기 시작한 것은 14세기부터이며, 선철로부터 강철을 얻는 제련법이 사용된 시기도 대략 이때부터라고 한다. 그 전에 사용된 강철은 연철을 단조하여 얻었던 것이다. 그런데 고조선 사람들은 BC 수백 년 전에 이미 연철과 선철을 제련하고, 강철도 제련하여 사용했던 것이다. 이는 고조선 사람들의 철에 대한 지식과 가공기술이 매우 높았음을 말해준다.

6) 최무선과 세계 최초의 2단 로켓 신기전(神機箭)

고려 말 최무선(崔茂宣)에 의한 화약의 발명은 중국에 이은 세계 두 번째이다. 그는 고려 조정에 건의하여 화통도감(火筒都監)을 설치하였고, 그 책임자로서 화약 제조뿐만 아니라 대장군포(大將軍砲)·이장군포(二將軍砲)·삼장군포(三將軍砲)·육화석포(六花石砲) 등 화포(火砲)와 화통(火㷁)·화전(火箭)·철령전(鐵翎箭)·피령전(皮翎箭)·질려포(蒺藜砲)·철탄자(鐵彈子)·천산오룡전(穿山五龍箭)·유화(流火)·주화(走火)·촉천화(觸天火) 등 다양한 화약 무기를 발명하였다. 이러한 그의 발명품은 화약 무기를 갖지 못한 왜구를 격퇴하는데 큰 공헌을 했고, 조선 초기 세계 최초의 2단 로켓인 신기전(神機箭)을 발명하는 촉진제가 되었다.

신기전은 우리나라가 로켓 분야에서 세계에 자랑할 만한 15세기의 최첨단 무기로서 1983년 채연석(蔡連錫) 박사가 국제항공학회(IAU) 학술대회에 발표하여 국제 공인을 받았다. 특히 1992년 대전 엑스포에서는 〈세종실록(世宗實錄)〉과 〈국조오례의 서례(國朝五禮儀 序例)〉의

〈병기도설(兵器圖說)〉에 있는 재현 가능한 완벽한 설계도를 근거로 이 무기를 복원하여 시험 발사에 성공하기도 했다. 그리하여 이 무기의 모형은 전쟁기념관과 육군박물관뿐만 아니라 미국 워싱턴 소재의 스미소니언 박물관(Smithsonian Musium) 항공우주관에도 영구 전시되어 있다.

7) 세계 최초의 인쇄술이 만들어낸 정보통신의 혁명

1966년 10월 경주 불국사의 석가탑에서 발견된 〈무구정광대다라니경(無垢淨光大陀羅尼經)〉 두루마리가 세계 최초의 목판인쇄에 의한 불경 서적이라는 사실이 확인됐다. 그리고 최근 프랑스 국립도서관에 보관되어 있는, 1377년 고려시대에 간행된 〈직지심체요절(直指心體要節)〉이 재불 서지학자인 박병선(朴炳善) 박사에 의해 독일의 구텐베르크(Johannes Gutenberg)의 금속활자 인쇄본보다 200년 앞선 세계 최고(最古)의 금속활자본이란 사실도 밝혀짐으로써 조선시대에 우리나라가 세계 최고의 인쇄술을 가졌다는 것이 사실로 입증됐다.

이는 바로 15세기 인쇄술의 비약적인 발전이 신라와 고려로 이어지는 우리나라의 목판인쇄 및 금속활자로부터 시작됐고, 뒤이어 유럽의 인쇄기술과 컴퓨터가 결합되어 폭발적인 정보통신의 혁명으로 발전됐음을 증명하고 있다. 그리고 우리나라가 21세기에 들어 정보통신의 선진국이 될 수 있었던 배경에는 세계 최초의 목판인쇄 및 금속활자를 발명한 한민족의 발명 DNA가 잠재되어 있음을 말해주고 있다.

특히 조선 세종의 재위 기간에 세종 자신이 발명과 기술개발을 장려하는 정책을 추진하여 국민들이 다 알고 있는 훈민정음을 발명했으며, 유럽보다 200년 앞선 세계 최초의 측우기와 강의 수위를 측정하는 수표(水標)를 발명했던 것이다. 그리고 측우기의 제작 시기가 〈세종실록〉의 '세종 24년(1442) 5월 19일' 조(條)에 기록돼 있어 5월 19일을 '발명의 날'로 제정하여 각종 발명 행사를 하고 있는 것이다.

세종의 훈민정음 창제 덕분에 우리는 모바일 정보통신의 핵심인 스마트폰을 사용할 때, 스마트폰을 한 손에 들고 엄지손가락 하나만으로 16개의 글자판을 눌러 엄청난 속도로 한글과 영문을 입력할 수 있다.

8) 책상 위에 컴퓨터를 올려놓은 스티브 워즈니악

21세기를 사는 우리는 컴퓨터를 책상 위에 올려놓거나 무릎 위에 올려놓고 쓰는 노트북 PC 또는 태블릿 PC의 원조가 애플 컴퓨터라는 것을 잘 알고 있다. 또한 '애플' 하면 천재적인 사업가 스티브 잡스(Steve Jobs)를 기억할 것이다. 그러나 사실 책상에 올려놓을 수 있는 컴퓨터를 구상하고 설계 및 개발한 사람은 전자회로기술 능력이 탁월하고 창의적인 아이디어와 열정으로 가득찬 애플 컴퓨터의 공동 창업자인 스티브 워즈니악(Steve Wozniak)이다.

당시 컴퓨터는 IBM이나 데이터 제너럴 등 대기업에서 만드는 사무용 캐비닛 5~6개 크기의 32bit의 대용량 컴퓨터였고, 16bit의 중형 컴퓨터라도 캐비닛 2~3개 정도여서 나만이 가질 수 있는 책상 위에 올려놓는 컴퓨터는 상상할 수 없었다.

스티브 워즈니악은 고교 시절부터 계산용 모듈을 설계하고 제작하는데 취미가 있어 컴퓨터 이론에 관한 책을 이용해 혼자 배우고 기술을 습득했다. 그는 학창시절 당시 나왔던 컴퓨터 칩 몇 개를 갖고 소형 컴퓨터를 만들 수 있다고 생각해 하드웨어와 소프트웨어 기술 습득과 공부에 열정을 쏟았다. 애플 컴퓨터가 Apple Ⅱ 컴퓨터로 대성공한 후에 기자와의 인터뷰에서 그는 다음과 같이 학창시절을 회고했다.

"나는 내 모든 인생을 컴퓨터만 생각하고 살았다. 고등학교 다닐 때 아버지에게 언젠가 컴퓨터를 꼭 사겠다고 이야기했더니, 컴퓨터 값이 고급주택 값만큼 비쌀 거라고 했다. 하지만 나는 서민 아파트에 살더라도 꼭 컴퓨터를 갖고 말겠다고 이야기했다. 이렇게 다른 것을 포기하면서까지 시작하게 된 것이다. 이런 인생의 목표를 가지고 있다면 기회가 올 것이고, 끝내는 이루어질 것이다."

버클리 대학을 졸업하고 휴렛팩커드에 근무할 때 자신이 스스로 설계하고 조립한, 책상에 놓을 수 있는 컴퓨터 모듈(Apple Ⅰ 의 초기 모델)을 만든 워즈니악은 게임 회사인 아타리(Atari)에서 일하고 있던, 고등학교 때부터 알고 지낸 친구인 스티브 잡스에게 보여주었다.

잡스는 이것을 개량해 소량 생산을 한 다음 소형 컴퓨터에 관심을 가진 회사에 팔자고 제안했다. 그 후 두 사람이 회사를 창업하기로 하자, 잡스가 동분서주하여 5만 달러에 해당하는 100대의 주문을 성사시켰다. Apple Ⅰ 은 모두 150대를 생산하였고, 수개월에 걸쳐 기능 보완을 한 끝에 워즈니악이 Apple Ⅱ 컴퓨터의 개발에 성공함으로써 20세기 탁상용 컴퓨터 시대를 열었던 것이다. 워즈니악의 Apple Ⅱ 컴퓨터는 순수 발명이라기보다는 당시 존재했던 전자 기술과 컴퓨터

칩을 이용한 개량형 발명으로 볼 수 있고, 이것은 에디슨의 전구 발명과 비슷한 성격의 최고 발명품이었다.

이렇듯 자신의 기술 분야에서 상상력과 꿈을 갖고 도전한다면 우리 모두는 인류 역사에 남을 만한 위대한 발명을 할 수 있다.

3. 맺는말

우리 민족의 발명 DNA는 임진왜란 때 이순신 장군에 의한 세계 최초의 철갑 무장 전투선인 거북선의 발명으로 이어지고, 지금은 우리나라를 세계적 조선강국으로 키우는 모태가 되었다. 이러한 각종 발명품들이 외국의 침략을 막아내고 국가 경제를 부흥시키는 중요한 역할을 했음을 역사가 증명하고 있다.

따라서 창조적인 발명과 혁신적인 기술개발은 새 정부가 창조경제를 활성화하는데 있어 적극적으로 권장하고 육성해야 할 정책 과제이다. 그러나 혁신적인 기술개발을 지원하는 정책을 보면 기초과학 기술과 ICT에 너무 치우쳐 있는 것 같고, 특히 '발명'을 과소평가하고 발명 분야를 특허청에서나 장려하는 업무나 민간인에게 의존하는 과제로 격하하여 생각하고 있는 것 같아 무척 아쉽다.

석유나 광물 등 천연자원이 없거나 아주 부족한 우리나라는 인적 자원에 의한 발명과 기술개발만이 국부(國富)를 이루는 중요한 요소이다. 새 정부는 창조경제를 실현하는데 있어 정부나 대기업의 연구소에만 의존할 것이 아니라, 민간 개인의 발명과 지적재산권의 공유 및 판매에 대해서도 차원 높은 지원 정책을 수립하여 시행해야 한다.

　　민간 발명가들이 자긍심을 갖고 발명에 매진할 수 있는 개인 '발명 전문회사' － 기업체의 R&D 연구소(회사)와 유사한 1인 기업체 － 의 설립과 운영에 대해 금융과 행정을 전폭적으로 지원해야 한다. 특히 관노(官奴) 신분이던 장영실의 손재주와 발명 능력을 일찍 알아본 세종이 당시로서는 감히 상상도 못할 '상의원별좌(尚衣院別座)'라는 신분 타파의 특혜를 베푸는 한편, 그의 의견을 경청하고 지원을 아끼지 않아 세종 시대의 과학과 기술 부흥을 이끈 우리나라의 대표적인 발명가이자 과학자로 성장시킨 것처럼, 새 정부도 세종 같은 발명과 과학 기술 우대 정책을 최우선 정책 과제로 삼아 직접 민간인 발명가의 열정과 애국심을 이끌어낸다면, 그들이 만들어내는 혁신적이고 창조적인 발명품들이 선진국 간의 보이지 않는 글로벌 기술전쟁에서 창조경제의 신무기가 될 것임을 믿어 의심치 않는다.

디자인은
창조경제의 지름길이다

홍윤기

1. 디자인이란 무엇인가?

디자인의 사전적 정의는 '사용 목적에 따라 제품의 형태와 장식 등을 설계하거나 보완하는 것'이다. 즉 '어떻게 하면 사람을 더 편하게 하고 제품을 더 매력적으로 보이게 할 것이며, 또한 어떻게 하면 다른 사람을 도와줄 것인가?' 하는 고민인 것이다.

또 하나의 정의는 '다른 사람을 사랑하는 것' 또는 '나누는 것'이다. 페이스북도 그렇고, 벤처도 그러하듯 사람에 대한 관심과 배려, 즉 어떻게 하면 사람들을 더 편하게 해주고 더 안전하게 해주며, 또한 소통을 더 용이하게 해주느냐 하는 등 소비자의 요구 사항과 시대별 사회 및 문화·기술을 융합하여 새로운 제품을 창출하는 것이다.

따라서 두 가지 정의를 종합하면, '디자인'은 '사람이 기기(機器)에 종속되는 것이 아니라 기기가 사람에 종속되는 것으로 바꿀 수 있는 지혜이자 제품에 대한 새로운 가치를 만들어내는 것'이라 할 수 있겠다. 특히 현대 디자인은 과거의 단순 디자인에서 벗어나 사회에 편익을 주는 서비스 디자인, 사용자 경험 디자인, 인터랙션 디자인, 디지털 디자인 등 새로운 디자인을 창안해내면서 융·복합 디자인과 산업 디자인의 새로운 방향을 제시하고 있으며, 기본적인 디자인 지식에 창의성과 독창성을 더하고 신기술을 접목함으로써 다양한 분야에서 다양한 형태의 디자인을 창출해내고 있다. 그리하여 창조경제 시대를 맞아 디자인 산업은 창의성과 감성을 갖춘 대표적인 창조산업으로 주목을 받고 있다.

휴대폰과 자동차 등에서 보듯이 디자인은 산업 생태계를 선도하고 제품의 경쟁력을 좌우하는 핵심 요소로 자리 잡았다. 디자인은 단순히 외관의 아름다움을 추구하는 것을 넘어 사용자의 취향과 패턴에 대한 분석, 이른바 디자인적인 사고를 통해 첨단산업까지 다양하게 적용되면서 산업과 생활을 바꾸고 있기 때문이다.

하지만 디자인이 진정으로 창조경제의 지름길이 되기 위해서는 다른 산업과의 융합을 통한 산업역량 강화에 주도적인 역할을 할 수 있어야 한다. 디자인이 창의성(Creativity)을 바탕으로 기존 산업의 창조산업화를 지원하고, 차별화된 융합(Convergence) 전략을 통해 핵심 가치(Core Value)를 창출하는데 주도적인 역할을 수행해야 한다. '디자인이 미래를 창조하다'는 표현이 단순한 미사여구로 머물지 않기 위해서는 디자인을 통한 창조경제를 어떻게 실현할 것인지 해석하고, 또한 기존 산업과 어떻게 융합하여 미래를 만들어갈 것인지 깊이 고민해야 할 것이다.

2. 패러다임 쉬프트(Paradigm Shift)

우리 시대의 화두는 창조와 창의, 상상이다. 따라서 산업 패러다임 변화에 따른 디자인의 역할 변화와 필요 역량 등에 대한 인식이 필요하다.

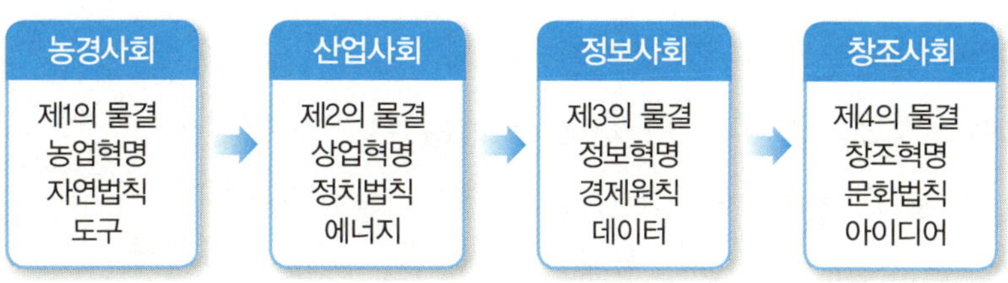

창조의 현대적 개념은 '모방+창의성+융합의 산물'이다. 단순 모방에서 1차 변형된 것을 다른 1차 변형물과 결합해 2차 변형물로 만들고, 이 2차 변형물을 다른 분야의 수단으로 변경시키는 과정인 것이다. 따라서 인문학 간의 결합이나 공학 간의 혼합, 그리고 이것들의 재융합에 다시 디자인이 마지막으로 융합되면 혁신은 가속화될 것이다.

새 정부는 창조경제를 '과학기술과 문화 콘텐츠의 융합을 통해 새로운 시장을 창출하는 것'으로 정리했다. 미래창조과학부는 '창조경제 종합 포털'을 열었다. 이 포털은 창조경제의 전략적 방안과 사례를 제시하고 있는데, 주요 내용은 '정보통신기술(ICT)이 산업과 결합한 제품군의 발굴', 그리고 '정부 주도의 산업 육성을 통한 일자리 확충'으로 압축할 수 있다. 이는 창조경제의 개념을 최초로 제시한 존

호킨스(John Howkins)가 개개인의 창의성을 강조했던 것에 비하면 다분히 개발 중심적이고 성과 지향적이라 할 수 있다.

그동안 창조경제의 개념은 실물적인 '프로덕트(Product)'가 아니라 문화 다양성과 인간의 상상력을 바탕으로 조직의 잠재력을 키우는 카오스적 '시스템(System)'으로 이해되어 왔다. 유엔무역개발회의(UNCTAD)의 〈창조경제 보고서〉에는 '사회적 통합, 문화적 다양성, 인간 개발을 촉진시키면서 소득과 고용 창출 및 수출을 증대하는 경제 시스템'으로 정의되어 있다. 또한 영국의 도시전략가 찰스 랜드리(Charles Landry)도 '인간의 창조성을 정보기술(IT) 산업이 가져오는 기술 혁신에만 매치시키는 것은 지속 가능하지 못한 태도'라고 지적했다. 즉 그들이 지적하려는 핵심은 '창조경제 실현에서 기술보다 더 중요한 것은 삶의 모든 국면에서 창조적으로 생각하기를 원하는 개개인과 그들의 다양한 가치를 훼손하지 않는 유연한 사회 체제'라는 것이다. 이를 위해서는 창조성이 발양될 수 있는 환경이 전제되어야 하며, 창조의 관점을 문화의 복합체인 도시로 확장할 필요가 있다.

많은 사람들은 오늘날 창조산업의 중심국으로 영국을 떠올린다. 역대 지도자들이 '창조적 영국(Creative Britain)' 정책을 국가의 장기적 비전으로 계승해왔기 때문이다. 그들은 이를 자신의 임기용 단발성 정책으로 서두르지 않음으로써 정책 취지에 대한 국민적 공감을 얻는 데 성공했다. 그 결과 전통적 문화산업은 물론 건설·제조업·미디어 등 산업 전반에 걸쳐 창조적 분위기를 확산시킬 수 있었다.

반면 문화 콘텐츠와 산업을 접목해 국가 브랜드를 높이고자 추진한 일본의 '쿨 저팬(Cool Japan)' 전략은 국가 혁신으로 이어지지 못했다. 민간 영역과의 공감대가 약하다 보니 수직적 관료 조직을 토대로 집대성된 지원책들이 무효했기 때문이다. 그리하여 성과를 내지 못한 채 구호에 그치고 말았다.

영국과 일본, 두 나라의 접근 방식은 뒤늦게 창조 정책을 내세우고 있는 우리에게 시사하는 바가 크다. 영국의 사례는 "창조경제는 사람이 핵심이며, 이제는 창의와 열정이 넘치는 융합형 인재가 배출되어야만 우리나라의 발전을 기대할 수 있다"라고 강조하고 있다. 한국 정부와 전문가들은 영국의 창조산업이 '영어로 쓰인 콘텐츠'라는 특화된 장점을 갖고 있기 때문에 한국에 그대로 도입하는 것은 무리라는 입장이다. 한국의 창조경제는 문화기반이 아닌, 창조적 아이디어를 전(全)산업에 심는 새로운 형태로 추진돼야 한다는 것이다.

어떤 이들은 창조경제는 사람을 사랑하는 것에서 출발한다고 말한다. '장사하는 사람들은 어떻게 하면 손님을 더 만족시킬 수 있을까, 농민들은 어떻게 하면 더 건강하고 신선한 농산물을 제공할 수 있을까?' 하는 배려와 노력을 할 때 좋은 아이디어가 나올 수 있고, 창조경제도 성공할 수 있다는 것이다.

새 정부는 창조경제를 다음과 같이 정의했다.

첫째, 과감한 패러다임의 전환

둘째, 추격형에서 선도형으로

셋째, 상상력과 창의력이 곧 경쟁력

넷째, 과학기술과 정보통신기술(ICT), 산업과 산업, 산업과 문화의 융·복합을 통해 새로운 부가가치와 일자리 창출

다섯째, 융·복합을 가로막는 규제완화와 창의인력 양성 및 연구

개발 투자확대 등 창조경제 생태계 조성

3. 창조경제와 디자인

이런 디자인 정신이야말로 요즘 우리나라가 찾고 있는 창조경제의 솔루션이라는 생각이 든다. 즉 '디자인을 알면 창조경제가 보인다'는 말이다. 새 정부의 제1국정 과제인 창조경제는 상상력과 창의력, 융합 지식이라는 특성을 지니고 있는 만큼 필자는 '서비스 디자인이 창조경제의 꽃'이라는 말씀을 드리고 싶다.

우리 기업들은 창조경제의 핵심에 디자인이 자리 잡고 있다고 생각하는 것으로 나타났다. 그리고 세계적인 수준의 디자인이 이미 한국에서도 등장하고 있다고 여기지만, 국내 디자인의 전반적인 수준에는 물음표를 던졌다.

〈헤럴드경제〉와 대한상공회의소가 공동으로 설문조사한 '창조경제 시대, 국내 디자인 개발 현황과 과제'에 따르면, 응답 기업 307곳 중 90.9%가 '창조경제 시대의 핵심은 디자인'이라는 문항에 '그렇다'고 답했다. 업종과 규모를 떠나 창조경제 달성에 디자인을 필수불가결한 요소로 본 것이다. 급속한 기술 발달로 인해 제품의 기능과 품질이 엇비슷해지면서 디자인이 소비자의 선택을 좌우하는 요소가 되고 있기 때문이다.

한국은 창조산업을 성장시킬 충분한 역량을 갖추고 있다. 창조산업은 전혀 새로운 것을 만들어낸다기보다 기술에 새로운 가치를 심어주는 것이며, 기술이 없다면 디자인도 의미가 없지만 경험상 한국의 기업과 한국인들은 세계적인 기술력을 갖고 있기 때문에 여기에 창조적 아이디어를 심는다면 큰 시너지 효과를 낼 수 있는 것이다. 따라서 모든 분야에서 선진 기술을 바탕으로 디자인이 마지막으로 융합되기만 하면 창조의 혁신은 가속화될 것이다.

1) 애플(Apple)의 성공 사례

애플은 과거 기술 혁신에만 집착했으나 최근 들어 새로운 경영이념의 도입으로 모든 혁신의 중심을 디자인에 두고 있다.

애플이 선택한 디자인 전략은 첫째, 최고 디자인 책임자 영입이며, 둘째는 디자인의 전문성과 독립성 확립, 셋째는 디자인은 디자이너에게 맡기고 엔지니어는 그 디자인에 맞게 만든다는 방침이었다. 그리하여 애플이 디자인한 첫 작품은 투명 케이스에 5가지 색깔을 입힌 사탕 같은 '아이맥(iMac)'이었다. 세계의 수많은 소비자들에게 아이맥을 갖고 싶은 욕망을 불러일으킨 제품이다.

사실 기존 컴퓨터의 베이지색 표준도 애플이 만든 것이었는데, 그걸 과감히 깨고 이런 화려한 아이맥을 선보인 것이다. 이 아이맥은 단순히 컴퓨터 업계에만 영향을 끼친 게 아니라 산업계 전체에 컬러 마케팅의 열풍을 불러일으켰다.

현재 애플이 세계인들의 이슈가 되고 있는 이유는 역시 아이폰(iPhone)이다. 누구나 다 애플 아이폰을 갖고 싶어 하는데 그 이유는 디자인이라고 생각되며, 필자 역시 애플 아이폰을 샀던 가장 큰 이유도 디자인 때문이었다.

마지막으로, 세계적으로 그 많은 사람들이 원했던 애플 아이폰에서 디자인의 핵심을 이룬 콘셉트에는 '단순함과 디테일'로 요약된 철학이 담겨 있다. 애플은 무엇인가를 더하는 플러스(+) 디자인이 아니라 무엇을 빼는 마이너스(-) 디자인을 한 것이다. 욕심을 버리고 불필요한 것을 담지 않는 대신 디자인을 이루는 요소 하나하나를 최고로 담아냈던 것이다.

2) 뱅앤올룹슨(Bang & Olufsen)의 성공 사례

기업이 하나의 이미지를 오랜 시간 동안 계속해서 유지할 수 있다는 것은 그 시대와 문화를 반영하고 이끌어간다는 반증이기도 한다. B&O는 80여 년의 역사 속에서 디자인과 기업의 혁신적 철학이 지속적인 조화를 이루고 있는 대표적인 기업이다.

B&O는 오랜 역사 속에서 일관된 기업 이념을 바탕으로 개성 있는 디자인 아이덴티티를 발전시켜 왔다. Beo Sound 9000을 구매한 한 소비자는 "세월이 지나도 그 가치가 변하지 않는 Beo Sound 9000을 보며 진정한 명품의 조건을 볼 수 있었다"고 말한 바 있다. B&O는 항상 먼저 디자인이 결정된 후에 기술을 적용시킨다. 선(先)디자인의 법칙이 일류 기업을 만드는 또 하나의 사례라 할 수 있다.

B&O는 뛰어난 디자인과 고도의 기술을 기업의 아이덴티티로 잘 조화시키고 있는 기업이다. 그럼으로써 B&O의 제품은 상상 속에서

나 볼 수 있는 것을 현실화시킨다. B&O가 '시간을 초월한 디자인'으로 불리는 이유도 여기에 있다. B&O는 항상 미래의 디자인을 추구하고 디자인의 트렌드를 이끌어가고 있으며, 실제로 오늘날의 모든 오디오의 전형을 B&O의 디자인에서 찾을 수 있다고 해도 과언이 아니다. 항상 디자인의 혁신 뒤에 비로소 첨단의 기술이 뒷받침되는 것이다.

B&O의 신조형 감각은 마치 하나의 예술 작품을 느끼는 것처럼 착각하게 만든다. CD가 돌아가는 것이 밖에서도 보이게 한 디자인, 보이지 않는 센서를 사용해 손이 근처에 가면 자동으로 열리는 CDP, LED를 사용한 디스플레이, 이음새가 없는 알루미늄 프레임 등은 디자인이 중심이 되어 혁신을 이루는 대표적인 사례들이다.

3) 스타벅스(Starbucks)의 성공 사례

또 하나의 성공 신화가 기존 커피에 신가치를 부여하여 경제적 가치를 창출한 세계적인 음료 기업 스타벅스이다. 그들은 '가치는 고객이 결정하며, 사용을 통한 감동, 공감이 경제 가치를 창출한다'는 모토 아래 새로운 가치를 창출하기 위해 노력하였다.

하워드 슐츠(Howard Schultz)가 스타벅스를 세계적인 브랜드로 성장시키기 위해 시도한 7가지 혁신 운동의 내용은 다음과 같다.

첫째, 논의의 여지가 없는 커피 권위자가 되자

둘째, 파트너들을 고무시키고 참여시키자

셋째, 고객과의 감정적 교감에 불을 지피자

넷째, 세계 시장에서 스타벅스의 존재감을 확대시키고, 각 매장을

해당 지역의 중심으로 만들자

　다섯째, 윤리적 원료 구매와 환경적 영향의 리더가 되자

　여섯째, 커피에 걸맞는 혁신적 성장기반을 구축하자

　일곱째, 지속 가능한 경제 모델을 제시하자

4) 세계를 매혹시킨 두바이 메가(Dubai Mega) 프로젝트의 성공 사례

　두바이는 창조경영과 기적의 리더십에 대한 대표적 사례라 할 수 있는 곳이다. 두바이는 불과 30년 전까지만 해도 사막의 나라, 바닷가에서 한가롭게 고기나 낚던 곳이었다. 그러나 지금 두바이에서 건설되고 있는 모든 것들은 세계 최고, 세계 최대이다. 세계 최고층 빌딩, 세계 최대의 인공 섬, 세계 최대의 테마파크, 세계 최초의 수중 호텔, 세계 최고급으로 평가되는 7성 호텔…. 일일이 열거할 수 없을 정도로 두바이는 기적적인 발전을 이루어 모래와 석유뿐인 사막의 나라에서 물류와 금융, 관광의 허브 국가로 변신에 성공했다. 그들은 두바이라는 나라 자체를 명품(名品)으로 만들고 있다.

4. 맺는말

오늘날 정보기술의 발전과 거대 자본주의의 세계화, 지식기반 경제 구축과 같은 새로운 흐름 속에서 여타 분야와 마찬가지로 디자인 분야 역시 그 의미와 목표, 역할, 내용 등의 새로운 패러다임을 어떻게 규정할 것인가에 대해 많은 고민을 하고 있다.

기업 경영에 접목된 디자인 역시 사회문화적 변화에 따라 그 역할이 발전되어 왔다. 기업 디자인 경영의 목표 중 하나는 기업의 정체성을 확립하고 올바른 방향의 기업 이미지를 만드는 것이다.

디자인에 대한 과거와 현재의 요청 사항은 시각적 만족감을 충족시키는데 많은 부분이 할애되었다고 해도 과언이 아니다. 하지만 많은 변화와 혁신이 추구되는 미래에는 디자인이 단순 시각적 가치 추구가 아닌, 새로운 감성적 가치를 찾아내고 표현할 수 있는 계기가 되어야 한다. 그러기 위해선 디자인 개발 프로세스 단계의 디자이너와 관리자, 관리자와 경영자 간의 커뮤니케이션 역시 혁신적 변화가 이루어질 때 보다 높은 가치 혁신이 이루어질 수 있을 것이다. 넘쳐나는 다양한 정보 속에서 좋은 정보를 취사선택하기란 쉽지 않다. 더불어 그 정보를 조직 내의 많은 사람들 및 자신의 의도와 동일한 방향으로 공유함으로써 새로운 가치를 찾아내는 일은 체계적인 시스템이 뒷받침되지 않는다면 어려운 일일 것이다.

시스템은 국가와 기업 디자이너가 함께 만들어나갈 때 혁신적이고 창의적인 디자인이 완성된다. 즉 창조경제의 완성은 경영, 기술, 디자인의 완벽한 조화에서 만들어진다고 볼 수 있는 것이다. 디자인 중심의 사고로 시작하여 모든 분야에서 기술력에다 혁신적인 디자인을 융합하여 생산한 제품을 소비자에게 전달하는 것이 창조경제의 실천이라 할 수 있을 것이다. 따라서 창조적 제품, 솔루션, 서비스 개발을 통한 재도약이 필요하다.

이제는 메가 히트(Mega Hit) 상품뿐 아니라 시대의 아이콘(Icon)을 만들 수 있어야 지속적인 성장이 가능하다. 시대의 아이콘은 ①시장 창출형 제품, ②독창적 솔루션, ③고객 중심 서비스의 결과이다. 시대의 아이콘은 현재의 시스템으로는 불가하며 창조경영의 실천을 통해서만 가능하다.

이제 디자인은 특정 분야의 기술을 뛰어넘어 사용자에게 가치를 제공할 수 있어야 창조경제를 견인할 수 있다고 전문가들은 지적한다. 요즘 창조경제의 디자인을 지나치게 ICT와의 융합으로 몰고 가는 경향이 있는데 이는 바람직하지 않다. 제품이나 성능 등 기술적인 부문에서는 더 이상 차별화가 어려운 상황이므로 이제는 경험, 즐거움 등 사용자에게 가치를 주는 디자인이 필수적이다. 21세기는 상상력과 창의성, 융합 지식이라는 문화적 특성을 지니고 있는 만큼 융합 디자인의 중요성은 그 어느 때보다도 높다고 할 수 있다.

필자는 새롭게 융합화된 디자인의 사례를 제시하고자 한다.

건축물에 대한 인지도를 높일 수 있도록 아이콘화한 조형물 디자인이거나 건축물이 예술적인 감각을 가미한 디스플레이로 표현될 때 그 건축물은 소비자들에게 감흥과 즐거움을 가져다줄 것이며, 기업의 브랜드 강화로 경쟁력을 극대화시킬 수 있을 것이다. 디자인은 기술, 환경, 공간, 시각화로서 디지털 예술품을 만들 수 있는 창조경제의 꽃이다.

새 정부의 5대 국정목표 가운데 첫손에 꼽히는 창조경제는 상상력과 창의성, 융합 지식이라는 특성을 지니고 있는 만큼 디자인이 중심이 되어야 하며, 디자인이 창조경제를 실천하는 지름길임을 다시 한 번 강조하는 바이다.

개인 아이디어 창출의
생활화 운동

이명우

1. 들어가는 말

요즘 새 정부의 창조경제를 어떤 방식으로 풀어가야 성과가 날 수 있는지에 대해 많은 사람들이 관심을 집중시키고 있다. 이를 담당하는 미래창조과학부나 관련 업계 또는 언론에서는 창업지원과 기업가정신에 대한 교육을 그 대안으로 제시하고 있다.

젊은층과 중·장년 퇴직자들이 창업을 하는데 있어 기업가정신으로 무장하는 것이 창업 성공과 관련하여 대단히 중요하다. 그러나 사실 창업은 쉽지 않은 일로서, 참신한 창업 아이디어가 없는 상태에서 남들이 창업한다고 따라 창업하게 되면 실패할 확률이 90% 이상이나 된다. 벤처기업의 성공사례 연구에서 볼 수 있듯 실제로 창조적인 아이디어를 가지고 창업한 벤처기업의 경우도 투자자나 국가 경제에서 효과를 기대할 만큼의 성공 확률은 3%도 안 된다.

창업뿐만 아니라 모든 기업의 경영 활동이나 정부의 대국민 정책 수립과 개인 활동에도 혁신적인 아이디어 창출은 매우 중요하다. 1996년 구글(Google)의 창업자인 래리 페이지(Lawrence E. Page)가 스탠퍼드 대학을 다니면서 박사학위 논문을 쓸 때 논문 주제로 새로운 검색 아이디어를 창출하였는데, 이 아이디어가 지금은 세계적인 기업으로 성공할 수 있게 하여 2012년 시가 2억 달러의 기업평가를 받은 바 있다. 애플(Apple)의 스티브 잡스(Steven Paul Jobs), 전(前) 유리 시스템즈의 김종훈 박사의 예를 들지 않더라도 한 사람의 창조적인 아이디어가 개인과 기업 및 국가 경제에 엄청난 공헌을 할 수 있음을 우리는 직접 목도하고 있다.

지금은 미래창조과학부와 각 대학에서 젊은 창업인과 학생들을 대상으로 창업 과정에서의 아이디어 창출 방법론 및 실제로 어떤 과정을 거쳐 아이디어가 생성되고 실용화되는지에 대한 실무 교육이 절실히 필요한 때이다. 창조적 발명이나 아이디어에 대한 신화적인 자서전이나 언론 기사를 훑어보면 아이디어가 갑자기 떠오른다고 하지만 실제로는 장기간에 걸친 아이디어 창출 훈련과 교육의 결과임을 알 수 있다.

창의력 증진과 아이디어 창출에 도움이 되는 브레인스토밍(Brain Storming)·마인드 매핑(Mind Mapping) 등 자기개발서가 시중에 많이 나와 있지만 체계적인 교육이 되어 있지 않아 흥미 위주로 흘러가고 있고, 또한 구체적으로 실행해보지 않아 실질적인 아이디어 창출로 연결되지 않는 경우가 허다하다.

19세기 오스트리아의 정신분석학 창시자인 지그문트 프로이트

(Sigmund Freud)로부터 시작된 잠재의식의 역할과 능력으로부터 시작된 아이디어 창출 방법론은 러시아의 과학자이자 발명가인 겐리흐 알트슐러(Genrich S. Altshuller)의 40가지 발명 이론을 정립한 트리즈(TRIZ)에 의해 조직적이고 과학적인 아이디어 창출 이론으로 정립되었고, 이 영향으로 인해 미국 과학자인 윌리스(Willis)가 브레인스토밍 이론과 방법을 완성시켰다. 그 이후로 세계 각국의 과학자와 아이디어 창출 전문가들이 이와 유사한 브레인 라이팅(Brain Writing), 마인드 매핑(Mind Mapping), 스캠퍼(SCAMPER) 등 독창적인 아이디어 창출 방법을 고안하여 잇달아 소개하고 있다.

이러한 과학적 아이디어 창출 기법은 여러 조직원들이 참여하여 참신한 아이디어를 창조할 수 있어 기업과 단체에서 널리 사용되고 있다. 그러나 창조경제를 담당할 청소년이나 공무원뿐 아니라 일반인들 대부분은 아이디어 창출 방법에 대해서 체계적인 공부나 훈련을 받은 바가 없다. 따라서 만약 아이디어 창출에 대해 초등학교부터 대학 과정까지 단계적이고 체계적으로 배울 수 있다면 개인과 기업체의 발명 및 기술 개발, 창업과 실생활에서 창조적이고 혁신적인 아이디어를 창출할 수 있어 국가 경제 발전에 많은 도움을 줄 수 있을 것이다.

2. 잠재의식을 활용한 아이디어 창출

트리즈나 브레인스토밍 등 기업체에서 활용하기 편리한 아이디어 훈련 방법도 있지만, 잠재의식을 활용한 창조적인 아이디어 창출 방법도 있다.

필자가 주로 강의하는 '잠재의식을 활용한 아이디어 창출 방법'은 개인이 몇 년에 걸쳐 잠재의식의 능력과 활동을 강화시키는 요소를 꾸준히 갖추고 노력한다면, 기술 개발이나 문제 해결을 위해 새로운 아이디어가 필요할 때 짧은 시간 내에 아이디어를 창출할 수 있도록 만들어주는 획기적인 기법이다. 프로이트의 연구에 따르면 인간의 의식세계는 현재의식과 잠재의식으로 나누어져 있다.

그런데 잠재의식은 전체 의식의 90%를 차지하고 있어 사실상 인간의 의식세계를 조정하고 현재의식이 필요로 하는 것을 찾아 도와주는 역할을 한다고 한다. 잠재의식의 역할은 현재의식의 강렬한 소망·욕구 등을 무의식 상태에서 알아차려서 현재의식이 이루어질 수 있도록 돕는 역할을 하는데, 그 방법은 주로 다음의 3가지이다.

첫째, 순간적인 아이디어 창출

둘째, 꿈에서 사건의 현시(顯示)나 장면 재현

셋째, 무의식적인 작업이나 행동

잠재의식은 현재의식에게 창조적인 아이디어를 제공하기도 하지만 종교적인 측면에서의 깨달음과 기적을 선사하기도 한다. 일상적인 측면에서도 잠재의식은 현재의 생활에 도움이 되는 창의적인 사고나 생각을 만들어주기도 한다.

잠재의식의 활동 장소는 인간의 뇌에 들어 있는 각종 정보나 이미지를 검색하여 현재의식이 필요로 하는 정보를 찾아주기도 하고, 융합된 새로운 아이디어를 창조하기도 한다. 하지만 잠재의식의 활동

처인 뇌에 들어 있는 정보가 별로 없거나 부족하다면 잠재의식이 활동할 범위가 좁고 찾아낼 만한 것이 없게 된다. 이는 마치 도서관에 저장된 자료의 수가 많고 적음에 따라 도서관을 찾는 이용객의 활용도가 높아지거나 낮아지는 이치와 똑같다.

이런 이유로 잠재의식을 잘 활용하려면 누구든지 평소에 많은 정보와 이미지를 자신의 뇌에 저장시켜야 한다. 지식과 경험이 별로 없는 사람한테서 지혜로운 해결책이나 창의적인 생각 또는 아이디어가 나올 수 없는 것은 자명한 이치이다.

인간과 동물을 예로 들어 설명하면 이렇다. 300만 년 전 현생 인류의 조상인 오스트랄로피테쿠스(Australopithecus)의 뇌 용량은 380∼600cc였는데, 당대의 침팬지와 고릴라의 뇌 용량 또한 400∼500cc로 거의 비슷하였다. 그러나 인류가 진화하여 4만 년 전 현생 인류와 가장 가까운 호모 사피엔스(Homo Sapiens)의 뇌 용량이 1,600∼2,100cc로 증가하였기 때문에, 지금 인류가 만물의 영장이라고 인정받을 정도로 뇌의 정보 용량이 비약적으로 발전하였다. 이러한 인류의 뇌 용량의 증가가 이루어낸 언어 발달과 기술 개발이 인류문화를 찬란하게 발전시킨 것은 이미 인류역사학적으로 밝혀진 바다.

이런 과학적인 연구 결과에 근거하여 무의식의 활동을 설명하면 뇌의 정보량이 많고 적음에 따라 활동의 범위와 질이 결정된다고 말할 수 있다. 우리나라 국회도서관이 장서 350만 권, 기타 자료 75만 개를 소장하고 있는데 반해, 미국의 의회도서관은 장서 2천만 권, 기타 자료 3천3백만 개를 소장하고 있는 사실로 미루어볼 때 미국과 한국의 의원들이 도서관에서 필요한 정책을 위한 근거 자료를 찾는다면 어떤 차이가 날 것인지는 명약관화하다.

3. 잠재의식의 올바른 훈련

뇌의 정보량을 더욱 증진시켜 잠재의식의 활동 공간을 넓히고 잠재의식이 필요로 하는 정보를 증진시켜주는 주요 요소 중에서 잠재의식이 올바른 길로 갈 수 있도록 인도하고 올바른 활동을 할 수 있도록 도와주는 핵심 요소 5가지는 다음과 같다.

첫째, 삶의 목표 정립과 건전한 생활

둘째, 긍정적인 사고와 느슨한 활동

셋째, 조용한 산책과 지속적인 명상

넷째, 건강한 신체 관리와 운동

다섯째, 적절한 취미 활동

또한 잠재의식이 올바른 길로 안내하는 요소 외에도 실제로 다양한 정보를 축적시키는 중요한 5가지 요소는 ① 피라미드식 다양한 독서, ② 전문가 강연 듣기와 토론 참여, ③ 각종 전시회(박물관), 영화 보기, ④ 여행과 색다른 경험 갖기, ⑤ 변화된 트렌드에 대한 빠른 적응이며, 이 요소들은 최소 10년 이상의 장기간에 걸쳐 훈련과 노력이 있어야 결실을 맺게 된다.

1) 피라미드식 다양한 독서

독서는 타인이 수십 년을 거쳐 농축해 놓은 지혜와 지식 및 경험을 바탕으로 만든 책을 읽음으로써 간접적으로 지식과 경험을 얻는 중요한 수단이다. 따라서 우리는 먼저 '책이란 무엇인가'를 제대로 알 필요가 있다. 영국의 역사가인 토머스 칼라일(Thomas Carlyle)은 〈영웅 숭배론(On Heroes and Heroworship)〉에서 "책에는 과거 전체의 혼이 담겨 있다. 과거의 육체와 물질이 꿈처럼 다 사라진 후에도 고인의 뚜렷하게 들리는 음성이 남는다. 인류가 행하고 생각하고 얻는 전부가 마술처럼 책장 속에 보존되어 있다. 책은 인간혼의 정선된 결집이다"라고 하여 책의 중요성을 설명하였다. 또한 "책은 위대한 천재가 인류에게 남겨준 유산이며, 아직 태어나지 않은 자손들에게 주는 선물로서 한 세대에서 다른 세대로 전달된다"고 조지프 애디슨(Joseph Addison)은 〈스펙테이터(Spectator)〉에서 말하기도 했다.

우리는 자신의 전공 분야에 대한 책을 많이 읽고 전문가로 성장하려고 많은 노력을 한다. 그러나 전문가가 되기 위해 전공 분야의 책만 읽는다면 이는 음식을 먹는데 편식을 하는 것과 같다. 자신의 전문 분야나 자신이 좋아하는 분야의 책과 다른 분야의 책을 4:6 비율로 읽는다면 피라미드식 독서가 되어 다양한 지식을 갖춘 교양인이 되고, 잠재의식의 활동 범위를 넓고 깊게 할 수 있으며, 잠재의식이 만들어주는 창의적인 생각과 창조적인 아이디어도 질적으로 높아지게 된다.

프랑스의 철학자 데카르트(René Descartes) 역시 "좋은 책을 읽는다는 것은 과거의 가장 훌륭한 사람과 대화하는 것이다"라고 하여 독서의 중요성을 강조한 바 있다.

2) 전문가 강연 듣기와 토론 참여

자신이 직접 돈을 내고 강연을 듣기 위해 강연장을 찾는 사람은 극소수의 기업가나 회사 간부들이며, 학생이나 청년들 가운데서는 좀처럼 찾아보기 어렵다. 학생이나 청년들이 강연을 들을 만큼 경제적 여유가 없는 것은 이해가 되지만 무료 강연조차도 잘 가지 않는다. 그 이유는 강연의 중요성을 모르거나 강연에 대해 조언하거나 코치해주는 윗사람이 없기 때문이다.

전문가들이 특정 주제에 대해 30분에서 2시간 정도의 강연을 하고 토론하는 것은 강연 주제의 전문가나 명사들이 수십 년 동안 쌓아온 지식과 경험을 압축하여 전해주는 것이므로 수강자의 입장에서 보면 쉽게 접할 수 없는 깊이 있는 지식과 아무나 경험할 수 없는 진솔한 경험담을 듣고 공감할 수 있는 소중한 기회이다. 이러한 지식과 정보는 잠재의식이 활동하는 뇌의 도서관에 짧은 순간에 구하기 힘든 귀중한 수백 권의 책을 얻어 보관하는 것과 같다.

또한 전문가 강연회에 참석하거나 TV 토론을 경청하는 것도 직접 토론에 참석하는 것과 같이 자신과 생각이 다른 사람의 의견을 비교·검토할 수 있는 것이므로 지식의 깊이가 넓어지고 판단의 정확성도 높아지게 된다. 특히 성공을 열망하는 청년들이나 창업을 꿈꾸는 제2의 인생 설계자들은 큰돈이 아니라면 자신이 목표로 하는 분야의 주제를 잘 골라 강연을 많이 듣고 토론에 참여하는 것이 지혜로운 삶을 살 수 있고, 성공의 주춧돌을 넓게 까는 일이 될 것이다.

3) 각종 전시회(박물관), 영화 보기

코엑스(COEX) 등 전국 전시장에서 개최되는 각종 전문 전시회는 출품하는 업체들이 개발한 신제품을 선보이는 장소이기 때문에 최신 기술 정보를 얻을 수 있고, 업계의 흐름과 트렌드를 읽을 수 있다. 전시회 역시 자신의 관심 분야가 아닌 타(他) 분야의 것도 가끔씩 보는 것이 유익하며, 해외 전시회를 볼 기회가 생긴다면 국제적인 기술 동향이나 시장 동향까지 파악할 수 있다.

미술 전시회나 박물관 등에 가서 전시물을 본다는 것은 창조적인 작품을 만드는 예술가의 아이디어나 창의적 사고를 접할 수 있기 때문에 지식의 범위를 넓히는 좋은 기회가 된다. 더구나 박물관은 인류 최고의 창작물을 보게 되는 것이므로 역사의 현장을 힘들게 가보지 않고서도 과거로부터 현재에 이르는 각 국가와 민족의 다양한 문화를 보고 느끼고 체험할 수 있는 소중한 기회이다. 그리고 이런 정보들이 무의식중에 뇌에 모두 저장되어 나중에 잠재의식으로부터 융합된 창의적 사고나 아이디어의 원천이 된다.

특히 영화를 본다는 것은 과거시대부터 앞으로 다가올 미래 세계의 스토리를 창작하여 만드는 것이기 때문에 감상하는 즐거움을 넘어 미래에 사용될 새로운 아이디어를 얻을 수 있고, 예측할 수 있다. 2000년에 나온 영화 〈레드 플래닛(Red Planet)〉은 화성 탐사를 하는 흥미진진한 SF 영화이다. 그런데 화성을 탐사하는 장면 중에 탐사대원들이 30㎝ 정도 길이의 두루마리를 펴서 송신된 동영상 화면을 보고 공중에 회전 중인 탐사 모선과 통화하는 것을 볼 수 있다. 영화 제작자는 이 영화에서 휘어지고 감기는 영상 화면의 아이디어를 보여주었는데, 13년이 지난 요즘 삼성전자와 LG전자에서 선형(扇形)으로 휘어지는 곡면 TV를 개발하여 판매하고 있으니, 13년 전에 영화 제작자들이 미래에 이런 휘어지는 TV가 나오리라고 예측한 것임을 알 수 있고, 그 영화가 상영될 당시에 미래의 중요한 정보를 관객들에게 준 것이나 다름없다.

4) 여행과 색다른 경험 갖기

독서와 강연 듣기가 깊이 있는 지식을 얻는 장기적인 방법이라면 여행은 짧은 시간에 많은 지식과 다양한 경험을 얻을 수 있는 주요한 방법이다. 특히 국내 여행이 아니라 해외 여행이라면 그것이 관광 여행이든 시찰 목적의 여행이든, 장소가 선진국이든 후진국이든 가리지 않고 인생에 두 번 다시 오지 않을 수도 있는 아주 소중한 기회이며, 그 여행을 통해 인생의 목표도 바뀔 수 있고 진로도 바뀔 수 있다. 개인뿐만 아니라 지도자들도 탁상공론을 하지 않고 직접 현지에 가서 생생한 정보를 수집한다면 자신의 의식 속에 잠재의식이 활동할 수 있는 폭넓은 공간을 만들 수 있게 될 것이다.

1697년 10세 때부터 러시아의 차르(Czar, 황제)가 되어 유럽 강대국과 대등한 황제를 꿈꾸던 표트르(Pyotr)는 당시 유럽 국가보다 한참 뒤떨어진 러시아를 문화대국이자 강력한 국가로 만들기 위해 유럽 선진국을 시찰할 250명의 시찰단(The Great Embassy)에 '표트르 미하일로프'라는 가명(假名)으로 참가하여 문화 유적, 대학, 공장, 군대 등 다양한 곳을 시찰하면서 선진 문화와 기술을 몸소 습득하였다. 이 여행의 경험과 기술 습득을 바탕으로 표트르는 그의 현재의식과 오래

된 잠재의식 속에 있었던 러시아 제1의 문화와 기술의 도시 ‘상트페테르부르크(Saint Petersburg)’를 건설하였으며, 그 결과 1721년 러시아 원로원으로부터 ‘임페라토르(Imperator)’라는 황제 칭호를 받았던 것이다.

이러한 표트르의 시찰단 참가는 여행과 시찰이 자신의 잠재의식을 훈련시키고 방대한 지식을 축적시키는 핵심적인 필수 요소임을 실증적으로 알려주는 역사의 사례이다.

5) 변화된 트렌드에 대한 빠른 적응

변화되는 트렌드에 빨리 적용하려고 노력하는 것은 현재의식뿐만 아니라 잠재의식도 고루한 의식을 갖지 않도록 하는 중요한 정보 수단이다. 젊은이들이나 40대 중년층은 최신 정보 입수가 빠르고 변화하는 트렌드를 잘 쫓아가지만, 50대 이상의 장년층이나 노년층에서는 최신 정보 입수가 더디고 변화되는 트렌드를 잘 몰라 사회생활에 뒤처지기 일쑤이다. 60세 이후의 노년층에서는 휴대폰도 옛날 2G 폴더폰을 스마트폰으로 바꾸지 않고 애정 어린 향수에 빠져서, 스마트폰으로 여러 가지 정보를 쉽게 얻거나 돈이 들지 않는 문자 메시지를 교환하는 카카오톡이나 라인 등을 사용함으로써 얻게 되는 경제적인 이점과 편의성을 모르고 살아가고 있다. 노소를 불문하고 변화되는 트렌드를 잘 알고 빠르게 적용하는 것이야말로 현재의식과 잠재의식의 능력을 배가시키는 것이고, 창의적인 사고를 증진시키고 창조적인 아이디어를 쉽게 얻을 수 있는 지름길이다.

위와 같은 5가지의 핵심 요소를 이해하고 실천한다면 어떤 어려운 문제를 해결해야 한다든가 새로운 아이디어가 필요할 때, 문제에 초점을 맞추고 집중해서 생각하고 강력한 욕구나 소망을 바란다면 잠재의식이 이를 인식하고 뇌 속의 수천억의 정보 중에서 해답을 찾아내거나 융합적인 창의적 생각이나 창조적인 아이디어를 만들어 현재의식에게 전달해준다.

4. 창조경제 지원을 위한 아이디어 창출 운동

우리 모두가 일상생활을 하면서 잠재의식에 대해 조금만 관심을 갖고 잠재의식이 좋아하는 지식과 경험을 축적하도록 5가지 잠재의식을 위한 정보수집 지침을 꾸준히 실천한다면 머지않아 아이디어 창출의 생활화가 이루어질 것이다.

미국의 클린턴 행정부에서 상무부차관을 역임하였고 경제자문업체 소나콘의 회장인 로버트 샤피로(Robert Shapiro)가 2013년 8월 26일자 〈뉴스위크〉에 기고한 '미국도 창조경제로 간다(AMERICA'S IDEA ECONOMY)'에서 미국이 아이디어 기반 경제로 전환되었다고 말했다. 그는 상무부차관 시절에 1926년부터 2010년까지의 150대 기업을 대상으로 조사한 바가 있는데, 그 통계에 의하면 2005년부터 기업의 공장, 설비, 부동산의 가치가 주식 시가의 35%에 불과하고 나머지 65%는 아이디어에 기반한 무형재산(지적재산권 포함)이었다고 한다. 또한 2009년에는 소프트웨어, 텔레콤, 자동차, 제약 업종뿐만 아니라 식품, 음료, 미디어, 건강관리, 전문직 서비스, 가정용품, 개인용품, 소비자 서비스 등 이질적인 산업의 시가 중 절반 이상을 지적 재산권이 담당했다고 한다. 그는 "미국의 아이디어 기반 경제로의 전환은 앞으로 미국 경제의 미래를 크게 좌우할 것이다. 아이디어 개발과 관리에 필수 불가결한 정보 및 인터넷 기술이 경제 분야 전반에 확산됐다. 각 산업 내에서 그 기술을 가장 효과적으로 자신의 사업에 적용한 기업의 성공 가능성이 가장 크다. 대다수 미국인이 아이디어 기반 경제에서 발전할 수 있도록 하는 새 방안의 모색이 향후 10년 동안 워싱턴 정책 입안자들의 가장 시급한 경제적 과제가 될 듯하다"고 지적했다.

로버트 샤피로가 미래 경제에 대해서 아이디어 창출의 중요성을 매우 심도 있게 주장하고 있는데, 이는 창조경제를 지향하는 우리나라에도 적용될 수 있는 중요한 이슈이다. 우리나라는 아이디어가 풍부한 민족으로 정평이 나 있다. 그 증거는 고구려가 중국에 앞서 철의 단련 기술을 사용하고 전파한 동북아시아 강대국이었고, 금속활자나 측우기의 발명, 15세기 때 세계 최고 성능의 신무기 로켓인 신기전(神機箭)의 실용화 등 많은 발명품과 현재 세계적인 첨단 IT 기술로 입증된 바가 있다.

우리 국민 모두는 창조경제의 중요성을 인지하고 시민운동 차원에서 창조경제를 지원하기 위해 아이디어 창출의 생활화를 습관화해야 한다. 또한 정부나 기업체에서는 우리 민족의 천재적인 우수성을 다시 한 번 입증할 수 있도록 체계적인 아이디어 창출 교육을 위한 교과목을 초등학교부터 대학교 및 창업 과정에 배정하도록 제안하는 바이다. 나아가 정부와 민간단체가 협력하여 새마을운동의 연장선상에서 21세기 국민의식 발전운동으로 '아이디어 창출 생활화 운동'을 시작해야 할 때라고 생각한다. 창조경제지원협동조합은 민간업체로서 그 선두에 서서 '아이디어 창출 생활화 운동'에 매진할 것이다.

중국의 3대 석굴 문화 탐방기

김재관

1. 들어가는 말

필자에게 창조경제와 관련된 '세계문화답사' 원고 의뢰가 들어왔다. 담당자가 찾아와서 창조경제지원협동조합의 설립과 창조경제 관련 책자 출간의 취지를 설명하면서 그에 맞는 원고를 부탁하고 갔다. 1978년부터 시작해 세계 160여 개국을 다녀보았지만 딱히 짚이는 데가 없다. 그러다가 지난 10월 18일 '유라시아 시대의 국제 협력' 콘퍼런스 개막식에서 박근혜 대통령이 한국과 러시아, 중국을 포함한 유라시아 대륙을 단일시장으로 만들자고 제안한 사실이 떠올랐다. 이 제안은 한반도 신뢰 프로세스의 일환으로 '유라시아를 하나의 대륙, 창조의 대륙, 평화의 대륙으로 만들자'는 것이며, 구체적 방안으로는 끊어진 물류 네트워크를 연결하기 위한 '실크로드 익스프레스(Silkroad Express)'를 구축하자는 것이었다.

문득 머리에 스치는 것이 있었다. '실크로드'였다. 동서교역의 원조(元祖)라면 누가 뭐래도 '실크로드'가 아닌가? 그래서 실크로드의 관문인 '둔황(敦煌)'으로 대표되는 '중국의 3대 석굴'을 주제로 원고를 쓰기로 했다.

흔히 '비단길'로도 불리는 실크로드는 중국과 서역(西域) 간에 비단을 비롯한 무역을 하면서 동·서양의 정치, 경제, 문화를 이어준 교통로를 총칭하는 이름이다. 그 이름은 독일인 지리학자 리히트호펜(Richthofen)이 처음 사용했다고 한다. 실크로드는 우리나라 사람들에게 매우 친숙한 이름이다. 8세기경 신라의 고승 혜초(慧超)와 고구려 유민 출신인 당나라 고선지(高仙芝) 장군이 서역을 원정하기 위해 지나간 길이기 때문이다.

이 길은 중국 시안(西安)에서 시작해 허시후이랑(河西回廊)을 가로질러 타클라마칸 사막의 남북 가장자리를 따라 파미르 고원, 중앙아시아 초원, 이란 고원 등을 지나 지중해까지, 전체 길이가 6,400km에 이르고 있어 '동·서양을 이어준 고대 고속도로'란 평가를 받고 있다.

먼저 이 지역에 대한 사전 정보를 갖고 3대 석굴을 탐방하기로 하자.

1) 신장 웨이우얼 자치구(新疆 維吾爾 自治區)

중국 북서쪽에 위치한 면적 165만 6,900km², 인구 1,700만 명(2000년)의 성급(省級) 자치구로서 성도(省都)는 우루무치(烏魯木齊)이다. 남부의 중앙지역에는 50km²가 넘는 타림(塔里木) 분지가 광활하게 펼쳐져 있고, 그 주위를 텐산(天山), 쿤룬(崑崙), 아얼진(阿爾金), 카라코람(Karakoram) 등의 산맥이 둘러싸고 있는 형국이다.

특이한 점은 톈산이나 알타이(Altai) 등은 평균 해발고도가 3,000m 가 넘는 고산지대이지만, 반대로 투루판(吐魯番) 분지는 해면하(海面 下) 154m여서 세계에서 두 번째로 낮은 지대라는 사실이다. 고산으 로 둘러싸인 가운데 깊은 바다가 있는 셈이라고 할까?

고산지대에는 산림이 무성하고, 우루무치 부근에는 류다오완(六 道灣) 탄전이 있으며, 그 외에도 철, 망간, 유색 금속, 운모, 중정석, 황산나트륨, 석고, 황, 암염 등 광물자원이 풍부하며 석유 매장량도 많다.

한족(漢族)이 예로부터 '서역(西域)'이라고 부른 이 지역은 물과 목 초를 찾아온 유목민족들이 타클라마칸 사막 주변에 여러 도시국가를 세워 지배했다. 그러다 1755년 몽고를 정복한 청나라가 수차례 침 략했으며, 마침내 1884년 이 지역을 정복하여 청(淸)의 영토로 합병 했다. 그 후 청은 이 지역을 '신장성(新疆省)'이라 불렀고, 1955년부터 위구르족의 자치구가 되었다. 지금도 10개가 넘는 소수 민족이 살고 있는 가운데 인구의 3분의 2가 위구르족이다. 하지만 그들은 예전부 터 중국을 외세로 여기며 이슬람 문화를 고집하고 있다. 한족과 카자 흐족이 그 다음을 차지한 가운데 회족, 키르기스족, 몽골족, 타지크 족, 우즈베크족, 타타르족, 시보족, 다호르족 등이 자치주(自治州)나 현(縣)을 구성하고 있다.

2) 우루무치(烏魯木齊)

신장 웨이우얼 자치구의 중심 도시인 이곳은 톈산의 북쪽 산기슭 에 자리해 있어 산과 물이 주변을 둘러싸고 있으며, 광활한 평야가

펼쳐져 있다. 이런 자연환경 때문에 위구르 어로 '아름다운 목장'이
란 이름을 갖게 되었다.

이곳은 세계에서 바다와 가장 멀리 떨어진 도시이자 아시아 대륙
의 중심으로서 옛날 서양과 동양의 다리 역할을 했던 실크로드의 요
충지이다. 위구르족, 한족, 회족, 카자흐족 등이 오래 전부터 자리
를 잡고 찬란한 고대 서역문명을 창조해냈다. 여러 민족의 각기 다른
생활풍속은 이곳의 특색 있는 문화를 형성했다. 유목민족 특유의 경
마, 씨름 등의 경기와 정교한 옥(玉) 조각, 자수와 전통악기, 향이 짙
은 밀크티와 전통 먹거리들은 이곳을 찾는 방문객들을 단번에 유혹
하고 있다.

이곳의 동남부에는 천연 염호(鹽湖)가 있고, 북쪽으로는 여러 가지
광물이 풍부하게 매장돼 있으며, 수많은 야생 동식물 종이 서식하고
있다. 매년 5월에서 10월까지는 이곳을 여행하기에 좋은 시기이다.
이때는 꽃과 나무의 화려한 모습을 볼 수 있을 뿐 아니라 풍성한 과
일을 맛볼 수 있다.

3) 음식

위구르족은 거리마다 매캐한 연기를 뿜어내면서 양(羊) 꼬치를 굽
고, '난'이라고 부르는 빵을 주식으로 하고 있다. 양고기의 본고장인
이곳에서는 양고기를 전혀 냄새 나지 않게 조리하는 비법을 알고 있
어 한국인들의 입맛에도 잘 맞다. 이곳의 전통음식 가운데 대중적인
것으로 '라면'을 들 수 있는데, 일부 극단적 민족주의자들은 이탈리
아 '스파게티의 원조(元祖)'라고 주장하고 있다. 토마토 소스를 베이스

로 한다는 점에서는 서로 비슷하게 느껴진다.

4) 신장(新疆)의 시간

중국의 모든 지역은 베이징(北京)의 표준시간을 단일 시간대로 고수하지만, 베이징에서 서쪽으로 2,500km(우루무치)~3,500km(카슈가르) 떨어진 이곳에서는 표준시에 맞춰 생활을 영위하기에 매우 불편하다. 특히 여름철에는 밤 10~11시까지도 해가 지지 않는 기현상이 발생한다. 그래서 이곳에서는 베이징 시간과는 달리 신장 시간이라는 별도의 시간 체계를 사용하고 있다. 버스나 기차 시간표, 관공서 업무시간은 모두 베이징 시간을 기준으로 하지만, 비공식적인 일에서는 신장 시간을 더 많이 사용한다. 신장 시간은 베이징 시간보다 2시간 늦고, 우리나라보다는 3시간이 늦다.

5) 텐산 천지(天池)

중앙아시아 대륙, 실크로드의 중간에는 커다란 분지인 타클라마칸 사막이 있고, 이를 따라 사막을 가로지르는 길이 2,555km의 장벽 텐산 산맥이 있다. 그리고 이 산맥의 북쪽 길을 '텐산 북로', 남쪽 길을 '텐산 남로'라고 부른다. 텐산 천지는 우루무치에서 동북쪽으로 100km 가량 떨어진 텐산 산맥의 한 봉우리인 보거다봉(博格达峰)에 위치한 산정(山頂) 호수로서 해발 1,980m이다. 이곳은 도교의 여신인 서왕모(西王母)와 주(周)나라의 천자(天子)가 회담을 했다는 전설이 전해질 만큼 중국인들에게는 성지(聖地)로 대접받고 있다. 텐산 산맥의 눈이 녹으면서 만들어지는 천지 주변에는 침엽수림이 우거져 있는

데, 이 숲이 보거다봉의 만년설과 어우러져 장관을 이룬다. 이곳은 기온이 낮아 사시사철 눈이 녹지 않기 때문에 '중국의 알프스'로 불린다.

6) 카슈가르(Kashgar)

타클라마칸 사막 서부, 즉 중국의 가장 서쪽에 위치한 이 도시는 중앙아시아로 나가는 실크로드 길목에 위치해 있다. 특히 이곳은 텐산 남·북로가 합류하는 교통의 요충지로서 BC 2세기에 한(漢)나라가 서역과 교역할 때 성장한 중계무역 도시여서 동·서양의 문화가 만나 독특한 문화와 전통을 만들어낸 곳이다. '옥의 도시'라는 뜻의 이 도시는 현재 신장 웨이우얼 자치구에 편입돼 있는데, 전체 인구 중 75%가 이슬람교를 믿는 위구르족이 차지하고, 한족을 비롯한 17개 소수 민족이 각기 다른 문화를 공존하며 살아가고 있다. 이곳은 2000년 전부터 농축산물의 집산지로 유명해 거대한 재래시장이 아직도 많이 남아 있다.

7) 향비(香妃) 묘

'향비(香妃)'는 위구르족 출신의 여인으로 17세기 중엽 청나라 건륭제(乾隆帝)의 비(妃)가 된 인물이다. 그녀의 몸에서 향기로운 냄새가 난다고 해서 '향비(香妃)'라는 이름이 주어졌는데, 실제 그녀는 항상 향기로운 사막대추 꽃을 몸에 지니고 있었다고 한다. 이곳을 침략한 청나라 장군이 황제에게 선물로 바치기 위해 그녀를 사로잡아 베이징으로 보냈는데, 그녀는 26세(1760) 때 자금성에 들어와 29세 때 사망하였다. 황제의 총애를 받았다고는 하나 끝까지 건륭제를 거부하였고, 또한 망향병(望鄕病)에 시달리고 후궁들의 시기와 질투 속에서 3년 만에 병사한 것으로 미루어보아 그녀의 생활이 어떠했으리라는 것은 충분히 짐작이 간다. 이 사실은 청나라가 서역까지 통치권으로 흡수했음을 확실히 보여주지만, 한편으로는 위구르족은 중국의 지배를 절대로 인정하지 않았다는 반증이기도 하다. 건륭제를 끝까지 거부하다 죽은 향비에 대한 위구르인들의 자부심과 존경을 느낄 수 있는 이 묘는 전형적인 이슬람 궁전 형식으로 건축돼 있다.

8) 애제타이 칭젠시(艾提朶爾 淸眞寺)

카슈가르 시내의 한가운데 위치한 이 사원은 카슈가르의 상징과도 같은 존재이자 신장 웨이우얼 자치구 최대 규모의 사찰인데, '칭젠시(淸眞寺)'는 중국에서 이슬람 사원을 가리키는 말이다. 이곳은 이슬람력 846년(1422)에 창건된 이래 몇 차례의 중수를 거치면서 1872년 현재의 규모로 확장됐는데, 이슬람 건축 양식을 보이고 있으며, 내부에는 아름다운 조각 무늬로 장식된 홀이 있다.

2. 뤄양 룽먼 석굴과 둔황 막고굴

인천국제공항에서 허난성(河南省) 정주(鄭州) 국제공항까지는 2시간 거리이고, 목적지인 뤄양(洛陽)의 룽먼(龍門) 석굴까지는 정주에서 리무진 버스로 1시간 남짓 걸린다. 사실 허난성은 '인류 4대 문명의 발상지'인 황허(黃河) 문명이 꽃핀 곳이자 '중국 7대 고도(古都)' 가운데 뤄양, 카이펑(開封), 정주 등이 속해 있을 정도로 중국 고대 문명의 중심 지역이다. 이 지역의 대표적인 유적인 룽먼 석굴과 둔황 막고굴(敦煌 莫高窟)을 찾았다.

1) 세계 조각예술의 보고, 룽먼 석굴

정주에서 뤄양으로 가는 차창 너머로는 유우석(劉禹錫) 묘, 두보(杜甫) 고향, 백거이(白居易) 묘지, 백마사(白馬寺)가 잇달아 펼쳐진다. 가히 중국 제일의 문화역사 보고임을 짐작할 수 있다. 유우석은 당나라 중기의 시인이자 정치가이고, 두보는 '시성(詩聖)'이라 불린 당나라의 시인으로서 이백(李白)과 쌍벽을 이룬 인물이다.

뤄양의 안산(案山)으로 불리는 샹산(香山)은 중국 문학사의 대표적 사회시인으로 꼽히는 낙천 백거이(樂天 白居易)가 자신의 호까지 '향산거사(香山居士)'로 지었을 만큼 이곳을 사랑해 오랫동안 살다가 묻힌 곳이다. 그리고 룽먼 석굴 인근의 백마사는 BC 1세기에 세워진 중국 최고(最古)의 사찰이다.

룽먼 석굴은 뤄양에서 남쪽으로 13km 떨어진 이수이(伊水河) 강변의 절벽에 위치하고 있다. 산시성(山西省) 다퉁(大同)에 윈강(雲崗) 석굴을 건설하던 북위(北魏)의 효문제(孝文帝)가 북조(北朝)를 통일한 494년 평성(平成)에서 뤄양으로 천도하면서 그곳에 있던 시설까지도 모두 이전했지만 자신이 심혈을 기울이던 윈강 석굴만은 어쩌지를 못하자, 할 수 없이 이곳에 새로 석굴을 조성하기 시작했다. 그리고 뒤를 이은 선문제(宣文帝)가 본격적으로 조성사업에 나섰는데, 이 공사는 당나라 때인 675년까지 200년 가까이 산발적으로 계속되었다.

　　그리하여 이수이 강물이 석회암 산을 뚫어 둘로 나누어놓은 동산(東山)과 서산(西山)에는 무려 1,352개의 석굴과 대소 합쳐 14만2,289구의 불상 및 석탑과 각종 문양이 조성돼 있어 윈강 석굴의 속편에 해당한다고 할 수 있다. 뒤에 설명할 둔황의 밍샤산(鳴沙山)에 있는 돌은 깨지기 쉬워 석불을 만들 수 없다 보니 벽화를 그리고, 대신 다른 곳에서 불상을 만들어 옮겨와야 했지만, 이곳의 돌은 단단해서 직접 불상을 새긴 점이 특징이다. 그래서 둔황이 '중국 회화의 보고'라면, 룽먼은 '중국 조각의 보고'일 뿐만 아니라 '세계 조각예술의 보고'라고 불리기에 손색이 없다. 아쉬운 점이라면 1960년대 문화혁명 당시 홍위병들에 의해 석굴 전면 부분이 파괴된 것이지만, 다행히 유네스코에 의해 2000년에 세계문화유산으로 지정됐다.

　　이곳에 있는 석굴[고양동(古陽洞), 빈양동(賓陽洞) 석굴 포함]들은 꾸밈새가 아주 치밀하고 조상(彫像)이 더욱 복잡하며, 또 단단한 돌에 가벼운 느낌을 나타내기 위해 정밀하고도 우아하게 다듬어져 있다. 불상이 걸치고 있는 의복의 원형은 당시 중국학자들이 입었던 옷으로, 주름이 평평하게 조각된 몸 전체를 흐르듯이 덮고 있는데, 이 양식을 윈강 양식과 구별하여 '룽먼 양식'이라 부른다.

　　이 가운데 봉선사(奉先寺) 석굴은 최고 걸작이다. 한쪽 면의 길이가 35m인 벽면에는 10m 높이의 불상이 조각돼 있고, 양편으로는 여러 불상 또는 보살상이 조각되어 있다. 이 가운데 주불(主佛)이 비로자나불(毘盧遮那佛)로서 고종(高宗)의 황후였던 측천무후(則天武后)의 모습을 옮겨 놓은 것이라고 한다. 인자하고 부드러운 부처의 모습은 단정하기가 그 무엇과도 비할 데가 없는데, 표정만큼은 때로는 수줍은 여인의 모습으로 보이는가 하면 엄숙하고 강한 의지의 모습으로 가까이 다가오기도 한다. 측천무후는 본래 고종의 후궁이었다가 황후 왕씨(王氏)를 몰아내고 황후 자리에 오른 뒤 나이 들고 무능한 고종을 대신해 정사를 돌보았던 여걸이다. 불교를 숭상한 그녀는 스스로를 '미륵보살(彌勒菩薩)의 현신(現身)'이라 부르며, 자신을 모델로 한 불상을 제작하게 했다.

윈강 석굴에 모셔져 있는 주불 또한 '북위 5황제(北魏 五皇帝)'의 모습과 동일한데, 이런 사례들은 불교를 정치에 이용한 대표적인 경우라 할 수 있겠다.

2) 세계의 화랑, 막고굴

우리 일행은 '세계의 화랑'이라 불리는 간쑤성(甘肅省) 둔황의 막고굴로 이동하였다. 둔황은 뤄양에서 1,500km 떨어진 곳으로 국내선 비행기로 약 3시간 거리이다. 이곳에 처음 발을 디딘 순간의 느낌은 '망망대해 같은 고비 사막에 흡사 청색 물감을 몇 방울 떨어뜨려 놓은 듯한 오아시스'였다. 이곳의 서쪽은 타클라마칸 사막이고, 이어 파미르 고원을 넘으면 20세기 말에 독립국가연합으로 분할된 중앙아시아이다.

이곳은 서역의 여러 나라에서 중국으로 무역하러 온 대상(隊商)이나 사신들이 묵었던 곳이며, 또한 중국에서 서역으로 떠나는 무역상과 구법승(求法僧)들이 기나긴 여행의 준비를 하던 곳이기도 하니 미지의 나라에 대한 동경과 낭만적인 탐구심을 불러일으키는 관문인 것이다. 하지만 이곳의 상징이라고 하면 사막에 펼쳐진 세계의 화랑인 막고굴이다. 청나라 말기인 1900년, 당시 둔황 석굴사원의 주지였던 도교의 도사 왕위엔루(王圓籙)가 아편을 피우려고 불을 당기자 선향의 연기가 벽으로 빨려 들어가기에 이상하게 여겨 파보았더니 다량의 정문을 간직한 동굴이 나타났다고 한다.

막고굴을 만들어낸 밍샤산(鳴沙山)은 '바람이 불면 모래가 운다'고 하여 붙은 이름으로서, 그 앞에는 대천하(大泉河)라는 강이 흐르는데, 이 강이 산의 기슭을 깎아 단애를 이루고 있다.

북량(北梁) 때인 366년 낙준(樂僔)이란 승려가 이 산에서 서광이 비치는 것을 보고 뚫기 시작한 석굴 법당은 북위·수·당·송·원을 거치면서 1천여 개의 굴이 개착됐다. 하지만 모래산인 데다 오랜 세월로 붕괴가 진행되어 현재 볼 수 있는 형태로 남아 있는 사원은 모두 492개이다. 그래서 이 지역 사람들은 이곳을 천불동(千佛洞)이라 부르기도 한다.

이곳은 중국 불교 벽화의 '최대·최고(最古)의 보고'이자 '중국 불교 미술의 정화(精華)'일 뿐만 아니라 3대 석굴 중 가장 호화찬란하고 다채로운 석굴로 유명하다. 이곳에는 엄청난 양의 채소(彩塑) 조각품(나무 골재에 풀로 꼰 새끼를 감아 묶고는 강바닥에 침전된 고운 점토를 삼베나 모래 등과 섞어 형상을 만든 후, 그 위에 백토로 마감하고 색채나 금박을 입혀 만든 조각품)이 조성되었기에 자연 파손 또는 도굴이 많았음에도 현재 2,415구가 남아 있다. 그 양을 추산해보면 벽화만을 이어붙일 경우에도 높이 5m 벽면에 길이가 장장 25km나 이어질 정도이니 어마어마한 분량이라 할 수 있다.

한편 이곳은 신라의 혜초(慧超) 스님과 관련이 있는 곳인데, 천불동 가운데 제17호 동굴인 장경동(藏經洞)에서 혜초 스님이 썼다는 〈왕오천축국전(往五天竺國傳)〉이 발견되었기 때문이다. 프랑스 신부이자 동양학자였던 폴 펠리오(Paul Pelliot)는 1908년 이곳에서 1만 권에 가까운 각종 자료를 매입해 프랑스박물관으로 가져갔다. 그리고 그는 가져간 1만 권의 자료를 분류하고 연구하여 논문을 발표했다. 그 중에서도 저자의 이름과 앞뒤장이 없는 필사본 서적 1권이 많은 고증과 노력 끝에 신라 고승의 서역여행기로 밝혔는데, 그 책이 우리에게 제목만 알려져 있던 〈왕오천축국전〉이었던 것이다.

관광 스케줄 때문에 이 엄청난 석굴 가운데 우리 일행이 답사한 곳은 17호 동굴을 포함해 27곳에 불과했다. 이곳은 사진 촬영을 불허했는데, 두고두고 아쉬웠다. 수많은 수도승들이 무엇 때문에 이 뜨거운 모래와 작열하는 태양 속을 말없이 걸어간 것일까? 어쩌면 둔황은 인간이 궁극적으로 추구하는 진정한 삶의 비밀이 간직된 곳인지도 모르겠다.

3. 다퉁 윈강 석굴

베이징에서 다퉁(大同)까지는 북쪽으로 400km 거리여서 야간열차로 7시간 정도 걸린다. 산시성의 전체 면적은 15만km^{2}로서 남한의 약 1.5배이다. 봄철만 되면 불청객으로 찾아오는 황사의 발원지가 고비 사막이라면, 이곳은 아마 중간 숙주쯤 되어 보인다. 그래서 이곳의 거리를 거닐다보면 전신에 뒤덮인 황토 먼지를 털어내기가 만만치 않다. 산시성의 북쪽 끝에 위치한 이곳은 오랜 문화와 역사를 보존하고 있는 찬란한 고도(古都)이다. 이는 도시 주변을 둘러싸고 있는 성벽이라든지 명·청의 유적인 구룡벽(九龍壁)과 오룡벽(五龍壁)이 증명하고 있다. 북쪽은 몽골과 국경이 접해 있고, 또한 그 유명한 만리장성도 이곳을 지나고 있다.

이곳의 역사는 전국시대의 조(趙)나라와 접경한 군사 전략적으로 중요 도시였으며, 지금은 러시아를 향한 전략 미사일 부대가 배치돼 있는 것으로 알려져 있다. 한(漢)나라 때는 북방 민족을 막기 위해 평성현(平城縣)을 설치했는데, 북위(北魏)는 이곳을 수도로 삼았다. 그 후 당(唐)나라 때는 운주(雲州)로 불렸고, 요(遼)나라 때 비로소 지금의 '다퉁'이란 이름으로 정해졌다. 역사적으로나 문화사적으로나 한족이 배제된 북방민족이 세운 왕조가 지배했던 기간이 긴 도시이기도 하다.

이곳의 대표 유적인 윈강 석굴은 다퉁에서 서쪽으로 16km 떨어진 곳에 위치해 있다. 계곡을 따라 난 석굴 가는 길에는 석탄을 가득 실은 열차와 트럭이 끝도 없이 이어진다. 다퉁을 포함한 산시성의 석탄 매장량은 14억 중국인이 4천 년간 쓸 수 있는 엄청난 양이라 한다. 자원이 빈약한 우리에게는 그림의 떡이어서인지 가는 길 내내 부러운 생각만 가득했다.

이 석굴은 이민족인 탁발씨(拓跋氏)가 세운 북위의 4대 황제인 문성제(文成帝) 때인 화평(和平) 원년(460)에 사문통 담요(沙門統 曇曜)가 이민 공인(移民 工人)들을 동원해 효문제(孝文帝) 25년(495)까지 36년에 걸쳐 조성한 석굴이다. 이 석굴을 조성하게 된 것은 북위의 황제들이 저질렀던 446~452년의 혹독한 불교 탄압에 대해 속죄하는 의미에서였다고 한다.

동서 길이가 1km에 이르는 우저우산(武周山) 남쪽 기슭 부드러운 사암(砂巖)의 절벽 단애에 대굴(大窟) 21개, 중굴(中窟) 20개를 파고 120개의 감실(龕室)을 만들어 5만1천여 구의 불상을 안치했다. 석굴마다 들어선 거대한 불상은 북위 초기의 다섯 황제의 모습으로 추정되는데, 이로 짐작건대 불교를 정치에 이용하기 위함이었음을 알 수 있다. 그리고 북위가 494년 수도를 뤄양으로 옮긴 이후에 조성한 일련의 석굴사원이 룽먼 석굴임은 이미 앞에서 언급한 바와 같다.

1) 다국적 예술작품인 윈강 석굴

이곳의 수많은 뛰어난 조각상들은 인도 불교예술에서 영향을 받았다고 볼 수 있다. 그리고 그 후의 작품에서는 중국 고유의 양식과 형태에 근거를 둔 새로운 중국 양식이 나타나고 있다.

앞에서 설명한 대로 불교를 통치수단, 더 나아가서는 불심(佛心)으로 왕국을 보존하고자 했던 북위의 황제들은 석굴 공사에 착수했다. 공사 규모가 대단했던 만큼 많은 노동력과 기술이 필요했다. 하지만 유목 민족으로 문화 축적이 미약했던 만큼 전쟁 포로와 피정복민들을 강제 이주시키고 장인들을 이용하여 공사에 착수했다. 이런 이유로 인해 이 석굴은 다국적 예술 작품으로 평가받고 있다.

석굴은 전실(前室)과 주실(主室)의 방 2개로 된 형식과 하나의 방으로 된 형식으로 구분할 수 있다. 주실의 평면은 방형(方形) 또는 타원형이고, 중앙에는 천장까지 연결된 탑을 두고, 전후좌우 네 면에 불상을 안치하였다. 또한 주실 뒷벽에 감실을 파고 불상을 안치한 경우도 있다. 이러다보니 채광이 문제였다. 굴 높이가 높은 것이 문제여서 굴 앞쪽의 벽면 아래 부분을 통로로 만들고 그 위에 창문을 달았다. 그러자 부처의 얼굴이 한층 돋보였다.

주변의 벽면에는 불교 장식을 조각하였는데, 그 중에는 그리스와 로마 건축에 적용됐던 이오니아식(Ionic Style) 기둥도 간혹 눈에 띈다. 인도와 페르시아 무늬도 포함돼 있다. 북위와 접해 있던 다양한 국제적인 문화 현상이 전시돼 있는 것이다. 교통수단이 형편없었던 시절, 상상을 초월한 문화 교류가 있었다는 사실이 그저 놀라울 뿐이다.

윈강 석굴의 건물 구조는 거의 동일하다. 기둥 위에 보를 올려놓고 그 위에 수평의 긴 부재(副材)를 걸쳐 놓았다. 'ㅅ'자 형으로 생긴 부재와 짧은 수평 부재를 번갈아 놓고 서까래를 받치기 위해 수평의 긴 부재인 도리를 올려놓았다.

2) 고구려 고분벽화와 닮은 윈강 석굴 무늬

필자가 이 석굴에 특별히 관심을 갖는 이유는 석굴의 형태, 구조, 용마루, 용마루 위의 화염(火焰) 무늬가 고구려 고분벽화에 그려져 있는 그림과 닮은꼴을 하고 있다는 점이다. 석굴 탐방 전에 자료 수집을 하다가 원광대학교 김도경 교수의 글에서 읽은 내용을 이번 여행에서 직접 확인했기 때문이다.

이 석굴이 중국 최초의 본격적인 석굴사원이라는 점에서 그 의미를 갖고 있으며, 특히 상상할 수 없을 만큼 호화롭고 웅대하여 불가사의한 석굴로 여겨지면서 이곳의 불상은 일반적으로 한국 초기 불교에 영향을 미친 것으로 알려져 왔다.

하지만 필자가 생각하기에는 그 반대라고 생각한다. 고구려 고분은 조영 시기가 윈강 석굴보다 앞선다. 그리고 광개토대왕은 북위와 여러 차례 전쟁을 치렀다. 그 후 남진정책을 추진한 장수왕은 국경을 접하던 북위와 빈번히 통상하고 남쪽의 송(宋)과도 친교를 맺었다. 그리하여 고구려는 북위를 견제하는 전쟁과 화친 정책을 통해 인적·물적 교류를 활발히 했을 것이다. 이러한 당시 상황을 이해한다면 윈강 석굴에 고구려적인 건축 양식이 반영된 것이 우연이 아님을 알 수 있다.

'인간이 종교를 만들었지, 종교가 인간을 만든 것이 아니다'고 하지만 인간이 만든 불심이 남긴 윈강 석굴의 장대무비(壯大無比)와 경이로운 아름다움은 이곳을 찾는 모든 이에게 경탄을 금치 못하게 한다. 또한 이곳에서 우리 조상인 고구려인의 얼과 발자취를 발견하고는 요즈음 중국이 '동북공정(東北工程)' 운운하는 역사 왜곡의 작태도 하나의 비교 대상으로 떠오르기도 한다.

하지만 이 모든 것을 무시하더라도 윈강 석굴은 단순한 사물이 아닌 살아 있는 피안(彼岸)의 존재로 더욱 친밀하게 우리에게 다가온다.

제3부

창조경제를 받쳐주는 사람들

목민관이 되고자 하는
공직자의 정신자세

이원영

1. 창조경제 시대의 공직관

새 정부가 출발하는 역사적인 대통령 취임사에서 박근혜 대통령은 국정운영의 중심을 경제부흥과 국민행복 그리고 문화융성에 두고, 우리나라를 원칙과 상식이 통하는 사회로 만들어 국민 모두가 행복해지는 새로운 희망의 시대를 열어갈 것을 천명했다. 그리고 창조경제를 중심으로 한 과학기술과 IT 산업을 세계적 수준으로 끌어올리겠다는 포부도 함께 밝혔다. 아울러 나라의 국정책임은 대통령이 지고, 나라의 운명은 국민이 스스로 결정함으로써 우리 사회는 사람이 핵심이 되고, 또한 한 사람의 개인이 국격(國格), 즉 국가적 가치를 높이고, 경제를 살려낼 수 있는 시대가 되었다고 강조했다. 끝으로, 국내외 인재들이 국가에 헌신할 기회를 부여하고, 창의와 열정이 가득한 융합형 인재로 키워내기 위해서는 미래 한국이 나아갈 새로운 길에 국민 모두가 나서서 지혜와 힘을 모아 창조경제의 활력소로서의 역할이 그 어느 때보다 중요하다고 역설했다.

여기서 창조경제란 미래학자 다니엘 핑크(Daniel H. Pink)가 〈미래가 온다(A Whole New Mind)〉에서 우리가 경험한 19세기 산업사회에서는 공장근로자가 중심이 되었고, 20세기 정보화 사회에서는 지식근로자가 중요시되었다면, 21세기 창의와 개념의 사회에서는 예술가와 디자이너가 각광을 받는 시대라는 주장에서 경제 주체의 개념적 변화를 찾을 수 있다.

또한 새 정부는 공직사회가 청렴해야 법질서가 바로 서고, 나라의 근간이 튼튼해진다고 강조했다. 창조경제 시대의 공직자는 청렴한 생활 태도로, 국민에게 군림하는 자세를 버리고 손톱 밑 가시를 뽑아주듯 국민의 아픈 곳을 찾아서 해결해주고 봉사하는 자리라는 사실도 결코 잊어서는 안 될 것이라고 했다. 공직에 앉을 자격이 있는 사람이 제 자리에 앉아서 국민 세금을 올바르게 쓰고 나랏일을 제대로 챙겨야 국민이 편안해지고 믿고 따르는 사회가 될 것이다.

그렇다면 창조경제 시대의 공직은 어떤 자리여야 하고, 공직자는 어떤 존재여야 하는지 우리 선조들의 가르침을 되돌아보는 것도 나름대로 의의가 있을 것이다. 우리 역사 속에 전해내려오는 황희 정승이나 고불 맹사성을 비롯하여 퇴계 이황 같은 분들은 조정에 나아가 당대의 정승을 지낸 청백리이자 큰 선비이며 대학자였다. 이 분들이 선대 임금을 잘 보필하고, 공사(公私) 생활에서도 청렴한 자세로 백성을 잘 보살핀 공적은 오늘날까지 우리 공직사회에 큰 가르침이자 정신적 토대가 되고 있으며, 우리 후손들에게도 큰 자랑거리이다.

2. 백성은 물과 같다는 선조(先祖)의 가르침

당나라 이후 중국 역사에서 임금으로 등극하는 자가 반드시 읽어야 할 필독서로 대접받은 책이 〈정관정요(貞觀政要)〉이다. 이 책은 중국 역사상 문무를 겸비한 명군주로 추앙받는 태종 이세민(李世民)이 신하들과 나눈 정치 문답집으로서 그의 사후 50년경 역사학자 오긍(吳兢)이 저술한 제왕학(帝王學)에 관한 내용이다.

이 책에서 관직은 하늘의 일을 사람이 대신하는 것으로 정하고 있는 만큼 인재 등용에 있어 신중해야 하고, 또한 백성은 물과 같으며, 물은 배를 띄우기도 하고 배를 뒤집기도 하니 모름지기 군주는 백성을 잘 보살피고 행복하게 해주어야 함을 잊어서는 안 된다고 하였다.

이 책은 천 년이 지난 오늘날까지 한 나라의 훌륭한 지도자가 되기 위한 국정 지침서로 평가받고 있으며, 예로부터 높은 벼슬자리에 부임하는 관리는 이 책의 가르침에 귀를 기울였다고 한다. 특히 이 책의 '논택관(論擇官)'에 따르면 '관직은 하늘의 일을 사람이 대신하는 것이므로, 새 왕조 창업에 공이 있다 하여 위인설관(爲人設官)하지 말 것이며, 천자의 일족이나 훈공이 있는 자라 할지라도 공직과는 별도의 예우와 녹봉으로 대우하고 경계토록 해야 한다'고 하여 임금이 신하 선발과 관리를 어떻게 해야 하는지를 소상히 설명하고 있다.

이런 점에서 중국 근대사에 등장하는 장제스(蔣介石) 총통의 철저한 공직관과 관련한 다음의 일화는 과히 충격적인 것으로 〈정관정요〉의 가르침을 잘 실천한 사례가 될 수 있을 것이다. 장제스는 공직에서 발생하는 부정부패를 다스리기 위해 자기 며느리도 용서치 않았다고 한다. 나라가 부정부패로 혼란스러울 때 검찰로부터 자기 며느리가 권력을 이용한 부정부패에 연루되어 있다는 보고를 받고 며느리에게 선물 상자를 하나 보냈는데, 그 상자 속에는 실탄이 장전된 권총이 들어 있었고, 이를 받아본 며느리는 자결을 통해 시아버지의 의미심장한 뜻을 따랐다고 한다. 이와 같이 나라의 법도가 지엄했던 고대 왕권사회나 민주주의가 만개한 오늘날이나 공직이라는 자리는 결코 사사로운 것이 아니고, 백성을 위한 것임에는 별반 다르지 않다고 하겠다.

이와 같이 송(宋)나라 때의 문장가이자 정치가였던 소식(東坡 蘇軾)은 〈민암부(民巖賦)〉에서 '민유수(民猶水)'의 비유를 통해 정치의 근본사상을 설명하였고, 조선의 처사(處士)로 자처했던 조식(南冥 曺植) 역시 후학들에게 〈민암부〉를 교육하면서, 임금은 백성을 잘 보살피고 행복하게 해야 함을 잊어서는 안 된다고 다시 한 번 강조했던 것이다.

백성이 물과 같다는 말은

예부터 있어 왔으니

백성은 임금을 받들기도 하지만

나라를 엎어 버리기도 한다네

내 진실로 알거니와

눈으로 볼 수 있는 것은 물이니

험(險)함이 밖으로 나타난 것은 만만하게 보지 않지만

눈으로 볼 수 없는 것은 마음이라

험(險)함이 안에 감추어진 것은 만만하게 본다네

여기서 '민암(民巖)'이란 '백성은 우뚝 선 바위처럼 높고 위험한 존재이며, 나라의 근본은 백성에 있고, 정치의 근본은 임금에 있다'는 민본사상(民本思想)을 말하고 있다. 따라서 〈민암부〉는 백성을 걱정하고 두려워하는 마음이 있어야 나라가 바로 설 수 있다는 엄중한 가르침을 노래한 시이다.

남명 선생이 〈민암부〉를 제자들에게 열심히 강의하던 16세기는 한 마디로 사림(士林)들에게 암울한 시대였다. 조광조(靜庵 趙光祖)가 주장하던 도학정치(道學政治)가 기묘사화로 무참하게 꺾이고, 중종반정(中宗反正)을 주도한 공신들이 정권을 독점하여 정적을 몰아내고 권력투쟁을 일삼던 시기인지라, 외척과 간신들이 권력을 농단하고 부패가 만연하였던 것이다.

3. 임금을 노하게 한 남명의 사직 상소

필자는 400년 전의 역사 기록이지만 남명 선생의 〈단성소(丹城疏)〉가 당대를 비롯하여 오늘에 이르기까지 찾아보기 힘든, 공직에 나아가려는 자에 대한 참 가르침의 훈계가 아닌가 하여 새 정부가 주창하는 창조경제를 지원하는 협동조합의 첫 책에 소개하고자 한다.

이 상소는 남명 선생이 조선 명종 11년(1555, 을묘년)에 종6품인 단성현감(丹城縣監)직에 제수되자, 이를 사양하면서 올린 〈사면단성현감소(辭免丹城縣監疏)〉로서 일명 〈을묘사직소(乙卯辭職疏)〉라고도 한다. 이 상소의 주요 내용은 바로 '선비가 감히 임금을 꾸짖다'로 읽혀진다. 이 사직상소를 살펴보면 선비로서 나아가고 물러설 때를 알았던 남명 선생의 출처관(出處觀)과 청렴한 공직관이 잘 나타나 있다. 오늘날 공직에 뜻을 두고 나가려는 자는 남명 선생의 이 교훈을 명심할 일이다.

1) 출처관

당시 사림의 종사로 추앙받던 남명 선생은 이 소(疏)에서 벼슬에 나아갈 수 없는 이유를 다음과 같이 조목조목 나열하고 있다.

첫 번째 이유는 자신이 도(道)를 지닌 사람이 아니기 때문이라고 했다.

두 번째는 나라가 이미 병들어 손을 쓸 수 없는 지경이 되었으며,

세 번째는 변방이 소란한 것은 조정이 부패했기 때문이라고 했다.

네 번째는 이를 극복하는 길은 임금의 마음에 달렸다고 하면서,

다섯 번째는 임금이 학문에 힘을 써서 명덕(明德)과 신민(新民)의 도를 얻어야 한다고 주장했다.

여섯 번째는 정치는 사람에 달려 있고, 사람을 쓰는 것은 임금이 솔선수범으로 해야 하며, 몸을 수양하는 것은 도(道)로써 해야 한다고 했다.

마지막으로 일곱 번째는 앞으로 임금이 왕도정치(王道政治)를 펴면 소신은 미관말직(微官末職)이라도 나아갈 것이라고 고(告)하고 있다.

이 상소문이 우리에게 주는 교훈은 임금이 제수한 현감직이 자신의 부족함에 기인한 것이므로 적임자가 아님을 임금에게 감히 엎드려 용서를 구하고 있다는 것이다.

그 시대가 어떤 시대였던가? 신하된 자의 도리로 임금의 명을 거역하면 어떠한 벌이 떨어질지도 모르는, 쉽게 말하면 제 목숨이 경각에 달린 절대왕권의 시대가 아니었던가? 그럼에도 남명 선생이 죽음을 각오하고 올린 상소이기에 우리의 마음을 더욱 감동시키기에 충분하다. 남명 선생은 정말로 기개가 당당한 참 선비가 아니었던가 싶다. 특히 이 상소가 특별한 이유는 '전하의 나라 일이 이미 그릇되어 나라의 근본이 망했고, 하늘의 뜻은 이미 떠나가 버렸으며, 인심도 떠났다'라고 지적하면서, '문정왕후께서 생각이 깊으시기는 하지만 깊숙한 궁중의 한 과부에 지나지 않고, 전하께서는 어리시어 선왕이 남기신 고아에 불과할 뿐이시니…'라 하여 '대비를 한낱 과부로, 임금을 고아'로 표현함으로써 왕을 진노하게 만들었던 것이다.

당시 이 대목을 옆에서 읽고 듣던 조정의 중신들 가운데 놀라지 않는 자가 없었으며, 옆에서 사초를 쓰는 사관들 또한 겁에 질려 손에 땀을 쥐게 했다고 한다. 그리하여 명종은 군왕에게 불경을 범한 죄, 즉 '불경군상죄(不敬君上罪)'로 다스리라고 승정원에 명했는데, 승정원에서 임금에게 아뢰기를 '남명 조식은 사림에서 뛰어난 선비, 즉 일사(逸士)로 조정에 추천된 사람이니 그의 상소는 우국충정의 발로라고 극구 말려 가까스로 대역죄를 면하게 되었으며, 실록을 편찬하는 사관들조차 한결같이 찬탄을 아끼지 않았다'는 사초(史草) 내용이 오늘날까지 전해지고 있다. 선생의 기개와 용기는 당대의 어느 누구도 감히 따를 수 없는 경지에 있었던 것이다.

2) 공직관

남명 선생의 청렴한 공직관에 대해서는 〈조선왕조실록〉에 기록된 내용을 그대로 발췌하여 인용해 보고자 한다.

선무랑(宣務郎)으로서 단성현감(丹城縣監)에 새로 제수된 조식은 진실로 황공하여 머리를 조아리며 주상전하께 소를 올립니다. 엎드려 생각하옵건대 선왕(先王; 중종(中宗)을 말함)께서는 신이 변변치 못한 사람이라는 것을 모르시고 처음에 참봉(參奉)에 제수하셨습니다(1538). 그리고 전하께서 왕위를 이으신 뒤에 주부(主簿)로 제수하신 것이 두 번이었는데, 지금 또 현감(縣監)으로 제수하시니 떨리고 두렵기가 언덕과 산을 짊어진 것 같습니다. 그런데도 오히려 한 번 대궐에 나아가서 하늘의 해와 같은 임금의 은혜에 사례 드리지 못하는 것은 임금이 사람을 쓰는 것이 목수가 나무를 쓰는 것과 같다고 생각해서입니다. (…중략…)

전하의 나라 일이 이미 그릇되어 나라의 근본이 망했고, 하늘의 뜻은 이미 떠나가 버렸으며, 인심도 떠났습니다. 비유컨대 이 나라는 백년 동안 벌레가 속을 갉아먹어 진액이 말라버린 큰 나무와 같습니다. 그런데 사람들은 회오리바람과 사나운 비가 언제 닥쳐올지를 까마득히 잊고 모르는 것과 같은 형세입니다. (…중략…)

낮은 벼슬아치들은 아래에서 노닥거리며 주색만 즐기고, 높은 벼슬아치들은 위에서 그럭저럭 지내며 재물만 늘리고 있습니다. (…중략…)

궁궐 밖의 신하들은 이리가 들판에서 날뛰듯이 백성들을 착취합니다. (…중략…)

저는 이 때문에 가만히 생각하고 깊게 한탄하면서 낮에는 하늘을 우러러 여러 차례 탄식하였고, 밤에는 아픈 마음을 억제하며 천장만 쳐다본 지 오래 되었습니다. (…중략…)

문정왕후(文定王后)께서 생각이 깊으시기는 하지만 깊숙한 궁중의 한 과부에 지나지 않고, 전하께서는 어리시어 선왕이 남기신 고아에 불과할 뿐이시니 천 가지 백 가지 하늘의 재앙과 억만 갈래로 흩어진 인심을 무엇으로 수습하시겠습니까? (…중략…)

보잘 것 없는 신이 이름을 도둑질하여 집사(執事; 추천관원을 말함)에게 제가 훌륭한 인물이라고 잘못 판단하게 했고, 집사는 이름만 듣고서 전하에게 제가 훌륭한 인물이라고 잘못 판단하도록 한 것입니다. 전하께서 과연 신을 어떤 사람이라고 생각하십니까. 도(道)를 지니고 있다고 생각하십니까. 문장(文章)에 능하다고 생각하십니까. 그 사람을 알지 못하면서 등용하여 훗날 국가의 수치가 된다면 어찌 죄가 보잘 것 없는 신에게만 있겠습니까. 헛된 이름을 바쳐 몸을 파느니 알찬 곡식을 바쳐 벼슬을 사는 것이 낫지 않겠습니까. 신이 차라리 신의 한 몸을 저버릴지언정 차마 전하는 버릴 수 없습니다. 이것이 나아가기 어려운 첫 번째 까닭입니다. (…중략…)

더구나 정치를 하는 것은 사람에 달려 있고, 사람을 쓰는 것은 몸으로써 하고, 수양하는 것은 도로써 하는 것입니다. 전하께서 만약 사람을 쓰는 데에 몸으로써 하신다면 임금을 모시는 신하들은 사직을 보위하지 않는 자가 없을 것이니, 아무 일도 모르는 보잘 것 없는 저 같은 자가 무슨 소용이 있겠습니까. 만약 사람을 눈으로만 뽑으신다면 잠잘 때 이 외에는 모두 속이고 저버리는 무리일 것이니 이 경우에도 앞뒤가 막힌 보잘 것 없는 저 같은 자가 무슨 소용이 있겠습니까. 다른 날

전하께서 왕천하의 지경에 이르도록 덕화를 베푸신다면 저는 마구간의 말석에서나 앉아 채찍을 잡고 그 마음과 힘을 다해서 신하의 직분을 다할 것이니 어찌 임금을 섬길 날이 없겠습니까. (…중략…)

엎드려 원하옵건대 전하께서는 반드시 마음을 바로 하는 것으로써 백성을 새롭게 하는 요점으로 삼으시고, 몸을 수양하는 것으로서 사람을 쓰는 근본으로 삼으셔서 왕도의 법을 세우십시오. 왕도의 법이 왕도의 법답지 않으면 나라가 나라답게 되지 못합니다. 밝게 살피시길 엎드려 비옵니다. 신은 떨리고 두려운 마음을 감당할 수 없습니다. 죽음을 무릅쓰고 전하께 아룁니다.

이렇듯 선생은 군왕의 실정뿐만 아니라 벼슬아치들의 부정에 대해 신분의 높고 낮음을 가리지 않고 당시 세태를 날카롭게 지적하면서, 임금이 내린 현감직 출사도 당당하게 거부했던 것이다.

선생은 호연지기를 기르기 위해 제자들과 가끔씩 산을 오르기도 했는데, 다음은 나이 49세가 되던 명종 4년(1549) 8월에 경남 거창군 신원면에 있는 감악산(紺岳山)에 올랐다가 하산길에 포연(鋪淵)에서 목욕하면서 지었다는 '욕천(浴川)'이란 시이다.

全身四十年前累(전신사십년전루) 사십 평생 쌓여온 온 몸의 찌꺼기를
千斛淸淵洗盡休(천곡청연세진휴) 천 말의 맑은 물로 남김없이 씻어냈네
塵土倘能生五內(진토당능생오내) 그래도 흙먼지가 오장에 남았거든
直今刳腹付歸流(직금고복부귀류) 당장 이 배를 갈라 흐르는 물에 보내리라

이 시문에는 당시 선생이 자신의 마음을 깨끗이 하여 불의한 사욕(私慾)을 물리치고자 하는 극도의 경계심과 도(道)의 실천 의지와 다른 사람이 근접할 수 없는 정신적 결연함까지 나타나 있다. '내 오장 속에 티끌만한 더러움이라도 남아 있다면, 내 배를 갈라 이 냇물에 흘려보내리라.' 이 대목은 하늘을 우러러 한 점 부끄러움이 없다는 선생의 청빈한 삶이 잘 드러나 있다. 이런 자기 수양을 통한 피나는 노력이 있었기에 선생은 죽음 같은 위험 앞에서도 당당할 수 있었을 것이다.

4. 후세를 두려워한 남명 선생

다음에 소개하는 남명 선생의 시는 〈대동시선(大東詩選)〉에 '우음(偶吟)'이라는 제명으로 수록되어 전하는데, 당시의 세태와 선비들이 어떻게 처신해야 했는지를 잘 보여주는 내용이다.

> 人之愛正士(인지애정사) 사람들이 바른 선비를 사랑하는 것은
> 好虎皮相似(호호피상사) 마치 호랑이 가죽을 좋아하는 것과도 같다
> 生前欲殺之(생전욕살지) 살아 있을 때에는 죽이려고만 하다가
> 死後方稱美(사후방칭미) 죽은 뒤에야 비로소 칭송한다

당시 을사사화에 연루되어 조정에 피바람이 불어 닥쳐 선비 사회가 혼탁함을 호랑이 가죽에 빗대어 표현한 '호호피상사(好虎皮相似)'를 눈여겨볼 일이다. '사람은 죽어 이름을 남기고, 호랑이는 죽어 가죽을 남긴다'는 고사를 염두에 두고 역사에 훌륭한 이름을 남긴 사람은

그 향기가 오래오래 전해진다는 선생의 시이다. 남명 선생은 당쟁과 사화로 정치가 혼란스럽던 당시 세태를 한탄하면서 이 시를 지은 것으로 보인다.

우리는 이 시에서 남명 선생의 삶의 철학을 읽을 수 있다. 선생은 항시 의(義)와 경(敬)을 존중하고 불의와 양심에 반하는 그 어떤 권력이나 불의에도 아부하지 않고 분수를 지키고 근신자중(謹愼自重)하며, 자신의 지조를 생명과 같이 여기며 사신 분이다. 선생은 평생 관직에 나가지 않았으며 〈단성소(丹城疏)〉에 나오는 중종이 제수한 첫 벼슬은 참봉직이었으나, 죽은 뒤에는 영의정에 추증될 만큼 당대의 존경을 받았던 큰 선비였다.

그리고 '그 스승에 그 제자'란 말처럼 정인홍(來庵 鄭仁弘)이나 곽재우(忘憂堂 郭再祐) 같은 훌륭한 제자들도 선생이 돌아가신 지 20년 뒤인 선조 25년(1592)에 발생한 임진왜란 때 의병을 일으켜 왜적을 물리침으로써, 평소 나라와 백성을 걱정한 선생의 가르침을 몸소 실천하였던 것이다.

이익(星湖 李瀷)은 그의 명저 〈성호사설(星湖僿說)〉 제1권 '동방인문(東方人文)' 편에서 남명(南冥)과 퇴계(退溪)에 대해 다음과 같은 기록을 남겨 전하고 있다.

중세 이후에는 퇴계가 소백산(小白山) 밑에서 태어났고, 남명이 두류산(頭流山; 지리산을 말함) 동쪽에서 태어났다. 모두가 경상도 땅인데, 북도(北道)에서는 인(仁)을 숭상하였고, 남도(南道)에서는 의(義)를 앞세워 유교의 감화와 기개를 숭상한 것이 넓은 바다와 높은 산과 같게 되었다. 그리고 우리의 유교 문화는 여기에서 절정에 달하였다.

우리는 제왕학의 교과서 〈정관정요〉에서 '물(백성)은 배(임금)를 띄우지만(받들지만), 배를 뒤집기도 한다'는 경고의 의미와 남명 선생의 〈단성소〉에서 꿋꿋한 성품, '우음'과 '욕천'이라는 시를 통하여 청백리 정신을 읽을 수 있었다.

고대 중국의 제왕학에서는 사람을 뽑아 쓰는 일을 황제의 자질 가운데 으뜸으로 꼽았으며, 맹자는 "군주가 천하를 도모하려면 불소지신(不召之臣)을 얻으라"고 말했다. 여기서 신하의 소중함과 아울러 임금도 함부로 오라가라 하지 못할 만큼 신하의 소신과 판단력을 존중하였음을 알 수가 있다.

국민 모두가 행복해지는 나라를 만들기 위해 오늘날의 정치인이나 관료, 기업인을 비롯하여 나라의 살림살이를 맡은 공직자들에게 남명 선생을 위시한 우리 선조들이 무엇을 강변하려 했는지 그 시사하는 바가 크다고 생각된다.

최근에 언론을 통해 연일 보도되고 있는, 국가 최고지도자를 지낸 사람들의 재직 중 부정축재를 환수한 일을 비롯하여, 공직자들의 부정비리와 대기업들의 거액탈세 사건 등 국법 질서를 문란케 하는 세태를 남명 선생이 하늘에서 내려다보시고 크게 실망한 나머지 '노한 모습으로 우리를 야단치고 계시지나 않을까?' 하는 생각을 해본다.

이렇듯 우리 선조의 가르침이 엄중할 것임에, 이 시대를 살아가는 공직자들이 국민에게 제 역할과 책임을 다하여 봉사하고 있는지 자성(自省)해볼 일이 아닌가 생각된다.

창조경제의 기본은
소통(疏通)과 공유(共有)

함경숙

1. 들어가는 말

세상을 살아가는 삶의 근간은 '소통(疏通)'이다. 사람의 마음을 사로잡는 감성적인 노력이 바로 소통인 것이다. 가정에서 부모와 자식이 서로 소통하면 화목한 가정이 되고, 사회가 소통하면 평화가 넘치며, 조직이 소통하면 창의력이 넘쳐 생산성이 높아지고, 국가와 국민이 소통하면 더할 나위 없이 선진문명국이 될 것이다.

앞으로의 우리 사회에서는 다른 사람의 감정을 얼마나 잘 읽어내는가, 사람들의 능력을 어떻게 잘 끌어내고 취합하느냐가 중요하다. 남을 설득하고 협상하기 위해 공감하는 능력, 커뮤니케이션(Communication) 능력이 갈수록 요구되는 사회로 급변하고 있다.

이렇듯 소통은 자기가 가지고 있는 생각이나 뜻이 상대와 서로 통하는 것으로, 내 생각으로 설득하기보다는 상대방을 먼저 존중하는

데서부터 출발해야 한다. 그리고 진정한 소통은 상대방의 입장에서 세상을 보고 느끼는 공감에서 비롯된다.

또한 21세기를 사는 우리는 오해와 갈등을 조기에 해결하기 위해 상대방의 입장에서 이해하고 소통과 공감으로 상생의 삶을 추구하는 공감 능력을 가져야 한다.

우리가 직면하고 있는 세상의 환경은 무엇보다 자기 자신과 소통하는 사회이다. 다양한 채널과의 교감, 오감으로 통하는 소통과 공유, 통합은 공감대 형성이자 서로 간의 공유이다. 결국 창조경제의 기본은 사람과의 소통이며, 창조는 또 다른 변화를 꿈꾸는 것이다. 그러기 위해서는 자연 속의 공감, 사회 속의 공감, 정(情)과 사랑 속의 공감이 우선이다.

구체적인 실현 방법으로는 무엇보다도 공간과 현실의 일체화일 것이다. 그 중에서도 소통은 선택과 집중과 몰입이 아닐까 싶다. 창조경제는 미래를 얘기하고, 미래는 과거와 현재의 근간이 되어야 한다.

2. 창조경제와 소통·공유의 관계

창조경제를 이루기 위해서는 먼저 자기 자신의 마음이 바뀌어야 한다. 무엇보다 자신과 내 마음이 서로 통해야 한다. 하지만 소통에는 일정 부분의 고통이 수반되기 마련이다. 무엇보다 미친 듯이 고민해야 한다. 곧 '미쳐야 한다'는 뜻이다. '미친 경제'가 바로 창조경제이다. 그러기 위해서는 아이디어 창출의 방법과 자신 안의 표현이 무엇보다 중요하다. 그것은 바로 재창조이다.

요즘 우리나라 대기업도 창조경제와 소통이 경영의 화두이다. 초일류기업으로 나아가기 위해 반드시 이루어야 할 목표임에 틀림없다. 창조경제는 여러 사람의 지식과 아이디어가 결합할 때 가능한 일이다. 과거의 틀에서 벗어나려고 하는 흐름과 정신이 하나의 창조경제이다.

과거와 다른 것을 하기 위해서는 창의적인 사고를 가져야 한다. 하나의 자기 전공만을 가지고 새로운 사고에 접근하는 것이 아니라, 다양한 사고의 수렴이 필요하다. 예를 들면, 창의성을 화두로 하여 기존 산업과 ICT, 과학기술이 접목되어 보다 향상된 부가가치를 창출할 수 있는 계기를 마련하는 것도 그 방법 중의 하나일 것이다.

과학기술 분야에서 기존 기계기술과 IT 기술을 융합하여 앞서가는 기술을 창조하는 작은 스케일 단위를 조작하면 초소형, 초경량 제품을 개발하고, 고가 소재의 성형 공작의 단순화, 저(低)에너지의 신공정 개발 등 다양한 효과를 기대할 수 있는 측면도 있다. 결국 그것은 각 분야의 소통과 연구의 성과로 이어지는 것이다. 기계 분야 트렌드 및 소통의 중요성에 관한 이야기이다.

기업에 있어 공유 가치는 고기 잡는 법을 가르치는 것이다. 가난한 농부에게 농사 기술을 가르쳐서 공유하면 영구적인 가치가 된다. 지금은 사회가 일시적 가치를 중요시하고 있지만 앞으로는 공유가 시대적 가치를 대변할 것이다. 그러기 위해서는 진정성 있는 공유가 필요하다. 대기업과 벤처 회사들이 모이고, 특출난 인재들과 경영에 필요한 요소들 및 아이디어들이 모여 공유와 소통을 통해 창조경제의 결과물을 만들어야 한다.

창의적인 아이디어를 사업화하면 처음 그 규모는 작지만, 다른 산업과 소통하면서 기술을 접목하면 새로운 가치를 발굴할 수 있다. 농업, 물류 등 다양한 기존 산업이 창조라는 방향성에서 같이 소통해야 한다. 특히 일자리 창출 효과가 큰 신산업의 활성화 방안, 제조업과 서비스업의 결합 등 새로운 산업구조 구축, 각종 규제에 묶인 고부가가치 산업의 활성화 대책 등 창조경제가 온 국민이 함께 만드는 미래 비전인 만큼 소통의 장을 지속적으로 마련해야 할 것이다.

3. 상전벽해(桑田碧海)가 된 가발산업의 사례

젊은 여공들의 애환이 담겨 있는 우리의 가발산업은 1964년 시작하여 10여 년간 수출 효자 상품으로 각광받았지만, 50년이 지난 지금은 추억 속에 남아 있는 대표적인 노동집약형 산업으로 인식되고 있다. 그러나 지금 헤어웨어(Hairwear) 산업을 이끌고 있는 씨크릿우먼(Secret Woman)이라는 회사는 벤처기업의 성공 사례로 꼽히고 있다.

2001년 설립된 이 회사는 정수리가 낮은 사람이 착용할 경우 공간이 생기도록 해 예쁜 두상을 연출할 수 있게 해주는 '헤어웨어 가발'을 개발했다. 이 회사는 이 같은 '두상 성형 효과'와 관련해 40여 종류의 특허를 확보하고 있으며, 헤어웨어 종류는 단발머리·긴 생머리·웨이브를 비롯해 50종이 넘는다.

1인 기업으로 시작해 현재 직원 80명, 2012년 매출 93억원의 회사로 성장하였다. 이 회사는 현재 전국 30여 백화점에 직영 매장을 운영 중이며, 조만간 매출 100억원을 달성할 계획을 갖고 있다.

독특한 것은 헤어웨어는 가발이 아니라 아름다움을 추구하는 패션 아이템이라는 역발상으로 헤어웨어 제품을 우리나라의 대표 패션 산업으로 만들어나가고 있다는 것이다. 옷을 바꿔 입듯이 헤어웨어도 패션 아이템이 될 수 있다는 것이다. 브랜드 가치와 이미지가 무엇보다 중요한 이 시대에 이 회사는 물건이 아니라 고부가가치의 '헤어웨어 브랜드'를 팔고 있는 것이다. 바로 이것이 창조경제의 현실이 아니고 무엇이겠는가?

4. 소통과 공유로 새롭게 태어나는 문화사업

최근 기업마다 문화사업이 화두로 떠오르고 있다. 기업 내 교육과정에서 다양한 문화 활동과 프로그램들을 쉽게 찾아볼 수 있다. 일상적이고 평범한 일들을 색다른 공간을 통해 새롭게 구성함으로써, 그 안에서 많은 아이디어와 에너지가 넘쳐나고 있는 것이다.

복합문화 공간은 소통 모임을 위한 공간 공유뿐만 아니라 다양한 아트 상품, 아트 서적 전시와 판매, 문화강좌 개설 등으로 일상의 발견을 통한 소통 공간으로 발전하고 있으며, 또 다른 창조 공간으로 거듭나고 있다.

소통을 중시하는 작가들의 작업실에서의 능동적인 사고와 유연한 생각은 창조와 소통의 숨을 움트게 한다. 또 함께 입주한 작가들과 공동생활을 하며 서로 의견을 나누는 과정을 통해 자극을 받고, 서로를 지척에 두고 완성된 작품을 감상하며 작가와 관객, 전시기획자와 미술평론가가 한데 섞여 오가는 작업실은 끊임없이 작품이 탄생하

는, 살아있는 예술의 장이자 작가와 작가, 작가와 대중, 예술과 세상
이 만나는 징검다리이기도 하다.

강남에 자리한 복합문화 예술공간인 제지마스(JAZZY M.A.S)는 문
화예술의 경계를 낮추는 문화놀이 공간으로 자리매김되고 있다. 문
화와 예술의 높은 벽을 낮추고 많은 이들이 일상 속에서 새로움을 발
견하고 즐거움을 나누는 소통의 공간으로 문화예술계 종사자뿐만 아
니라 문화예술과 함께 하고 싶은 사람들, 조금은 색다른 경험을 해보
고 싶은 모든 사람들에게 열려 있다.

레스토랑에서는 식사를 하면서도 예술을 즐기고 공유할 수 있는
수단으로 예술작품을 음식으로 재현한 '아트푸드(Art Food)'라는 메뉴
를 개발하여 먹는 즐거움과 보는 즐거움과 함께 작품 설명이 담긴 메
뉴판으로 알아가는 즐거움까지 선사함으로써 고객 만족도를 높이고
있다. 창조경제는 대단하거나 쉽게 접근하기 어려운 것이 아닐 것이
다. 이러한 작은 사례의 실천들이 바로 창조경제와 소통의 바탕이 되
는 것임을 알아야 한다.

5. 소통하는 미디어는 창조경제의 활력소

지금 우리는 정보의 홍수 속에 살고 있다고 해도 과언이 아니다.
오늘날의 디지털 콘텐츠는 SNS를 통해 빠르게 복사되어 유통되고 있
다. 뉴미디어는 새로운 방식으로 진화하고, 소셜미디어는 정보의 공
동생산 및 유통을 근간으로 하듯 우리는 또 다른 소통의 미디어를 생
각해볼 수 있을 것이다.

'미디어는 메시지이다(Media is Message)'라고 말한 바 있는 캐나다 출신의 영문학자 마셜 맥루한(Marshall McLuhan)은 전자시대의 문화비평가이자 각종 미디어를 심도 있게 연구하는 사상가이기도 하다. 그는 철도는 사람과 물자를 수송하는 일만 해온 것이 아니라, 전혀 새로운 종류의 도시의 일과 레저를 낳게 하여 인간의 기능을 촉진하고 규모를 확대한 것처럼, 현실에서의 미디어 자체가 인간의 사고방식과 생활양식을 변화시킨다고 주장했다. 그것은 모든 미디어가 우리 자신의 확장이고, 미디어의 개인적 및 사회적 영향은 우리 개인의 모든 확장이며, 새로운 테크놀로지 하나하나가 우리에게 도입되는 새로운 척도로서 측정되어야 한다는 것이기도 하다.

마셜 맥루한이 '모든 매체는 인간 감각 기관의 확장'이라고 판단하여 "매체 기술의 발전은 인간의 감각과 표현양식의 진화를 가져오고 나아가 생활양식의 변화까지도 가져올 수 있다"고 말한 것이 오늘날 인터넷과 모바일이 우리 생활 패턴을 바꾸어 놓은 것처럼, 그것은 바로 인터넷을 통한 미디어의 변화이기도 하다.

이렇게 새롭게 변화하는 미디어는 '소셜 미디어' 혹은 '뉴미디어'라는 어떤 일정 방식으로 상호 간에 쌍방향 커뮤니케이션이 가능한 인터넷 미디어로 진화되었다. 이제 길거리 어디에서나 모든 정보를 쉽게 취득할 수 있는데, 이는 소통과 공유하는 미디어의 창조적인 모험이라 할 수 있다.

요즈음 시민기자를 활용한 전략적 제휴를 통해 경비 절감과 콘텐츠 공유로 미디어 환경을 변화시키려는, 즉 '커뮤니케이션 채널 공유와 뉴스(콘텐츠) 공유가 대세'라는 새로운 슬로건으로 창조적인 미디어를 개척하려는 새로운 변화가 우리 사회에 일고 있다.

최근 한국언론협동조합과 투데이미디어 그룹이 이러한 소통과 공유가 곁들여진 창조경제의 일환으로 그 역할을 하려는 것은 상당히 고무적인 일이다. 아무리 시스템이 잘 갖춰져 있다고 하더라도 개인 혼자서 정보를 만드는 것은 어려운 작업이다. 그렇기에 개인들이 모여 소셜을 이루고, 그 안에서 아이디어와 재능의 공유를 통해 멋진 콘텐츠를 유통시키고자 하는 것이 경제적이면서도 소통하고 공유하는 언론, 즉 새로운 뉴미디어의 개척 정신이기도 하다.

6. 스티브 잡스의 삶의 철학

'내일은 더 나은 실수를 하자(Let's make better mistakes tomorrow).'

미국 샌프란시스코 폴섬 가(街)에 있는 트위터(Twitter) 본사의 벽에는 이 내용이 적힌 액자가 거꾸로 걸려 있다. 내용도 톡톡 튀지만 걸려 있는 모양새도 특이하다. 남과 다른 생각, 남과 다른 '실수'로 태어난 회사인 만큼 그 정신을 잊지 말자는 취지이다. 직원들에게도 자유롭게 생각하라고 독려한다.

세계인들의 소통 방식을 완전히 바꿔버린 이 트위터 회사는 실패에 실패를 거듭한 끝에 탄생했다. 30대의 젊은 설립자들이 우연히 생각해낸 아이디어가 회사 설립의 기초가 되었던 것이다. 요즘도 마음껏 창의성을 발휘해 창조적인 '실수'가 아이디어가 되는 조직문화를 꿈꾸고 있다.

이 회사는 사용자 1억 명에 하루 가입자만 30만 명에 이르고 있다. 세계 곳곳에서 선거 판세를 순식간에 뒤집는가 하면, 지진 등 재난 현장에서 소중한 생명을 살리고, 민주화 운동에 불을 붙이기도 한다. 그 비결은 뭘까? 바로 톡톡 튀는 창의력과 소통과 공감, 자유로운 조직문화이다.

오바마 대통령과 빌 게이츠 등 글로벌 리더들이 트위터에 열광하는 이유는 글로벌 리더들이 자신들의 얘기를 직접 전달할 매체가 필요했고, 트위터가 새로운 커뮤니케이션 채널 역할을 하게 되었기 때문이다. 오바마 대통령은 선거운동에 트위터를 활용해 상당한 지지 기반을 확보했으며, 이러한 트위터는 세계인의 의사소통 방식을 바꿔놓은 혁신적인 매체가 되었던 것이다. 실로 트위터가 이룩한 '글로벌 임팩트(Global Impact)'는 상상을 뛰어넘는다.

옛말에 '구슬이 서 말이라도 꿰어야 보배'라는 속담이 있다. 아무리 가치 있는 물건이라 해도 용도에 맞게 제대로 만들어놓아야 그 진가를 발휘한다는 뜻이다. 상생도 마찬가지이다. 제 아무리 취지가 좋고 내용이 훌륭한 프로그램이라 하더라도 진정 필요로 하는 게 아니라면 생색내기에 그칠 수밖에 없다. 제대로 된 상생은 서로의 가장 가려운 부분을 긁어줘야 한다.

공유와 소통에서 창조경제가 시작할 수 있다는 점에 우리는 유의를 해야 한다. 주변에 있는 수많은 정보와 사물 간의 관계에서 새로운 가치와 아이디어가 나온다는 말이다. 한 명의 사람, 하나의 제품, 특정 산업 분야가 아닌 모든 것의 공유와 협력에서 창조경제가 가능한 것이다.

애플의 창업자인 스티브 잡스는 대학을 중퇴하고 애플 컴퓨터를 선보이고 대성공을 거두었지만, 그에게는 숨은 일화가 있다. 잡스의 열정적인 장인 정신의 특징은 숨어 있는 부분까지도 아름답게 만들기 위해 철저를 기하는 것인데, 그는 이 사실을 아버지에게서 배웠다. 특히 스티브 잡스는 애플의 전성기에 아이폰, 아이패드 등의 신제품을 개발하는데 총력을 기울였으며, 개발 시제품을 보면서도 고객이 요구하는 것과 앞으로 요구할 수도 있는 것에 초점을 맞추어 항상 '이보다 더 나은 기술과 기능, 디자인은 없는가?'라고 자문하면서 수많은 날을 고민했다.

그뿐만 아니라 애플의 부사장을 지낸 제이 엘리엇(Jay Elliot)이 최근 〈아이리더십(iLeadership)〉에서 밝힌 바와 같이, 스티브 잡스는 17세부터 33년 동안 '오늘이 내 인생의 마지막 날이라면, 오늘 내가 하려고 생각한 일을 정말 하고 싶나?'라고 아침마다 거울을 보고 자문했다고 한다.

이러한 삶의 철학의 가장 극단적이고 두드러진 실천 사례가 칩과 다른 부품들을 부착하고 매킨토시 내부 깊숙한 곳에 들어갈 인쇄회로 기판을 철저하게 검사한 경우이다. 어떤 소비자도 그 부품을 볼 일이 없었다. 하지만 잡스는 최대한 아름답게 만들어야 한다는 생각으로 남이 볼 수 없는 부분까지도 최선을 다했던 것이다.

훌륭한 목수는 아무도 보지 않는다고 장롱 뒤쪽에 저질의 나무를 사용하지 않는다. 잡스가 숨겨진 곳의 아름다움에 대한 교훈을 아버지에게 배우고 실천한 결과, 결국 매킨토시는 전세계에 급속도로 보급되면서 급성장할 수 있었던 것이다.

7. 맺는말

일상생활 속의 작은 아이디어도 창조경제의 시작이다. 수많은 사람의 아이디어가 공유되고 보호될 때 창조경제가 시작될 것이다. 창의력이 자산이 되는 시대이긴 하지만 '함께, 같이, 더불어' 상생하는 소통이 함께 한다면 일자리 창출에 앞장서는 창조경제의 앞날은 그저 밝기만 할 것이다.

아이디어 의자로
천만불 수출탑을 세우다

김선환

1. 하라 체어 이야기

'하라 체어'는 2001년 발명된 세계 최초의 분리형 좌면 의자이다. 의자의 역사는 인류의 역사와 거의 비슷하게 시작됐다. 그럼에도 인체의 구조와 자연스럽게 조화되는 분리형 좌면 의자가 수천 년이 지나서야 실용화되었다는 사실은 아이러니한 일이다. 그 대신 이제부터는 빠르게 적응해, 가까운 미래에는 전세계 의자의 절반 이상이 하라 체어 스타일로 바뀌게 될 것이다.

5천 년이 넘는 의자의 변천사에서 이런 변화가 비록 화려한 조명을 받지는 못했다고 해서 그 의미가 줄어드는 것은 아니며, 또한 인류 역사에서도 흔히 볼 수 있는 일이 아니다. 의자에 앉는 습관은 이미 BC 2850년경 고대 이집트에 널리 퍼져 있었고, 이후로도 수많은 발전을 이루어왔지만, 하라테크 사(社)가 개발한 하라 체어의 분리형 좌면이라는 신개념 의자는 한 번도 시도된 적이 없기에 의자산업에서 분명하면서도 중대한 혁명이라 할 수 있다.

〈좌판 분리형 하라 체어〉

그렇다면 하라테크는 어떻게 해서 고정화된 사고를 깨부수고 이런 혁명적인 사고를 할 수 있었을까? 사실 '하라'라는 이름 속에 우리 민족의 정신이 깃들어 있다고 하면 대다수 사람들은 깜짝 놀란다. 자칫 일본어라고 생각할지 모르지만 '하라'는 엄연한 우리의 고대어로서 '하(태양)+라(者)', 즉 '태양의 아들'이란 뜻이다(〈한국상고사(韓國上古史)〉 169쪽).

하라(태양의 아들, 즉 '한국인')+체어(의자)가 합성된 '하라 체어'는 일본어 같은 어감으로 인해 순우리말임에도 불구하고 오히려 일본인들에게 친근하게 여겨져 일본 시장을 개척할 때 많은 도움을 받기도 했다.

우리 한국인들에게는 이상하게도 자신의 가치를 스스로 인정하지 않으려는 습성이 있는 듯하다. 이렇듯 혁명적인 제품이면서도 2000년대 초 하라 체어는 알려진 브랜드가 아니라는 이유로, 또한 보통 의자와 다르다는 이유만으로 국내 소비자들에게 인정받지 못한 채 하라테크는 심각한 경영난에 봉착하였다.

이때 하라테크는 일본을 통해 돌파구를 열기로 결정했는데, 그 결정은 성공적이었다. 하라 체어는 국내 어느 의자보다도 일본 소비자들에게 그 독자적인 기능성과 품질을 인정받았고, 몇 년이 지난 후에는 일본에서의 명성을 기반으로 국내 시장에서 그 이름을 떨치기 시작했던 것이다.

일본에서 성공을 거둔 하라테크는 다시 기능성 의자의 본고장인 유럽을 공략하기 위한 전략을 짰다. 아시아에서 보면 유럽의 중간 지점이 태국이다. 그래서 태국에 교두보를 마련하기 위해 대리점을 개점할 때 단 한 가지 조건만을 내걸었다.

'하라 체어 대리점을 개설하려면 무조건 TV 광고를 하시오.'

그 이유는 태국이 국제 휴양지여서 많은 유럽인들이 그곳으로 해외여행을 오기 때문이었다. 이렇게 하여 기능성 의자의 원조국(元祖國)이랄 수 있는 독일 등 유럽 사람들이 하라 체어에 대해 관심을 가지면서 본격적으로 수입을 시작했고, 그 중 독일은 하라 체어의 유럽 최대시장이 되었던 것이다.

2. 좌판 분리형 아이디어의 창출

국내 기능성 의자시장은 1997년 듀오백(Duoback) 의자(당시에는 해정산업에서 제작)가 처음 열었다. 당시 해정산업(현재의 듀오백 코리아)은 독일 그랄(Grahl) 사(社)와 듀오백 라이센스 계약을 맺고 듀오백 의자를 생산해 국내에 공급하기 시작했던 것이다. 그때부터 특허 효력이 만료될 때까지 20년 동안 듀오백 의자는 한국에서 기능성 의자의 대명사로 자리매김되면서 국내 의자시장을 주도해왔다.

듀오백 코리아가 국내 기능성 의자시장의 지평을 열고 소비자의 의자생활을 한층 편안하게 해준 기여도는 분명히 인정해야 한다. 하지만 이 과정에서 수많은 의자 제조업체들이 듀오백의 특허 소송에 걸려 침몰했다는 사실이다. 이 특허 소송의 내용이 상당히 모호하다는 사실을 생각한다면 또 다른 평가도 가능해지는 것이다. 국내의 수많은 중소 의자 제조업체를 얽어맸던 특허 내용은 지금까지도 논란의 대상이 되고 있기 때문이다.

듀오백 의자와 유사한 특허 원조는 1952년 미국의 키드니패드로 알려져 있다(U.S. PAT : 2.858.876). 당시 미 해군청의 위탁을 받아 웨슬리 등이 출원한 키드니패드는 함선이나 항공기 승무원의 안전한 착석과 운전을 위해 분리된 2개의 등받이를 활용하는 의자를 제작하려는 의도로 개발됐던 것이다. 그러나 듀오백의 원조로 보이는 이 키드니패드는 상용화되지 못한 채 사장되고 말았다. 또한 재판과정에서는 이보다 앞선 특허가 등장하기도 했는데, 1911년 12월 5일 등록된 미국 특허 1,011,026이 일본 세관청에 의해 선행 공지 특허로 인정되기도 했던 것이다.

2001년 좌판 분리형 의자를 특허 출원할 당시, 필자는 20여 년을 강남의 입시학원에서 영어와 수학을 가르치던 강사였다. 수강생들이 한창 젊은 나이임에도 불구하고 의자에 앉는 것을 불편해하고, 일부 학생들은 심지어 필자에게 의자를 바꾸어줄 것을 요구하기도 했다. 그래서 나름대로 의자를 개선해보려는 생각에서 관련 생산업체들의 신제품을 눈여겨 관찰하기를 몇 년간 계속했다.

그러던 어느 날 '인간이 지구상에서 가장 완벽하게 진화되었다'는 말을 듣는 순간, 머리에 반짝 떠오르는 생각이 있었다. 그래서 관련 자료를 찾아보다가 '인간의 엉덩이는 둘이고, 분리된 골반 구조를 근육이 잡고 있다는 점과 움직이는 구조가 고정된 형태보다 보다 근원적'이라는 사실을 알게 되었다.

당장 필자 나름대로 의자를 분해해서 좌판이 갈라진 의자를 직접 제작해보았다. 처음에는 의자에 앉는 느낌에서 이질감을 느꼈지만, 며칠간 반복해서 앉아보니 편안한 의자로서의 가능성이 엿보였다. 그래서 2001년 10월 초 변리사를 통해 실용신안(분할된 시트를 구비한 의자)을 출원했고, 그해 12월 말에 실용신안으로 등록됐다.

이듬해 강의로 바쁜 와중에서도 짬짬이 틈을 내어 좌판 분리형 의자의 개발에 본격적으로 매달렸다. 이공계가 아닌 문과를 전공한 필자로서는 개발에 엄두가 나지 않았지만, 경기도 일원에 산재한 영세 의자공장들을 둘러보면서 제작 과정을 훔쳐보기도 했고, 기술자들로부터 제작 방법을 귀동냥하면서 직접 기술을 익혀 나갔다. 온 나라가 월드컵으로 뜨거웠던 2002년을 이렇게 보내고, 2003년 2월이 되자 필자는 자금을 마련하여 프레스 금형과 플라스틱 사출 금형을 제작했다. 그리고 마침내 2003년 10월 좌판 분리형 의자 완제품을 조립하는데 성공해 '하라 체어'로 명명(命名)했던 것이다.

그러나 운영 자금이 밑천을 드러내고, 공장도 없는 상태에서 1년간 자금난에 시달리면서도 간신히 2004년 11월에 하라테크 사(社)를 설립하였다. 특허를 받은 지 3년 만에 강남구 대치동에 10평짜리 사무실과 경기도 김포시 양촌면에 50평짜리 공장을 임대하여 사업을 시작하게 됐으니 '나는 참 운이 좋은 놈'이라는 생각이 들었다. 그때부터 필자는 하라 체어를 팔기 위해 영업 전선에 뛰어들었으나 수많은 의자 제조업체 및 가구 판매업계의 진입 장벽에 막혀 고전을 면치 못하고 있었다.

그러던 2005년 5월 필자에게 한 줄기 서광이 비치기 시작했다. 롯데마트에서 실시한 '중소기업상품전'에서 하라 체어가 우수한 성적을 거둬 전국 40여 롯데마트에 직납하는 행운을 안게 된 것이었다. 그 다음에는 고급 사무용 가구를 판매하는 중견 종합가구업체인 까사미아에도 입점하게 되었다. 까사미아는 하라 체어의 좌판 분리형 의자의 기능성 용도와 미려하면서도 우수한 성능을 인정해 전국 체인점에서 판매할 수 있게 해주었다.

롯데마트와 까사미아 입점을 계기로 하라 체어는 순풍에 돛을 달았다. 7월에는 '한국일보 상반기 100대 우수특허제품'에 선정되었고, 일본으로의 수출길이 열리면서 11월에는 중소기업청에서 '벤처기업인증'까지 받아 경영 상태가 호전되기 시작했다.

3. 경쟁업체와의 특허 소송에서 살아남다

현재 독자 여러분이 시중에서 만나는 듀오백 의자의 발명자는 독일의 슈톨레로 알려져 있고, 듀오백 의자의 실사권(특허제품을 생산할 수 있는 권리)을 해정산업에 판매한 회사는 앞에서도 언급됐듯이 독일 그랄 사(社)이다. 그랄 사는 세계적으로 유명한 가구 관련 회사이다.

하지만 하라테크 사(社) 역시 특허 분쟁에서 비껴갈 수는 없었다. 하라 체어가 본격적으로 일본 수출을 열어가던 2007년, 듀오백 코리아는 하라 체어를 상대로 동경세관에 수입금지를 신청했다. 일부 독자들은 '어떻게 같은 한국인끼리 그럴 수가 있을까?'라고 생각할지도 모르지만, 철저한 약육강식의 시장에서 살아갈 수밖에 없는 기업 생리상 이런 싸움은 피치 못할 상황일 수도 있다.

하지만 동경세관장은 본건 특허발명이 미국 특허 1,011,026에 기재된 발명과 사실적으로 동일해 침해를 다툰 특허 내용은 '무효'라는 판정(문제의 특허 내용은 이미 1911년에 미국에서 등록된 특허 내용과 동일하므로 누구라도 사용할 수 있는 특허라는 뜻)과 함께 특허 비(非)침해의 결론을 내렸고, 결국 하라 체어의 일본 수입금지 신청은 기각되었다.

국내 특허 관련 소송의 설명보다 훨씬 전문적인 내용을 갖춘 동경세관장의 의견보충서를 보고 있노라면 아직도 청산되지 못한 역사 문제로 일본에 대해 적대적 감정을 가질 수밖에 없는 입장이긴 하지만, 그래도 그들의 업무 자세에 저절로 고개가 숙여지고, 그들의 법률적·논리적 정교함에 대해 부러운 생각마저 든다.

하지만 '로마에 가면 로마법을 따르라'는 말도 있듯, 국내에서는 국내법을 따를 수밖에 없었다. 논리가 정교한 일본의 특허 관련 법정과 비교하면 그렇지 못한 한국의 특허 법정을 어쩌겠는가? 현재 국내에서 이와 관련되어 진행되고 있는 민사소송은 마지막 대법원 판결을 남겨두고 있으며, 이와 별도로 진행된 형사소송은 2012년 고등법원 판결(수원지방법원 제4형사부 2011노3136 특허법 위반)에서 하라 체어의 특허 침해에 대해 무죄 판결(특허 본질 내용과 무관)이 내려졌고, 최종적으로 대법원(2012도10641 특허법 위반)에서도 무죄로 확정 판결됐다. 피를 말리는 이 특허 소송을 몸소 겪으면서 필자는 해외시장 개척이 얼마나 힘들고 어려운 일인지를 절감했으며, 삼성전자 같은 대기업조차 경쟁업체인 애플과 특허 괴물에게 시달리는 특허 전쟁에서 그 기업의 어려운 처지를 공감하게 됐다.

4. 라이카 갤러리(Leica-Gallery)가 본 하라 체어

라이카 갤러리(Leica-Gallery)의 사진작가 김화용 씨가 하라 체어를 사용한 후기를 자신의 갤러리 화보(www.leica-gallery.org)에 실어 놓은 'Hara Chair Story'는 독자들에게 하라 체어에 대한 정확한 이해와 함께 한국인이 만든 놀라운 의자에 대한 자긍심을 심어줄 수 있을 것 같아 다음과 같이 원문을 그대로 소개한다.

나의 라이카 갤러리에서 어떤 제조업 분야의 하나를 싣는 것은 상당히 이례적이다. 이것은 어쩌면 제조업 분야의 하나의 이야기일 수도 있으며, 어쩌면 기존의 인간 사고를 뛰어넘는 가구산업의 획기적 혁명의 이야기일 수도 있다. 그러나 개인적 관계나 관심을 떠나 어떤 분야에 혼을 바친 장인의 이야기를 담고 그것이 발전해온 과정, 그리고 현재의 모습을 담아보는 것은 라이카의 이야기를 담고 나누는 것만큼이나 의미 있는 일일 것이다. 그의 첫 인상은 제조업체 사장의 풍모라기보다는 학자에 가까웠고, 실제 그와의 대화에서 철학적 주제는 빠질 수 없는 대화거리였다. 그러한 그의 철학적 사고가 그가 개발하고 제조한 제품에 투영될 수밖에 없는 것은 너무나 당연할 것이다.

나와 하라 체어의 인연은 약 8년 전으로 돌아간다. 나는 우연한 기회에 어떤 의자를 얻게 되었다. 그것은 허리, 골반과 남성 전립선 건강에 탁월한 것이라고 막연히 들었는데, 그 의자는 당시로서는 기묘하게

도 좌판이 둘로 갈라진 의자였다. 그 의자는 승합차에 실려 그 회사 직원으로 보이는 양복을 입은 두 사람에 의해 내 눈앞에서 신속하게 조립되었고, 나는 별생각 없이 그 의자를 3년 정도 사용했다. 그러다 어떤 계기로 나는 집 근처의 대학에서 모종의 학위과정을 2년간 수강하게 되었는데, 하루에 거의 12시간 이상을 책상 앞에서 책을 읽고 보고서를 작성해야 하는 혹독한 과정이었다.

그러한 시간이 지속되다 보니 학교에 있는 일반 의자 생활에서 오는 피로감이 상당했고 급기야는 경중의 디스크 증상까지 느끼게 됐다. 그러나 이런 불편함은 집의 책상 생활에서는 전혀 느끼지 못했던 것이다. 그 이유를 생각하다가 문득 연구실에서 사용하는 의자 때문임을 알게 된 나는 집에서 사용하던 그 갈라진 하라 체어를 연구실로 가져와 사용하기 시작했다. 그러자 그 후로는 놀랍게도 나의 불편함이 사라졌다.

2년 과정이 끝날 즈음 나는 당시 나를 지도하던 은사님이 입법 관련 기관인 OO의 기관장으로 근무하게 되었고, OOO처라는 새로운 조직 창설 업무를 돕기 위해 나는 갑작스럽게 공무원 생활을 하게 되었다. 사무처에서 제공한 의자는 디자인이나 품질 면에서 괜찮은 고가의 의자였으나, 며칠 후부터 허리가 다시 불편해지기 시작했다. 결국 서무 담당에게 사정을 이야기하고, 나는 다시 하라 체어를 사무실에 가져다 놓고 사용했다. 나의 일과는 학교에 있을 때와 별로 달라지지 않았다. 아침 7시에서 8시 사이에 출근했고, 퇴근은 10시, 늦게는 11시에 하기도 했다. 12시간 이상을 사무실에서 생활했는데, 그 긴 시간 동안 나를 의자 생활의 피로로부터 지켜준 것은 바로 하라 체어였다.

하루는 기관에서의 일을 마치고 돌아온 후, 소모품인 의자의 하단 스프링을 교체하고 싶어 인터넷으로 내가 사용하던 의자 이름인 '하라 체어'로 검색을 했다. 그런데 놀랍게도 회사가 그대로 있었다. 처음 통화를 했던 젊은 직원이 몇 달 후 회사를 그만뒀다는 소식에 '과연 그 회사가 남아 있을까?' 하는 의문을 가졌는데, 기존의 관념에 굳어져버린 일반인들이 받아들이기에는 파격적인 디자인을 가진 회사가 보수성이 강한 한국 시장에서 살아남아 있었던 것이다. 나와 하라 체어의 진정한 인연은 그래서 다시 시작됐다.

하라 체어의 독창성은 의자 속에 다양한 형태로 투영돼 있다. 기능적 관점에서의 인체공학적 설계와 미적 관점에서의 균형감과 선의 연결은 독창성과 기능성 측면에서 그 어떤 전문가도 능가한다는 평가를 받고 있는 것이다. 필자가 회사 설립 때부터 현장에서 직접 의자를 구상하고 제작하는 전과정을 이끌고 마케팅까지 진행해온 만큼 그것은 어쩌면 당연한 결과일지 모른다.

유수의 해외 유명 브랜드와의 본격적인 경쟁을 위해서는 이제부터라도 의자 디자인에서 일정 부분 전문 디자이너와의 합작 방식이 필요하게 될 것이다. 그렇지만 해외 브랜드를 모방해 쉽게 의자를 디자인하려는 많은 경쟁업체와는 달리 그 동안의 독창적인 디자인을 고수해온 만큼 '하라 체어가 개성적이면서도 기능적으로 뛰어나다'는 지금의 명성을 계속 유지할 것으로 예측하는 것은 그리 어렵지 않을 것이다.

지금 이 시간에도 김포시 양촌면 누산리의 하라 테크 공장에서는 숙련된 기술자들이 열심히 하라 체어를 제작하고 있다. 하라 체어는 아직 진행형이다. 아니 이제 시작일 뿐이다. 우리 기술자들은 이제 30~40대로서 아주 젊고, 또 세월이 흘러감에 따라 더 숙련될 것이기 때문에 제품의 인체공학적·미적 완성도는 점점 높아져갈 것이다.

다만 한 가지 아쉬움이 있다면 국내 금속 소재 산업이나 주물·금형의 수준이 세계 수준에 비해 역부족이라는 점이다. 일본 수준의 주물·금형 기술로 하라 체어의 부품을 공급하는 국내 기업이 있었다면 하라 체어는 아마도 지금쯤 세계 의자시장을 호령하고 있을 것이다.

하라 체어가 가진 의자 분야의 독보적인 기능성 좌면 기술은 이제 국내뿐 아니라 세계적으로도 관심의 대상이 되고 있다. 그리하여 하라 체어의 분리형 좌면 개념은 관련 산업으로까지 파급될 기미를 보이고 있다.

대표적인 사례가 '2012년 베이징 모터쇼'에서 람보르기니의 출품 자동차인 우루스(URUS)에서 보인 분리형 좌석이다. 이 디자인이 어떤 과정을 거쳐 시도됐는지는 알려지지 않았지만, 기능성 의자에서 영향을 받았을 것은 자명해 보인다. 특히 하라 체어의 분리형 좌면 의자가 디자인에 직접적인 영감을 주었을 것임은 쉽게 추측할 수 있다. 그것은 당연히 예측될 수 있는 변화이기 때문이다.

하지만 '등잔 밑이 어둡다'고 세계에서 가장 앞선 기술력에다 국내외(미국, 일본 등) 특허까지 가진 기업이 국내에 엄연히 존재하고 있음에도 불구하고, 국내 자동차 업계가 이러한 변화의 선두 자리를 외국 회사에 빼앗기고 만 현실은 상당히 아쉬운 일이다. 하라 체어는 분리형 좌면의 핵심기술에 대한 특허를 대부분 소유하고 있다. 2013년 하라 체어는 지식경제부, 한국산업기술평가관리원 주도의 소재부품기술개발사업에 관심을 갖고 '생체 신호 감지기능 및 능동형 액추에이터 구동회로를 포함한 스마트시트 개발' 컨소시엄에 참가하고 있다.

뒤늦게라도 국내 자동차 업체들이 이 기술의 중요성을 인지한 건지, 자동차 시장의 뜨거운 경쟁 속에서 하라 체어의 뛰어난 기능성 좌면 기술은 국내 굴지의 자동차회사로부터 러브콜을 받고 있다. 이 기술의 중요성과 활용성에 비추어볼 때 시기적으로 늦게 이슈화되긴 했지만 그래도 국내외 특허를 모두 확보하고 있는 만큼 하라 체어가 국내 자동차 산업의 경쟁력에 크게 기여할 수 있을 것으로 기대된다.

5. 맺는말

인문학을 전공한 사람이 전혀 낯설고 생소한 제조업 분야에 뛰어들어 무언가를 이룬다는 것은 결코 쉬운 일이 아니다. 특히 어려운 제조업 분야에서 독보적인 기술을 개발하고, 그 기술로 제품 생산은 물론 세계 시장에 뛰어들어 단기간에 세계 유명 브랜드들과 어깨를 나란히 견준다는 것은 고도화된 현대 산업사회에서는 거의 전설에 가까운 이야기이다. 하지만 하라 체어는 이러한 비상식 같은 이야기를 상식으로 바꾸어놓았다.

하라 체어의 앞길은 아직도 멀고 험하다. 우선 대내외적으로 장기 경기불황의 장벽이 가로놓여 있다. 거기다 금속 재질 및 가공 기술에서 중국 등에 비할 바는 아니지만 하라 체어의 높은 이상을 실현하기에는 경쟁국인 독일·일본에 비해 아직 미흡한 수준이다. 결국 하나의 산업에서 명품이 나오려면 주변 분야의 기술이 다 같이 받쳐주지 않으면 안 된다. 하지만 하라 체어와 관련업체들은 이제 한창 성장하는 단계이기 때문에 그런 기대를 접기에는 너무도 젊으며 꿈 또한 크다.

필자는 확신한다. 10년 이내에 세계 어디에 내놓아도 남부럽지 않은 명품 의자를 저렴한 가격에 구할 수 있어, 우리 소비자들이 자부심을 느끼며 하라 체어를 사용하게 될 것이라고 말이다. 또한 필자는 눈앞의 이익만을 좇는 근시안적 기업인이 아니라, 비전과 철학을 가진 경영인이 될 수 있도록 끊임없이 자신을 채찍질할 것이다. 2012년에는 선진국 업체들과의 경쟁에서 이기기 위해 부설 연구소도 설립했다.

젊은 패기로 한창 성장하고 있는 기술자들과 이를 뒷받침하는 전문 판매점 및 협력업체들의 기술적 발전, 이 모든 성과가 비록 느리게 나타날지언정 끊임없이 진화하고 있어 하라 체어의 꿈과 희망이 예상보다 빨리 이루어질지도 모르는 일이다.

2006년 11월 일본 동경의 '국제가구전시회' 참가를 개시로 매년 일본 및 유럽의 전시회에 참가하고 적극적인 수출 상담에 치중한 결과, 2013년 5월 '수출 누적액 1천만 달러'를 돌파했다. 이는 2008년 12월 무역의 날에 '백만불 수출탑'을 수상한 지 4년 5개월만의 쾌거이다. 또한 지난 7월에는 독일 판매법인 HARATECH GmbH와 수출 계약을 성사시켜 유럽 진출의 확고한 발판을 마련함으로써 2013년에는 겹경사를 맞았다.

　가구산업이 노동집약적 산업이란 자괴적(自愧的) 인식을 버리고 소재와 디자인 및 창조적인 아이디어에 의한 신제품 개발에 적극 노력한다면, 가구산업 역시 세계에 수출할 수 있는 고부가가치 산업으로 탈바꿈될 수 있다고 필자는 자신한다. 따라서 가구산업을 고부가가치 산업으로 육성하는 것이 바로 창조경제의 한 축이 될 수 있음을 정부와 기업체 모두 새롭게 인식했으면 하는 필자의 간절한 바람이다.

오케스트라 지휘봉을 던지고
피자 회사 창업

방기홍

1. 들어가는 말

필자는 화덕 피자의 대중화를 통해 피자의 참맛을 널리 알리기 위해 동분서주하고 있는 이탈리안 피자 전문가이다. 지금은 피자 매장과 피자 교육학원 및 피자 화덕 제조공장 등을 운영하고 있는 어엿한 경영인이지만 몇 년 전만 해도 파산 신청을 해야 하는 신용불량자였다.

필자는 성인이 된 지 40년이라는 짧지 않은 인생을 파란만장하게 살아온 인생행로를 경험삼아 새 정부가 추진하는 창조경제가 성공할 수 있는 나름의 방안을 이야기하고자 한다. 그러기 위해서는 먼저 필자의 인생역정에서 이야기를 풀어나가야겠다.

남해안의 작은 도시에서 나고 자란 필자는 성악을 좋아하는 꿈 많은 젊은이였다. 고등학교 음악 선생님의 권유로 대학에서 성악을 전공한 다음, 1984년 청운의 꿈을 안고 성악의 본고장인 이탈리아로 유학을 떠났다. 로마의 페스카라(Pescara) 음악대학원 오페라 지휘과를 졸업하고 그곳에서 활동하다가 만 10년이 지난 1994년에 길고 긴 타향살이를 끝내고 귀국하였다.

처음에는 고향으로 돌아오기까지 고민이 많았다. 유학을 마치고 돌아가는 필자에게 어느 누구도 선뜻 지휘자 자리를 만들어주려는 단체가 없었고, 또한 필자는 국내 음악단으로부터 초청을 받을 만큼 유명 인사가 아니었기 때문이다. 하지만 나이 들어 기댈 곳과 누울 곳을 생각하면 그래도 고향이 편했다. 그리고 '내가 태어나 교육을 받고 성장하게 해준 고향을 위해 이제는 뭔가 기여해야지' 하는 일종의 책임감도 이런 결정을 내리도록 재촉했다.

필자는 고향으로 내려가 어린이들을 위한 소년소녀합창단을 만들고, 주부들을 위해 어머니합창단, 1990년대 말의 IMF 시절 고개 숙인 가장들을 위해 아버지합창단을 결성하는 등 정말로 열심히 앞만 바라보면서 지역의 음악적 인프라를 다지는 역할에 혼신의 힘을 쏟아 부었다.

그렇지만 IMF의 경제적 어려움을 헤쳐 나가는 과정에서 문화의 꽃을 활짝 피우기 위해서는 절대적으로 재정적 뒷받침이 없이는 불가능하다는 사실을 뼈저리게 느끼게 되었다. 그래서 '이 막힌 벽을 뛰어넘을 수 있는 가장 빠른 길은 내가 직접 돈을 벌어 지원하는 것'이란 생각에 이르자, 필자는 이탈리아에서 그 대안을 찾기로 하고 다시 이탈리아로 떠나기로 작정했다. 물론 이렇게 결정하게 된 데에는 경제적 어려움이 심하다 보니 음악에 대한 열정이 많이 식었던 것도 하나의 원인이었다.

결국 2001년 마지막 날인 12월 31일 저녁, 다시 이탈리아로 떠나기로 작정한 필자는 자정 무렵에 절친한 학교 후배와 만나 다음날 새벽 5시까지 쓴 소주를 마시면서 뜨거운 눈물을 쏟아내고야 말았다. 필자가 좋아서 40년을 바쳐 쌓아온 모든 노력이 음악적 한계와 생활고라는 거대한 벽, 그리고 자기 능력에 대한 회의 앞에서 물거품이 되고 마는 현실, 또한 필자가 지금까지 생각했던 예술이라는 환상의 문화가 자본 앞에서 단칼에 무너져버리고 마는 현실을 바라보면서 한없는 절망감을 느꼈던 것이다.

역사상 최초로 국내에서 월드컵이 열린다고 연일 매스컴에서 떠들어대어 온 나라가 축제 분위기에 들떠 있던 2002년 1월 1일 오후, 겨우 정신을 차린 필자는 먼저 고등학교 때의 교장선생님을 찾아뵙고 자초지종을 말씀드리기로 했다. 그 선생님은 고등학교 때부터 필자를 격려해주셨고, 필자가 지휘자 생활을 할 때에도 물심양면으로 도와주신 필자의 정신적 지주이셨기 때문이다. 그리고 나이 50을 바라보는 2002년 2월 7일, 이탈리아에서 돌아온 지 8년 만에 다시 이탈리아행 비행기에 혼자 올랐다.

한국을 떠날 당시에는 피자를 직접 배울 거라곤 상상도 못했다. 그냥 이탈리아 피자 요리사를 초청하여 동네에서 피자점을 운영할 생각이었다. 그런데 막상 현지에서 알아보니 요리사 구하기도 쉽지 않을 뿐더러 비용도 만만치 않았다. 그래서 아예 필자가 직접 배우기로 마음을 굳혔다. 그때부터 피자를 배우는 방법을 찾아다녔고, 우연히 피자 월간지에서 피자 학교가 있다는 사실을 알아내고는 이탈리아국립피자학교를 방문해 1천 유로를 내고 입학등록을 했다.

그때부터 한 달 간의 피자 학교 생활이 시작되었는데, 첫날부터 곡물 가루에 대한 이론 수업과 직접 반죽하고 도우 넓히기 같은 실기 수업이 빡빡하게 진행됐다. 이틀째부터는 누구의 지시도 없었지만 필자는 수업시간 전에 미리 도착해 조교와 함께 실습실을 청소하고 피자 오븐도 깨끗이 닦고 기계도 미리 켜서 예열을 시키는 등 수업 준비를 해놓았다. 실습 때문에 점심을 오후 3시에 먹는 등 바쁜 일정 속에서 고단한 노동의 1주일을 마치고 나니 팔다리가 쑤시고 입안도 헐었지만 감개가 무량했다.

이런 과정을 거치는 중에, 앞서 언급한 후배가 결국 삶의 무게를 견디지 못해 강으로 뛰어내려 자살했다는 하늘이 무너지는 듯한 슬픈 일도 겪었지만, 그럴수록 '내가 강해져야 한다'는 자기 최면 속에서 꿋꿋이 참고 이겨낸 끝에 이론 및 실기시험을 무사히 통과하고 졸업장을 받았다. 그리고 이탈리아국립피자학교장과 한국분교 인가 문제를 마무리짓고 사인을 하고 나니 이 세상 모든 것을 얻은 기분이었다. 그 후로도 이탈리아피자조리사학교 과정을 이수하고, 리도 디 페르모(Lido di Fermo) 피체리아와 로마 플라쉬(Roma Flash) 피체리아에서 근무하다가 귀국하였다.

하지만 초기의 열악한 국내 환경에서 막상 장사를 한다는 것은 쉽지 않았다. 50이 넘은 나이에 12시간 서서 일하는 것이 무엇보다 고역이었지만, 엎친 데 덮친 격으로 동업과 보증으로 그동안 저축해놓은 재산을 깡그리 날려버리고 말았던 것이다. 결국 파산 신청을 할 수밖에 없었던 필자는 '한 인간의 인생이 이렇게 허무하게 끝나는구나!' 하는 생각에 두 번이나 자살을 생각하였다.

그러다가 한 친구가 빌려준 귀한 돈 5천만원이 필자의 인생을 180도로 바꾸어 놓았다. 필자는 이 돈을 가지고 아들 명의로 사업자등록을 내고 재도전하였다. 그 과정에서 새로 가정도 꾸렸다. 다시 지리멸렬한 생활이 계속될 즈음 학연·지연도 없는 어떤 젊은 사장님께서 "사장님, 피자 맛은 좋은데 이 장소에서 장사하기엔 너무 아깝습니다"란 말과 함께 투자한다는 심정으로 계약서도 없이 선뜻 6천만원을 건네주셨다. 그때부터 필자의 생활에는 조금씩 활력이 솟기 시작했다. 그러나 매일 12시간 불 앞에서 피자를 구워야 생활할 수 있는 환경은 여전히 변하지 않았다.

마침내 필자에게 결단의 시간이 다가왔다. 여태까지 하던 일을 전적으로 집사람에게 맡기고, 필자는 학원 강의와 화덕 개발에 박차를 가하기로 한 것이다. 그러자 점차 결과물이 그 모습을 드러내기 시작했다.

사실 필자가 귀국해서부터 시작한 교육사업은 호황기에는 학원을 차릴 정도였지만, 불황기에는 가게에서 개인 레슨을 해야 하는 수준이었다. 그래서 언제까지 이탈리아에서 수입한 화덕에 의존할 수만은 없다고 생각한 필자는 화덕을 분석하고 연구·개발하는 일을 게을리하지 않았던 것이다.

그런데 화덕의 국산화에 성공하게 됨으로써 필자는 우산장수와 나막신장수처럼 피자 매장에서는 피자를 팔고, 학원에서는 교육을 하면서 화덕을 설치·판매하는 일을 동시에 할 수 있게 된 것이었다.

이렇게 해서 피자 매장은 점점 매출을 키워나가 지금은 일요일에도 손님들이 줄을 서서 기다려야 하는 수준이 되었고, 지난 10년 동안 필자의 교육을 받고 피자점을 차린 제자와 팔려 나간 화덕 피자의 개수는 어느덧 수백에 이르게 되었다.

2. 사전오기를 통해 얻은 몇 가지 교훈

필자는 이렇게 사전오기(四顚五起)의 인생을 살아오면서 다음과 같은 몇 가지 삶의 철학을 갖게 되었는데, 이 내용은 예비 창업자들과 젊은이들에게 삶의 중요한 지침이 될 수 있다고 생각하여 소개하고자 한다.

1) 쓸데없는 고정관념은 버려라

우리는 보통 체면을 중히 여긴다. 그래서 화이트칼라는 높이 보고 블루칼라는 무시한다. 하지만 직업에는 귀천이 없다. 필자가 고정관념에 사로 잡혀 있었다면 '유학파 오페라 지휘자'에서 작업복을 입고 밀가루를 반죽하고 굽고 설거지 하는 '3D 노동자'로 변신할 수 있었겠으며, 또한 오늘의 필자가 존재할 수 있었을까?

기술도 마찬가지이다. 우리나라에서는 디자인을 전공하려면 어려서부터 그림 과외를 받지만, 이탈리아에서는 그냥 줄을 그을 줄 알면 합격이다. 중요한 것은 출발점에 선 사람의 어설픈 기술이 아니라 하고자 하는 열정이다. 이미 피자 기술을 가진 사람이 새롭게 피자 기술을 배우려면 자신의 기술은 가슴에 묻어 두고 항상 열린 마음으로 새 기술을 받아들여야 한다. 그리하여 옳다면 또다시 새로운 테크닉으로 교체해야 한다. 그래야만 발전이 생긴다.

직원 채용에 대한 고정관념도 바꾸어야 한다. 일반적으로 레스토랑이나 카페, 분위기 있는 가게라면 직원들이 모두 젊고 예뻐야 한다고 생각한다. 그러나 3D 업종에서는 직원 구하기가 하늘에 별 따기이다. 그렇다면 어떻게 해야 할까? 이탈리아에서는 노신사들이 나비넥타이를 메고 서빙하는 모습을 자주 볼 수 있다. 몇 백 년 전통의 피자집에서 노신사가 서빙을 하고 피자를 굽고 주방에서 일도 한다. 이 얼마나 멋진 모습인가! 꼭 젊은이들만 고집할 필요가 없다. 오히려 나이 드신 분들이 경험도 있고, 열정도 가득해서 일처리가 훨씬 더 뛰어나다.

끝으로 피자에 대한 고정관념도 바꾸어야 한다. 특히 식문화는 나라마다, 심지어 지역에 따라서도 각양각색이다. 그렇게 해서 우리나라에서는 한국인의 식성에 맞는 불고기, 고구마, 단호박, 인삼 피자가 탄생한 것이다. 따라서 여러분이 피자에서 성공하기 원한다면 도우 위에 에스프레소라든지 자장면이나 카레 소스라든지, 아이스크림이라든지 여러분만의 혁신적인 창조를 하라. 우리가 세상을 살아봐서 알지만 아무런 변화가 없다면 일상이 얼마나 따분할까? 음식 역시 마찬가지여서 어디서나 똑같은 것만 먹는다면 곧 싫증이 나지 않겠는가?

2) 자기 직업에 최선을 다하라

장사는 학문이 아니라 오늘 팔아서 내일 먹고 살아야 하는 현실이다. 즉 잘 파는 사람이 진정한 기술자이다. 따라서 장사하는 사람은 손님을 만족시키는 데 최선을 다해야 한다.

우리나라에서 종업원에게 피자 레시피를 공개하는 주인은 없다. 하지만 이탈리아에서는 어느 집이든지 그 집에서 음식을 한 그릇 시켜 먹고 주방장이나 주인에게 레시피를 물어보면 거의 대부분 아무렇지 않게 알려준다. 즉 레시피는 학문적이며 이론에 불과한 것이다. 똑같은 재료라도 내가 무친 나물보다 엄마가 무친 나물이 더 맛있다. 그러므로 너무 레시피나 표면적인 재주에 신경 쓰지 말고 정성이 가득한 혼이 담긴 음식을 만드는데 힘써야 한다.

필자는 창업자이든 기존 경영자이든 기술자이든 매일같이 그 일을 머릿속에 90% 이상 생각해야 한다고 이야기하고 싶다. 맛이든 도구든 서비스든 인테리어든 마케팅이든 매일 자신이 하는 일을 위해 90% 이상 혼신을 다하라. 그리고 교제하는 사람도 장사나 사업을 하는 사람을 만날 것을 권한다. 주위에 그런 사람들이 없다면 지금부터라도 될 수 있으면 그런 사람들을 많이 사귀어라. 이는 공부를 잘 하려면 공부 잘하는 친구를 사귀는 것과 같은 이치이다.

이탈리아는 우리나라처럼 모든 산업이나 유명 생산품이 서울이나 수도권에 집중되어 있지 않다. 페라리, 람보르기니, 구찌, 발렌티노 모두 중소도시에서 세계를 상대로 자기 가문의 성(姓)을 걸고 명품을 만들어내고 있다.

무엇이든 10년 정도 하다보면 자리가 잡힐 것이니 그것을 후손에게 물려준다는 심정으로 최선을 다하라. 너나 할 것 없이 지금부터, 우리부터 가문의 성을 빛내듯 우리들이 하는 일에 최선을 다해 혼을 심자. 내일을 위해서 말이다.

3) 끊임없이 자기 개발을 하라

기술은 항상 최고의 기술자에게 배워라. 엉터리 기술로 여러분이 아무리 열심히 배운들 맛없는 기술은 자신을 환멸의 도가니로 몰아 넣을 뿐이다. 그 나라의 최고 기술자는 그렇게 되기까지의 이론과 실기를 모두 공유하고 있을 것이다. 대체로 자기 나름대로의 조리 기술을 바탕으로 끊임없이 신기술을 쌓아올릴 생각을 하기 때문이다. 그 대신 이 최고의 기술에 자신만의 노하우를 쌓아 선생님보다 더 나은 기술자가 되도록 노력하라.

우리가 기술을 배우려는 목적은 연구용이 아니다. 어떻게 하면 맛있는 피자를 구워 성공을 하느냐는 것이다. 그렇다면 결국 자기만의 꽃을 피워야 하는 것이다. 음식이란 그 나라와 지역의 오래된 문화와 관습에 영향을 받는다. 따라서 이 분야에서 성공하려면 기본적인 제조법을 바탕으로 자기만의 꽃을 피우도록 노력해야 한다. 새로운 모양과 맛, 향, 색깔로 신제품을 개발하라.

필자의 미니 화덕 고객 중에는 조그만 구멍가게에서 떡볶이만으로 버텨오던 중 더 이상의 매출 증대가 없어 고민하던 차에 미니 화덕을 설치하여 계절에 맞게 작은 피자나 고구마·치킨을 구워 판매함으로써 매출을 두 배나 증대시킨 분이 계신다. 주위를 둘러보면 언제든지 자신을 도와줄 기회가 도처에 깔려 있다. 다만 이것을 찾아내는 눈이 중요하며, 이는 끊임없는 자기 개발에서 비롯된다.

4) 항상 미래를 생각하면서 미리 준비를 하라

옛말에 '운구기일(運九技一)'이란 것이 있다. 경영을 종합적으로 9라고 볼 때, 테크닉은 1이라는 뜻일 것이다. 장사에서는 기술이나 맛은 기본이지 필요충분조건이 아니기 때문이다. 흔히 자기 재주만을 믿다간 큰 코 다치기 일쑤이다. 그 대신 경영 노하우를 익혀 여러 길을 폭넓게 준비함으로써 기회가 왔을 때 낚아채거나, 어려움이 닥쳤을 때 어떤 변화에도 대처할 수 있도록 해야 한다. 그 중에는 비가 오면 우산을 팔고, 볕이 나면 나막신을 파는 일석이조의 경영 방식도 운을 잘 활용하는 길일 것이다. 운도 기술도 모두 여러분 하기 나름이다.

3. 창조경제의 성공 조건

필자가 우리 사회를 바라보고 있으면 수많은 젊은 고학력 실업자들이 참 안타깝다. 우리 사회는 1년에도 엄청나게 쏟아지는 대졸 이상의 고학력자들이 로망 하는 일자리를 모두 만들어내기는 현실적으로 불가능하고, 중소기업들은 고학력자들의 눈높이에 맞는 임금을 주면서까지 받아줄 경제적 여력이 없어 고학력 실업자의 수가 점점 증가하고 있다.

사실 우리나라는 학력 낭비가 너무 심하다. 현재 우리나라의 경제적 규모나 능력으로 볼 때 이렇게 많은 고학력자가 필요 없다. 그런데도 세상물정 모르는 관료들이 엉터리 교육정책으로 대학의 수만 잔뜩 늘려놓는 바람에 고학력자의 실업 문제가 이제 와서 국가 발전의 걸림돌이 되고 있는 것이다. 거기다 더 큰 문제는 고학력자들이 실업 상태에 있으면서도 눈이 아주 높다는 것이다. 블루칼라를 천시하거나 중소기업 또는 자영업은 불안정하다고 생각해 오직 대기업이나 공무원 취업만을 꿈꾸고 있다. 노량진 역 주위에는 오늘도 공무원 시험을 준비한답시고, 시중의 각종 어학원과 편입학원에서는 더 나은 스펙을 쌓는답시고 자신의 무한한 잠재 능력을 썩히고 있는 우수한 인재들이 버글거리고 있다.

우리의 기술 수준은 청계천의 기술을 모두 모으면 우주선을 쏘아 올릴 수 있는 정도라고 한다. 그곳에서 열심히 노력하면 우리나라 최고의 기술자가 될 수 있다. 하지만 그곳은 인력난으로 쩔쩔 매고 있는 데도 우리의 젊은 고학력자들은 이런 곳을 천하고 불안정한 직장으로 생각해 눈길조차 주지 않고 있다. 그 자리를 외국인 노동자들이 차지해 우리의 우수한 기술을 물려받고 있다. 그 반면 지자체에서 모집하는 환경미화원직만 해도 공무원에 안정된 직장이라 하여 박사학위 소지자까지 응모하는 등 그 인기가 대단하다.

하지만 과연 공무원이나 화이트칼라는 안정되고, 블루칼라는 불안정한 직업일까? 필자의 나이 내년이면 환갑이다. 그래서 책상에 앉아 펜대나 돌리던 화이트칼라 친구들은 이미 퇴직했거나 아니면 한창 퇴직을 준비 중에 있다. 그 친구들은 이제부터 30년 이상을 살아가야 할 노년을 준비하느라 고민이 많지만, 필자는 블루칼라로서 자신만의 녹슬지 않은 단단한 기술을 갖고 있기에 오히려 더 큰 꿈을 꾸고 있다.

필자는 우리의 고학력 젊은이들이 눈높이를 낮추고 중소기업이나 3D 업종에 뛰어들어 그들의 뛰어난 능력을 발휘한다면 많은 분야에서 엄청난 발전이 있으리라 확신한다. 또한 전수받은 기술을 열심히 연마해 한국 최고의 기술자가 되거나, 거기다 자신만의 아이디어를 장착하여 창업을 한다면 우리의 미래는 아주 밝을 것이다.

필자가 관여하고 있는 피자 업종을 예로 들어보겠다. 커피점은 자본과 관심이 있으면 누구나 차릴 수 있지만 화덕 피자점은 어느 정도 전문성이 필요하기 때문에 고객들에게 만만히 보이지 않는다. 하지만 화덕 피자를 배우기가 생각만큼 그렇게 힘들고 어렵지는 않다. 화덕 피자를 만드는 데 필요한 노동의 강도는 보통 젊은이가 발휘하는 육체적인 힘을 100으로 볼 때 30% 정도여서 40~50대 중년층에게 적당한 직종이다.

특히 어느 정도 중후한 나이의 남성이나 여성분들이 불이 활활 타오르는 화덕에서 긴 삽을 이용해 피자를 굽고 익히는 모습은 옆에서 지켜봐도 참 멋져 보인다. 따라서 중년 부부가 이런 기술을 익혀 큰 돈 들이지 않고서도 동네에서 자그마한 가게를 내어 10~20년 동안 사랑방처럼 꾸며서 운영한다면 이보다 편하면서도 보람된 직업이 없을 것이다. 경제적인 노후 보장은 물론이고 정성껏 만든 음식을 남에게 보시하는 마음으로 대접하면, 고객들은 내게 돈을 벌어주면서도 또한 잘 먹었다면서 고맙게 인사까지 하고 간다. 시중에 떠도는 농담으로 이건희 회장이 유일하게 고맙다고 인사하면서 팁까지 주고 가는 사람은 신라호텔 주방장이라고 한다.

또한 화덕은 원적외선을 방출하기 때문에 건강에도 좋을 뿐 아니라 피부도 탄력 있게 만들어준다. 따라서 화덕 피자점 운영은 퇴직한 중년 부부들에게 일거양득 정도가 아니라 일거삼득이나 사득(四得)의 효과가 있는 업종이다. 이런 사실을 알아서인지 필자의 학원에 수강하는 교육생들은 중년층의 비중이 상당히 높다.

이 사업은 고학력 젊은층이 승부를 걸기에도 참 좋은 업종이다. 화덕 피자는 지금부터 7~8년 전에야 우리나라에서 시작되어 이제 겨우 전체 시장의 5% 정도를 차지하는 수준이다. 일본의 화덕 피자 시장이 전체 시장의 80~90%를 장악한 상태이므로 우리나라는 최소 10년 이상의 성장 잠재력을 가진 블루 아이템이다.

또한 필자의 학원 수강생들 수준이나 열정, 사업 이해도 등에 비추어보면 중국을 중심으로 한 동아시아 시장은 말할 것도 없고, 나아가서는 피자의 본고장인 이탈리아나 최대의 피자 소비국인 미국으로 진출하는 데에도 크게 무리가 없어 보인다.

일례로 작년(2012)에는 이탈리아 로마에서 매년 열리는 대회로서 필자가 심사위원으로 참가하는 '세계피자경연대회'에서 필자가 키운 여자 선수가 한국 대표로 참가해 싱글 부문에서 인삼 피자로 3위에 입상하는 쾌거를 이루는 등 한국인들은 기본적으로 피자 만드는데 뛰어난 소질이 있다.

따라서 '우리의 젊은 고학력자들이 뛰어들어 최고의 화덕 피자 기술을 배우고, 거기에 본인의 아이디어와 자기만의 솜씨를 보태어 새로운 화덕 피자를 창조해낸다면 무궁무진한 세계 피자 시장을 주름잡는 대단한 CEO들이 될 수 있을텐데…' 하는 생각에 이르면 필자는 우리의 답답한 현실과 사회적 인식이 너무도 안타깝다는 생각이 든다.

4. 필자의 소망

앞에서도 언급했듯이 필자는 원대한 꿈을 갖고 있다. 현재 우리나라의 피자 인프라는 거의 전무한 상태이다. 우리나라의 메이저급 업체들은 우리나라의 피자 발전이나 후학 양성 등 국내 피자 산업 활성화에는 별로 관심이 없고, 그저 돈만 많이 벌면 된다는 철저한 장사꾼 논리로 접근하고 있다. 1년에 몇 십만 유로의 외화를 들여 이탈리아 화덕을 구입할 생각만 하지, 외화 낭비를 줄이고 국가 경제에 조금이라도 도움이 되기 위해 화덕을 자체 개발할 생각은 전혀 갖고 있지 않다.

그래서 필자는 먼저 한국피자협회를 지난 7월 8일에 창립했다. 피자 업체의 이익과 권리를 찾기 위한 전국 규모의 단체를 만들고 협회지를 간행하여 회원 간 친목을 도모하면서 서로 간의 기술을 경쟁하고 노하우를 개발하는 과정을 통해 한국을 피자 업계의 아시아 맹주로 키워보고 싶다. 그리고 국내 피자 산업의 발전을 위해 한국과 이탈리아 간의 교량 역할을 자임하고 있다.

필자는 이탈리아 수준 이상의 피자 화덕을 만들어 세계를 제패하고 싶다. 3년 전 우연히 미니 화덕을 만나게 된 필자는 바쁜 와중에도 이탈리아 피렌체 공장까지 직접 방문하여 구입한 총 5대의 이탈리아 제품을 자르고 부수고 분해하여 마침내 새롭게 진화시킨 '씨뇨르방 미니 화덕'을 탄생시켰다. 이 화덕은 피자 화덕의 혁신 제품으로 평가받아 언론사의 '이노베이션 대상'을 수상하면서 많은 화덕 피자 가게의 마스코트가 되고 있다.

그 다음으로는 큰 화덕의 대량 생산이다. 필자 부부는 대기업이 이루지 못한 대형 화덕을 국산화하여 귀한 외화를 절약하고, 또한 아시아 시장으로의 진출을 하루라도 앞당기기 위해 작년에도 이탈리아

곳곳을 누비며 대형 화덕의 기술을 익히고 연구해 왔다. 아마도 오래 지 않아 그 꿈은 달성될 듯 싶다.

궁극적으로 필자는 우리의 젊은 피자 CEO들과 함께 손잡고 중국이나 베트남, 캄보디아, 말레이시아, 몽골로 진출하고, 더 나아가서는 유럽과 미국으로까지 진출하고 싶다. 그리고 선학(先學)으로서 후학들이 더 큰 성공을 거둘 수 있도록 작으나마 한 알의 밀알이 되고 싶다.

필자가 생각하는 또 하나의 사업은 어릴 때부터 품어왔던 꿈을 현실화시키는 일이다. 경제적 이유로 잠시 접어두어야 했던 '문화재벌'의 꿈을 반드시 이루고 싶다. 피자 교육을 받고 귀국하는 비행기에서 '인생을 위하여 예술을, 생계를 위하여 기술을'이란 슬로건을 피자 학교의 교훈으로 정한 것도 언젠가는 그 꿈을 반드시 이루고 말겠다는 스스로에 대한 다짐의 다른 표현이었다. 이런 일념이 있었기에 필자는 지난 10년간 무수한 좌절과 고통 속에서도 또 다시 재기할 수 있었고, 지금도 월·화·수·목·금·금·금의 생활을 즐겁게 보내고 있다.

큰 꿈과 야망을 가진 우리의 젊은 고학력자 여러분에게 이 말만큼은 꼭 당부하고 싶다. 자신의 꿈과 야망을 스스로 포기하지만 않는다면 어느 분야에서 시작하든 결국 하나의 정상에서 만나게 되어 있다는 것이다. 먼 미래를 바라보고 지금 당장 과감하게 도전하라. 그러면 성공은 틀림없이 당신에게 보답할 것이다.

소기업·소상공인이 갖추어야 할 리더십

최경희

1. 들어가는 말

얼마 전 직장을 그만두고 작은 음식점을 개업한 초등학교 동창을 만났다. 개업한 지 몇 달도 되지 않았는데 종업원이 자주 들락날락이라면서, 사람 다루기가 생각처럼 쉽지 않고 일손 구하기도 힘들다는 푸념을 늘어놓았다. 안면이 있는 콜센터의 친구 또한 3개월씩 교육비를 들여가며 신입직원을 교육시켜 놓으면 한 달을 못 버티고 그만두기 때문에 회사 비용만 들어간다면서 인력 관리에 난색을 표하기도 했다. 특히 요즘 젊은이들은 마음에 안 맞거나 조금만 힘들어도 대체 인력을 구할 시간도 주지 않은 채 전화 한 통화로 그만둔다는 의사 표시를 해오기도 한다면서, 지원이 넘쳐나는 대기업에 비해 소기업이나 소상공인들에게는 인력 관리 못지않게 인력 채용도 만만치 않다는 이야기를 심심치 않게 듣게 된다.

　대기업이나 중소기업의 경영자들은 경영인 수업이나 리더십 교육을 통해 경영인으로서의 역량을 개발시키기도 하지만, 문제는 처음 사업을 시작하거나 하고 있는 소상공인들이다. 별도의 인력 관리에 대한 교육을 받을 기회도 많지 않거니와 사업 부문에만 초점을 맞추어 창업하다 보니 사업 초기부터 인력 관리에 난색을 표할 수밖에 없는 것 같다.

　우리 앞에 멋진 한 성년 남자가 서 있다면, 그는 어디서 나타났을까? 그 사람은 어느 날 갑자기 우리 앞에 나타난 것이 아니라, 태어난 순간부터 지금까지 많은 일을 겪으면서 자라왔다는 점을 명심해야 한다. 그의 모습이 어느 순간 갑자기 성년의 모습으로 돌아온 것이 아니듯, 모든 것에는 시작이 있음을 우리는 생각하게 된다. 오늘날 세계를 움직이는 대기업들도 서너 명으로 사업을 시작했을 그들의 시작이 있다는 것이다. 10여 명의 직원들과 함께 '전우방제(全宇防除)'란 이름으로 쥐와 바퀴벌레 잡는 일에서 시작해 오늘날 아시아 최대의 방역 시스템 회사로 성장한 세스코(Cesco)를 알고 있는가?

　이런 모습을 보며 미래 비전을 품고 시작한 소기업들이나 특별히 큰 꿈은 없어도 안정된 생활을 위해 새로운 일을 시작한 소상공인들의 창업과 경영, 그리고 인간관리를 이야기하고자 한다. '열 길 물속은 알아도 한 길 사람의 마음은 알 수 없다'고 했던가? 그들 앞에 놓인 또 다른 과제인 인간 관리에 대한 고민을 함께 나누고자 이 글을 시작하려고 한다.

2. 창조적 리더십

직원의 마음을 어떻게 스스로 동하게 하여 함께 할 수 있을까? 또한 그런 마음을 어떻게 창조할 수 있을까? 그들과 함께 가치와 비전을 공유하고 신바람 나는 춤판 같은 멋진 일터를 만들어보라. 필요에 의해 일하고, 잠시 왔다가 언제 떠날지 모르는 직원의 마음을 최선을 다하고자 하는 주인의 마음으로 재창조해 나갈 수 있는 소상공인들의 리더십 역량은 창조경제 시대의 중요한 한 부분이라 할 수 있다. 마음을 창조할 줄 아는 경영주가 성공한다. 서로가 신뢰할 수 있는 마음을 창조하고 경영주를 따르며 일터를 사랑하는 마음, 가족과 같은 마음으로 함께 일할 수 있는 그들의 마음을 창조하라!

1) 첫 단추를 제대로 꿰라

신용평가회사인 캐피털원파이낸셜(Capital One Financial Corp)의 CEO인 리처드 페어뱅크(Richard Fairbank)에 따르면, 오늘날 많은 기업들이 직원 채용시 2% 정도의 시간을 들이지만 그러한 실수를 관리하기 위한 시간과 노력을 기울이는 데는 74%를 쏟는다고 한다.

란제리 패션의 대명사로 알려진 빅토리아 시크릿(Victoria's Secret)의 경우, 직원 채용을 할 때 가장 중요한 부분으로 고려하는 것은 바로 직원의 태도라고 알려져 있다. 직장의 분위기는 근무하는 기존 직원의 인품이나 태도 등에 따라 신입 직원들의 분위기가 형성된다고 해도 과언이 아니다. 이미 형성되어 있는 분위기를 나중에 들어온 직원이 아무리 좋은 쪽으로 바꾸어 나가려 해도 쉬운 일이 아니며 오히려 결국에는 그 분위기에 동화되기 마련이다.

우리의 옛 시조에 '까마귀 노는 골에 백로야 가지 마라'는 구절과 '맹모삼천지교(孟母三遷之敎)'가 주는 교훈을 되새겨볼 일이다. 부족한 업무 역량은 교육이나 훈련을 통해서 바꿀 수 있지만 이미 형성된 개인의 인성이나 태도, 일에 대한 마음가짐, 긍정적 사고 등은 바꾸기가 어렵기 때문이다. 열심히 일하려는 마음, 성실한 태도, 긍정적 사고를 가진 직원을 처음부터 잘 선택하여 스스로 함께 하고자 하는 마음을 신입 직원에게 갖도록 하는 것은 마치 옷 입을 때의 첫 단추를 꿰는 것과 같다고 할 수 있다. 기존 직원들의 분위기나 생각의 파장이 그대로 미치기 때문이다.

한 후배가 일하는 모 대학 도서관에서 최고참 직원이 신입 직원을 대하는 태도로 인하여 신입 직원들이 몇 달을 못 버티고 나가는 상황이 있었다고 한다. 학장과 직원 사이에서 완벽하게 두 얼굴을 지닌 고참 직원의 모습을 위에서는 파악하지 못하고 직원 채용만 힘겹게 반복하고 있다는 이야기였다. 이런 일들은 경영주가 하급 직원이나 신입 직원과의 소통 부재시, 또는 고참 직원과 경영주의 의사소통만 원활한 경우 발생할 수 있는 비근한 사례라 할 수 있다.

직원 한두 명을 채용하더라도 처음부터 직원의 인성과 태도를 중시하여 사업의 먼 장래를 보고 새로운 인력을 채용하라. 그리고 자신부터 직원들에게 신뢰와 성실함, 미소의 파장을 전달하라. 그러면 앞으로 채용될 직원들 또한 모두 이런 분위기에 동화되어 갈 것이다.

2) 사소한 것을 중요시하라

우리는 일을 할 때 나무를 자세히 보려다가 숲을 보지 못하는 경우가 종종 있다. 필자가 금융계에 근무하면서 함께 일했던 대부계 책임자는 결재를 올릴 때마다 아주 사소한 것들을 문제 삼다가 정작 보아야 할 가장 중요한 부분을 놓치고 감사로부터 주의 촉구를 받은 적이 있다. 업무 처리에 있어 큰 숲을 보는 것은 중요한 부분이라 할 수 있다. 인력 관리도 이와 다르지 않을 것이다. 인간관계란 흔히 부부 싸움만 생각해도 잘 알 수 있다. 대부분 큰 일로 인해 부부 싸움을 하는 사람은 많지 않다. 사소한 일로부터 부부 싸움이 시작되듯이, 인력 관리 또한 사소한 일이 직원의 마음을 움직일 수 있는 부분이라는 것을 절대로 잊어서는 안 된다.

리더십 교육에서 만난 어느 직원의 이야기이다. 고객과의 불화로 클레임이 생겼는데, 직원이 어쩔 수 없는 상태였음에도 불구하고 사건이 확대되면서 결국 그 직원은 마음의 상처를 받게 되었다고 한다. 이로 인한 상사의 문책을 두려워하면서 점심식사를 마치고 돌아온 그 직원의 책상 위에 예상했던 호출 명령 대신에 장미 한 송이가 가지런히 놓여 있더라는 것이다. 상사의 간단한 메모와 함께…. 어떤 문책도 당하지 않은 그 직원은 그때부터 상사에 대한 미안한 마음에 오히려 더 열심히 웃음으로 고객을 응대하게 되었다면서, 사소한 장미 한 송이를 통해 전달된 상사의 마음으로 인해 직장에서 더 열심히 일해야겠다는 다짐을 했다는 고백은 인력 관리에 있어서 다시 한 번 되새겨볼 내용이다.

직원 수가 적은 회사일 경우 직원들의 생일을 챙겨주는 것도 중요하지만, 반대로 그들의 배우자나 자녀의 생일을 파악하여 챙겨줄 수 있는 사업자라면 분명 그들의 마음을 창조해나갈 수 있을 것이다. 본인에 대한 칭찬보다 자녀나 배우자에 대한 칭찬을 하는 것과 같은 이치의 효과라 볼 수 있다.

회사를 위한 창의적인 아이디어도 사소한 것을 놓치지 않는 데서 나올 수 있다. 최초로 청바지를 생산하여 연간 매출액 5억4천만 달러에 달하는 세계 500대 기업으로 성장한 리바이 스트라우스 인터내셔널(Levi Strauss International)은 한 광부가 캔버스 천을 보고 무심코 내뱉은 말 한 마디를 흘려듣지 않은 사소한 일에서 시작되지 않았던가! 작고 사소한 불만도 놓치지 않고 다시 한 번 생각해보는 마음의 눈을 지녀야 한다. 직원들의 작은 불만으로 시작된 눈송이가 어느 날 커다란 눈덩이가 되어 다가올 수 있기 때문이다.

'깨진 유리창의 법칙'에서도 알 수 있듯이 어느 날 방치해두었던 깨진 유리창 한 장이 도시 전체를 범죄로 들끓게 만들었고, 1980년대 무법천지였던 뉴욕 지하철의 범죄를 획기적으로 줄인 것은 다름 아닌 무임승차 단속 같은 사소한 일들에서 시작되었음을 알 수 있다. 이러한 일들은 사소한 것의 중요성을 다시 한 번 우리에게 시사하고 있다. 상사나 사업주가 무심코 던진 말 한 마디에 갑자기 직장을 그만두고 싶거나 아니꼽고 더럽다는 생각이 들기도 하고, 반대로 갑자기 너무나 감사하고 하루가 즐거워지기도 하는 등 하루에도 몇 번씩 천국과 지옥을 넘나드는 것이 월급 받고 일하는 직원의 마음이 아닌가!

가벼운 칭찬 한 마디, 아주 작은 선물 하나, 사소한 배려, 작은 불평, 사소한 아이디어! 그들의 의견 하나하나에 귀 기울여주고 챙겨주는 사업주가 직원들에게 어떤 생각을 갖게 하고, 어떤 마음을 불러일으키게 될지 다시 한 번 생각하라.

3) 눈 뜨면 가고 싶은, 웃음이 넘치는 일터가 되게 하라

직원들에게 웃으며 일할 수 있는 즐거운 일터와 환경 제공을 위해 노력했던 미국의 사우스웨스트 항공(SouthWest Airlines)의 전(前) 회장인 허브 켈러허(Herbert D. Kelleher)의 '펀 경영(Fun Management)' 철학은 널리 알려져 있다. 직원들 앞에 우스운 복장으로 나타나 직원들의 웃음을 자아내기도 하고, 또한 그들의 기내방송 한 마디로 고객의 웃음을 자아내게 만드는 사우스웨스트 항공의 펀 경영! 왜 그토록 '펀'을 강조하는 것일까?

낙지 매니아인 필자가 자주 들르는 한 음식점이 있다. 그 집은 갈 때마다 손님이 별로 없었고, 사장님으로 보이는 분이 항상 카운터에 앉아 있었다. 그런데 얼마 전 우연히 들른 그곳에서는 예전 직원의 모습과는 다른 생동감 있는 분위기를 느낄 수 있었다. 사장님이 바뀌어 있었던 것이다. 웃음 가득한 얼굴로 정신없이 매장 안을 바쁘게 움직이고 있는 사장님의 모습에 필자의 직업의식이 발동해서일까, 잠시 이야기를 나누게 되었다. 낙지 배달부터 시작한 사장님은 얼마 전 이곳을 인수해 처음으로 음식점 경영을 시작했다고 한다. 사장님은 냉동 낙지를 등에 지고 힘겹게 배달하던 과거의 경험을 이야기하며 이야기를 나누는 동안에도 싱글벙글 웃음을 잃지 않으셨다

그 후로 단골손님이 된 필자는 친정어머니가 입원해 있는 동안 낙

지 배달부로 자주 들르게 되었는데, 놀라운 것은 그곳에 갈 때마다 이제는 줄을 서서 기다려야 한다는 것이다. 예전 주인이 운영할 때와 특별히 달라진 것은 없다. 서너 명의 직원들도 모두 필자가 아는 예전 아줌마들이다. 그렇지만 그곳에는 분명 눈에 띄게 달라진 것이 있다. 식사 때면 손님들로 시끌벅적하다는 것과 웃는 모습으로 바쁘게 매장을 돌아다니며 손님들의 부족한 것을 체크하시고, 웃음 전도사처럼 식당 분위기를 생동감 있게 만들어 가는 사장님의 모습이다. 고객에게 최선을 다하려는 사장님의 웃음으로 인해 종업원들의 얼굴에도 미소가 넘쳐나면서 그 식당은 완전히 다른 식당으로 탈바꿈해 있었던 것이다.

미소를 전파하라. 경영주의 웃는 얼굴은 종업원에게 전파되고, 그들이 손님에게 웃음을 선사할 때 그 웃음은 고스란히 손님을 낚는 낚시의 역할로 부족함이 없다는 것이다.

4) 그들 스스로 춤추게 하고, 주인의 마음으로 일하게 하라

백화점 업계의 신화로 불리는 노드스트롬(Nordstrom)은 직원에게 권한을 위임하는 방법을 통해 직원을 만족시키기도 하고, 빅토리아 시크릿은 역량 사이클 가동을 통해 동기를 부여하는 등 많은 기업이 주인의식을 심어주기 위한 다양한 방법을 사용하고 있다. 하지만 필자는 직원의 충성심을 일으키는 리츠 칼튼(Ritz-Carlton)의 배려 방법을 높이 평가하고 싶다. 물론 권한 위임이나 역량 사이클 가동도 중요하지만, 직원에 대한 사업주나 회사의 진정한 배려와 인정이야말로 직원의 자발적인 충성심을 이끌어낼 수 있는 중요한 부분이라 할 수 있다.

〈리츠 칼튼, 꿈의 서비스〉란 책에는 리츠 칼튼 호텔에 근무하는 한 직원의 아내와 아이들이 처한 어려운 상황을 해결해준 회사의 따뜻한 배려로 인해 리츠 칼튼을 위해 일한다는 직원의 충성심에 대한 사례가 소개되어 있다. 직원의 입장에 서는 따뜻하고 진정한 배려와 일한 만큼 나눠주는 보상 체제는 작은 소기업이나 소상공인들에게도 효과적인 방법이라 할 수 있다. 예를 들어, 고객을 상대하는 음식업 같은 업종의 경우, 바쁜 토요일이나 일요일 등 업체의 수익금이 오르는 날에 가끔씩 수고를 인정해 팁과 같은 작은 보상을 해주는 것도 직원의 의욕을 일으키는데 상당히 효과적일 수 있다.

나눔과 베품에 있어 열심히 일한 만큼 그들에게 베푸는 것이야말로 부메랑처럼 다시 돌아오게 된다는 생각을 가지고 되돌려줄 줄 아는 고용주는 큰 그림을 그릴 수 있을 것이다. 그리고 진정으로 그들의 입장에서 이해하고 배려해주며 인정해주는 마음이야말로 그들에게 스스로 함께 하고 싶은 마음, 보이지 않아도 열심히 일하고자 하는 주인의 마음을 창조할 것이다.

5) 통하라, 그리고 그들의 감성을 움직여라

구글이나 리츠 칼튼 등 많은 회사들이 오늘날 소통을 위한 노력을 기울이고 있다. 국내 소통 의학박사 제1호인 이현석 씨는 환자들과 소통하기 위해 1분간 듣는다고 한다. 또한 소통 없는 의사는 앞으로 의사하기도 힘든 세상이 올 것이라며, 소통의 중요성을 밝히고 있다. 그야말로 소통의 시대이다.

대화는 공석보다 사석에서 자연스럽게 더 많이 오갈 수 있다. 직원들과 대화의 자리를 자주 마련하라. 그들의 사소한 말 한 마디에도 귀를 기울이고, 그들만의 대화가 되지 않도록 하라. 함께 하는 대화, 쌍방향의 대화의 장에서 그들의 마음을 읽어내고, 그들의 불만 이면에 담긴 제안이나 아이디어를 들을 줄 알아야 한다. 그러기 위해서는 자신이 먼저 투명한 모습으로 그들에게 다가가야 하고, 그들과 가족 같은 정(情)을 주고받을 수 있는 환경을 만들어나가야 한다.

얼마 전 프랜차이즈 업체를 시작한 한 사장님은 종업원과 늘 함께 일하며 대화하고 의견을 묻는다면서, 업체만 덩그마니 마련해놓고 가끔씩 얼굴만 보이는 다른 사장님과는 대조적인 모습을 보였다. 직원들과 별도의 소통 시간을 갖기보다는 함께 하는 속에서 자연스레 대화를 나누며, 그때그때 일들에 대해 직원들에게 조언을 구하기도 한다. 지시보다는 그들의 의견을 존중하는 모습과 섬김으로 다가가면서 즉시 해결책을 함께 찾아나가는 모습에서 진정한 리더의 면모를 볼 수 있었다. 그 후 이 업체가 그 분야의 프랜차이즈 업체 가운데 국내 1위 매출을 올리는 매장임을 알게 되었다. 필자가 방문할 때마다 역시 '어쩐지 다르다'는 느낌을 받았던 이유를 깨달았던 것이다.

오늘날 우리 주변의 많은 가정이 소통 부재로 무너져가고 있다. 수십 년씩 고락을 함께 하던 부부가 어느 날 아무런 미련 없이 안녕을 고한다. 부모와의 소통 부재로 자녀들이 비뚤어진 길을 가거나 아예 대화의 문을 닫은 채 친구들하고만 어울린다. 끈끈한 정으로 이어져야 할 가정이 소통 부재로 무너져가고 있는 이 시대에 정이나 신뢰 없이 그저 이익만으로 맺어진 사회 집단이 가치 비전을 공유하며 함께한다는 것은 매우 어려운 일이다. 그들의 불만, 발전적인 아이디어, 직원 간의 근황 이 모든 것은 소통을 통해서만 발견할 수 있고, 이해할 수 있다.

최근에 우연히 음악회에 동승하게 된 분은 교사 생활을 하다가 정년퇴임을 앞두고 퇴직하여 커피숍을 십여 년 경영하다가 지금은 쉬고 있다고 자신을 소개하면서, 아직도 그때 아르바이트하던 직원들이 아이를 낳아서 찾아오곤 한다고 했다. 잠깐씩 일했던 아르바이트생이 어떻게 그럴 수 있느냐고 의아해 묻는 필자에게 던진 대답은 의외로 간단했다. 빅토리아 시크릿처럼 직원을 채용할 때 학생의 품성을 보고 뽑았고, 특별한 시간을 내는 것이 아니라 일상 속에서 그들의 말 한 마디, 고민, 비전 등에 대해 대화하면서 딸이나 아들처럼 대한 것이 그 이유였던 것 같다는 설명이었다. 업무의 연장인 듯한 모임은 오히려 부담이 될 수 있다. 자연스런 모임이나 일상생활에서 그들과 함께하며 자주 다가가라. 진정으로 그들의 입장에서 생각하고 공감하며 이해하려는 모습으로 다가가라.

6) 그들 모습에서 내 모습을 찾고, 내 모습을 그들에게 반사하라

지난 가을, 건강검진을 마친 어머님과 함께 모처럼 드시고 싶다던 한 삼겹살 음식점에 들렀다. 구워내는 고기를 한 입 두 입 드시던 어머님은 고기를 계속 씹다가 뱉어내곤 하셨다. 고기 굽느라 맛볼 겨를도 없었던 필자가 한 점을 집어 씹어보니 고무줄이 따로 없는 듯 그야말로 질경이였다. 참다못해 종업원을 불러 상세한 설명을 하고 양해를 구하면서 연한 부분으로 다시 부탁했다. 그때 종업원의 말이 뒤통수를 때렸다. "우리도 방금 구워먹었는데 전혀 질기지 않았어요. 혹시 손님 이가 안 좋은 것 아니에요?" 더 이상 할 말을 잃은 필자는 된장국으로 대충 때우고 나오며 계산대에서 사장님께 한 마디 던졌다. "할머니께서 잘 못 드시네요. 좀 씹기가 힘드셨던 모양이에요." 말이 채 끝나기도 전에 "그래요? 전혀 안 질긴 데 거참 이상하네요."

쓸쓸한 마음으로 나오면서 뒤돌아본 곳에 눈에 들어온 단아한 한옥 형태의 건물, 멋있고 깔끔하게 지어놓은 이 음식점에 점심시간임에도 불구하고 손님이 없던 이유에 고개가 끄덕여졌다. 그들은 모두 같은 대답을 하고 있었다. 필자가 은행에 근무할 때 단골고객이던 한 사장님께서 자신이 경영하는 한우 고기집에 꼭 한 번 들르라는 말씀에 찾았던 음식점에서 받은 인상이 갑자기 스쳤다. 특별한 형식은 없었지만 겉치레나 의무감에서 나오는 인사가 아닌, 몸에 밴 듯 웃는 얼굴과 마음에서 우러나오는 모습으로 손님들을 대하는 직원들을 보면서 같은 서비스 업계에 근무하는 필자 역시 큰 감동을 받았던 적이 있다. 은행에 올 때마다 오히려 주객이 전도된 듯한 밝은 모습과 쾌활한 인사를 건네던 그 사장님의 모습에 삼겹살집 주인의 모습이 겹쳐지는, 지금도 잊혀지지 않는 기억이다. 가끔씩 되돌아서서 그들 모습에서 내 모습을 찾아보며 거울을 보듯 나 자신을 돌아본다.

우리는 매일 거울을 대하지만 거울은 결코 다른 모습으로 나를 비추지 않는 정직한 도구이다. 있는 그대로의 모습을 투영해내는 거울처럼 나는 그들에게 어떤 모습으로 비춰지고 있을까? 그들에게 함께하고 싶은 내 모습을 보이며 신뢰하고 믿고 따를 수 있는 사람일까? 끊임없이 그들에게 생기를 불어넣고 웃음을 전파하며, 나와 함께함으로써 그들 각자의 꿈도 하나씩 이루어갈 수 있는 일터로, 대기업이 아니어도 즐거움으로 함께할 수 있음을 자신의 모습에서 그들이 찾게 해야 한다. 끊임없는 도전과 긍정적 사고, 겸손과 웃음을 그들에게 반사하라. 그들이 믿고 따를 수 있는 신뢰와 성품을 그들에게 투영하라. 자녀는 부모의 모습을 알게 모르게 반사하며 자라간다. 자녀 교육의 원리를 통해 거울 리더십을 기억하라.

3. 맺는말

어릴 적 수학여행을 갔다가 갑자기 벌어진 친구들과의 춤판. 나가서 추고 싶어도 부끄러워 일어서지 못했던 흥겨운 춤판이 있었다. 그런데 누군가 나에게 손을 내밀어주었기에 못 이기는 척 끼어들어 한바탕 흥에 겨워 춤을 췄던 기억이 있다.

이 세상을 살아가는 모든 이들에게는 제 나름대로의 멋진 춤을 출수 있는 재능과 기질이 있다. 리더는 춤을 추고 싶어 하는 그들의 표정을 읽어내고, 또한 그들의 능력과 마음도 읽어낼 줄 아는 보이지 않는 마음의 눈을 지녀야 한다. 그들의 무한한 마음을 발견해내어 그들 스스로 춤출 수 있게 만들어야 한다. 그리고 함께 멋진 춤을 출수 있어야 한다. 또한 그들과 함께 한바탕 신명나게 춤출 수 있는 무대를 만들어 많은 구경꾼들이 스스로 찾아올 수 있도록 해야 한다. 이러한 리더의 노력은 구경꾼들에게 널리 알려지고, 더 큰 춤사위와 춤판을 만들어낼 수 있는 것이다.

창조경제를 이끌어갈 소기업, 소상공인은 진정한 섬김과 배려의 리더십으로 직원들의 이야기를 경청하고 공감하며 진심으로 그들의 입장에 설 줄 알아야 한다. 또한 경영자는 직원들의 숨겨진 재능과 능력을 소통과 관계를 통해 찾아내고 적재적소에 배치하여 각자의 능력을 키워낼 줄 알아야 기업을 성공적으로 발전시킬 수 있다. 그들의 무한한 마음을 창조하라!

직장생활 20년, 기술개발 10년의 성공신화

조재위

1. 들어가는 말

혁신적으로 상호작용하며 진화하고 있는 인간의 삶과 사회구조의 변화에 따라 더욱 발전하는 정보통신기술의 기반인 전자, 정보, 통신기기들이 기하급수적으로 확산되고 있다. 이에 따라 불가피하게 인체에 대한 유해성 논란을 일으키고 기기 오작동의 원인이 되는 유해 전자파의 발생문제도 사회적으로 급부상하고 있다. 이런 상황에서 유해 전자파를 효율적으로 흡수 또는 차단(차폐)하거나 접지하기 위한 소재의 수요가 급증하는 것은 어쩌면 당연한 현상이라 할 수 있다.

필자가 창업한 솔루에타(Solueta)는 이러한 수요에 대하여 최적의 해결책을 제시하는 IT 소재 전문기업이다. 다년간의 꾸준한 연구개발로 축적된 기술력을 바탕으로 한 다양한 제품들은 삼성, LG, 팬택

등의 국내 대기업뿐만 아니라, 애플, 노키아, 모토롤라 등 유수의 해외 업체에서도 그 우수성을 인정받고 있다. 이런 노력의 결실로 솔루에타는 '세계 일류 상품' 선정 및 '13회 모바일 기술대상'을 수상하면서 그 가치를 더욱 인정받고 있다. 이처럼 현재의 솔루에타가 IT 소재 전문기업으로서의 입지를 굳히기까지 필요했던 기술력과 노하우는 불과 10여 년 전 창립 초기의 규모로서는 도저히 상상할 수 없는 기적과도 같은 일이라 할 수 있다.

2. 우연히 시작된 사업가의 길

대학시절 환경생명화학을 전공한 필자는 이 분야의 권위자가 되겠다는 포부를 가졌으나, 어려운 가정형편으로 취업을 할 수밖에 없었기에 그 꿈을 접어야 했다. 그래서 대학을 졸업하자마자 한 제약회사의 영업직 사원으로 취업했다. 적성에 썩 맞지는 않았지만, 그래도 여기서 '내 인생의 승부를 걸어야겠다'고 다짐한 필자는 누구보다 업무에 충실했으며, 우수한 실적과 고객의 믿음으로 인해 다른 직원들보다 훨씬 빠르게 승진했다. 지금 와서 생각하면 대다수 직원들이 1~2년도 버티기 힘들어 하는 이 직종에서 나름의 노하우를 바탕으로 15년이나 근무할 수 있었던 데에는 스스로의 마음가짐과 업무 자세(고객에 대한 서비스 정신)가 밑바탕이 되지 않았나 생각한다.

그렇게 바쁜 나날을 보내던 어느 날, 일본에서 직장 생활을 하는 고향 선배가 필자에게 선물로 건네준 것이 있었으니, 그것은 다름 아닌 '전자파 차단 앞치마'였다. '무슨 선물이 뚱딴지 같이 이래?'라는 생각이 드는 순간, 필자의 뇌리에 갑자기 한 생각이 스치고 지나 갔다. 그것은 '이제부터는 전자제품의 수요가 갈수록 늘 테니 전자파 차단 분야에 대한 연구를 해보자'였다. 그때부터 필자는 틈만 나면 이 분야에 대한 자료를 찾고 조사하면서 조금씩 연구하기 시작했다.

대학시절의 전공과 무관하지 않은 화학 분야이다 보니 상당히 심도 있는 연구가 가능했던 것 같고, 거기다 학창시절에 가정 형편으로 접었던 꿈을 이제야 펼칠 수 있겠다는 희망까지 한몫하면서 내 사업을 해야겠다고 결심한 필자는 과감히 사표를 내고 직장을 그만두었다.

당시에는 이 분야의 산업이 초창기여서 국내의 몇 안 되는 업체 중 EM 솔루션이라는 비중 있는 회사에 지원하여 업무를 익히는 한편, 실질적인 산업기술 및 시장 동향을 피부로 느끼는 등 필자가 배워야 할 하나하나를 몸으로 때워나갔다. 이렇게 시간과 노력을 쏟아 쌓은 경험과 노하우를 바탕으로 필자는 마침내 2001년 경기도 군포에서 조그마한 아파트형 공장을 임대해서 첫 발을 내딛었다. 직원이라고 해야 필자와 차폐재(遮幣材)를 생산하는 기술자 1명, 주부사원 1명 등 3명이 전부였다. 하지만 젊었을 때의 꿈이 시작되는, 필자에게는 의미 있는 순간이었다.

처음에는 차폐재나 흡수재를 직접 만들지 못해 필요 소재를 구입하여 전자기기 안에서 발생한 전자파를 외부로 나가지 못하도록 차단하는 EMI 가스켓(Gasket)을 생산하는 일부터 시작했다. 그러다가 지금과 같은 아이템으로 발전한 것은 10년 가까운 긴 시간을 투자해 끊임없이 노력한 2008년에야 비로소 가능했다.

당시로서는 가스켓 제조로 현상 유지는 겨우 가능했지만, 소재를 생산하지 않고서는 소재 생산업체에 끌려 다닐 수밖에 없었다. 그래서 필자는 산업은행으로부터 투자와 대출을 받아 안산공장을 짓고는 기초 소재 라인을 까는 결단을 내렸다. 그때부터 R&D 관련 전문가도 영입하는 등 소재 쪽에서 본격적으로 두각을 나타내기 시작했다. 소재를 자력으로 양산하면서 가격 경쟁력과 품질 관리가 용이해져 리딩(Leading) 기업으로 성장할 수 있었고, 이를 토대로 후공정인 점착 공장을 화성에 신설하면서 세계적으로 유일한 전자부품 소재 생산 분야의 수직 체계를 구축하게 되었다. 업계 각 분야의 기술 보안이 철저하여 감히 흉내조차 낼 수 없는 사업 분야에서 가내수공업 수준의 창업을 시작한 필자의 입장에서는 지금까지의 일이 모두 꿈만 같다.

전자파 차폐제의 소재는 섬유에 도금을 하는 공정과 그 금속화된 섬유의 전기적 특성을 그대로 살릴 수 있는 도전성 점착제를 이용한 특화된 점착 공정이 필요하다. 그런데 필자가 먼저 시작한 사업은 앞서 언급한 2008년의 기초 소재 라인을 설비한 공장을 세운 것이었다. 바로 섬유에 도금을 하는 공정인 것이다.

당시 관련 엔지니어를 섭외하기란 불가능에 가까웠기에 필자는 기초과학의 이론을 현장화하는 방법으로 접근하고자 했다. 당시 표면 처리 분야에 일가견이 있는 공학박사를 섭외하고 금속 도금 엔지니어를 영입한 다음, 여러 기술자들과 함께 수많은 시행착오를 거치면서 공정 데이터를 완성했다. 그런데 이때 얻어진 수많은 데이터는 선두주자들을 제치고 솔루에타가 1·2위를 다투는데 최고의 공신이 되었다.

섬유 도금 분야 부동의 1위였던 한 업체의 제 살 깎아 먹기식 가격 인하 견제 또한 예상 외로 힘들었던 부분이지만, 이런 어려움들을 모두 극복하고 마침내 리딩 기업으로서의 위치를 차지하게 된 것이었다.

하지만 솔루에타가 가는 길에 항상 성공만 있었던 것은 아니다. 한 번은 이런 일이 있었다. 부품 소재의 최종 원자재인 전도성 테이프를 자체 수급하려면 점착 공장을 증설해야 했다. 문제는 섬유 도금 공장의 신축 경험이 지나친 자신감으로 이어져 무리하게 서두른 게 병이었다. 전기적 특성을 지닌 점착제에 적합한 생산설비가 아닌 일반적인 가정용, 공업용 테이프나 만들 수 있는 설비를 셋업함으로써 커다란 손실을 입었던 것이다.

셋업된 설비를 모두 뜯어내 헐값에 팔고 제대로 된 설비를 새로 셋업하는데 근 1년의 시간을 허비하면서 막대한 물적, 인적, 시간적 손해를 보게 됐다. 항상 옳은 결정을 하는 것은 아니지만 옳지 않은 진행이 큰 손실을 낳게 되면 심적인 부담이 가중되는 것은 자명한 사실이다. 자신감이 자만심이란 것을 빨리 알아차려야 함을 뼈저리게 느낀 귀한 경험이었다.

하지만 이때 새로 셋업된 장비의 성능과 생산된 제품의 품질은 중대한 실수를 고진감래로 여길 수 있을 만큼 몇 배의 효과를 창출하게 되었다. 이로써 세계에서 유일무이한 전자부품 소재 생산의 수직 계열화를 이루게 되면서 업계 선두 주자로 발돋움하게 된 것을 지금의 솔루에타는 그대로 보여주고 있다.

필자가 수출에 눈을 돌린 것은 사업 초창기부터였다. 하지만 해외에 직접 나갈 비용이 없어 인터넷을 통해 관련 외국기업을 찾았고, 가능성 있어 보이는 회사의 담당자에게 이메일을 보낸 다음, 회신이 오면 샘플을 보내는 원시적인 방법으로 수출을 성사시켰다. 사업이 어느 정도 안정화 과정에 접어든 다음에는, 한 달에 2~3번 중국으로 출장 가는가 하면 해외의 전자파 차폐재 전문 전시회에 직접 참가하는 등 다양한 노력을 기울였다.

필자는 이 같은 노력이 2008년 아이폰Ⅲ에 관련 소재를 납품하는 결과를 낳는 데 견인차 역할을 했다고 생각한다. 가공으로 시작한 업체가 소재까지 같이 생산하기 때문에 품질이나 가격 경쟁력에서 당연히 우수할 수밖에 없었고, 이러한 품질과 가격 경쟁력을 무기로 조건이 까다롭기로 유명한 애플 등 해외 글로벌 기업에 납품하면서 활발하게 해외시장 개척 활동을 지속할 수 있었기 때문이다.

이로써 필자는 솔루에타가 부품이나 소재 관련 쪽에서는 세계적으로 유명한 회사가 되었다고 자부하고 있다. '솔루에타(Solueta)'란 이름은 '솔루션(Solution)+에타(Eta; 스페인어로 '작다'는 뜻)'의 합성어로서 '비록 작지만 모든 것을 해결해준다'는 의미를 담고 있다. 솔루에타는 이렇듯 작은 시작으로 작은 것을 만들지만, 그 작은 것이 없어선 안 될 큰 성능과 해결책을 제시하고 있는 것이다.

3. 애플에 납품하는 세계 일류 상품

고집적화(高集積化)와 경박단소화(輕薄短小化) 되고 있는 스마트 기기 내부의 구조물은 그 부품 하나하나가 기능의 장애를 받지 않으면 서도 구조적인 연약함을 보호해야 한다. 솔루에타는 이러한 기능을 동시에 충족하는 스펀지 재질의 전도성 쿠션 테이프의 대량 생산화에 성공하여 애플에 납품하게 된다. 당시 스펀지에 도금을 할 수 있는 업체는 몇 군데 없었고, 또한 기술의 취약성으로 인해 품질 저하를 항상 고민하던 시기였다. 아울러 스펀지의 특성상 대량으로 습식 도금을 하기에는 무리가 많았기 때문에 동종 업계에서도 소량 생산만을 하던 시기였다. 하지만 솔루에타는 이런 상황을 극복하기 위해 이례적으로 수많은 시행착오를 거쳐 대량 생산에 대한 기술력을 쌓았던 것이다.

이러한 성과는 애플 사(社)의 1차 벤더의 러브콜로 이어졌다. 당시 대량으로 납품할 수 있고, 또한 이에 대한 품질 관리를 체계적으로 수행할 수 있는 업체는 세계적으로 당사가 유일했기 때문이다. 이는 다가올 미래를 준비하기 위해 남들이 안주하는 기술력에 만족하지 않고 끊임없이 연구 개발에 몰두한 성과이며, 바로 이러한 노력이 지금의 세계 일류 상품에 선정되는 쾌거를 이루었던 것이다. 스펀지를 도금하여 까다로운 여러 제품의 요구 조건에 알맞게 가공한 다음, 완성된 하나의 부품으로 납품할 수 있는 완벽한 공정을 보유한 업체는 솔루에타가 세계적으로 유일하기에, 다른 업체와의 가격 및 기술 경쟁력은 수출 규모에서 비교되고 있다. 제품의 품질은 물론 가격 경쟁력까지 갖춘 솔루에타의 제품은 동종 업계 최초로 '2012년도 세계 일류 상품'으로 등록되면서 그 가치를 다시 한 번 인정받았던 것이다.

4. 수많은 위기를 극복하고 오늘의 이 자리에 있기까지

하지만 모든 일이 처음부터 순조로웠던 것은 아니다. 2008년 안산에 소재 공장을 신설하고 해외 매출이 상승하면서부터 일부 다국적 기업들로부터 "우리가 솔루에타 제품의 판매를 총괄할 테니 솔루에타는 기술 개발과 생산에만 전념하면 어떻겠느냐?"는 제안도 많이 들어왔다. 한편에서 생각하면 손쉽게 영업을 할 수 있다는 점에서 매력적인 제안처럼 보였다. 하지만 그럴 경우 솔루에타의 브랜드는 사라지고 만다는 생각에 필자는 많은 고민을 했고, 마침내 아무리 힘들더라도 '우리의 노력과 우리의 브랜드로 세계 시장을 개척하자'는 결론을 내렸던 것이다.

고민이 많을 수밖에 없었던 이유는 세계 금융 위기로 인한 도급 업체들의 가격 인상과 고객사의 가격 인하로 물량 수급과 납품의 어려움이 있었고, 또한 수출액이 커지면서 중국 시장에서의 당사 브랜드 도용 사례와 남용하는 업체들에 대한 문제도 필자가 극복해야 될 난제였기 때문이다. 당시 리먼(Lehman) 사태로 자금난을 겪던 솔루에타는 10억원의 패스트트랙(Fast Track)을 받아 다행히 무리 없이 영업에 전념할 수 있었고, 아울러 중국 광저우(廣州)에 법인을 설립하여 중국 시장에서의 교두보를 확보하는 동시에 현지 기술 영업을 가능케 함으로써 해외시장에서도 품질에 대한 빠른 대응으로 제품의 가치를 한 단계 높이는 계기가 되었던 것이다. 어려울 때마다 어려움만을 보고 고민하기보다는 미래 가치가 현재의 어려움과 어떤 인과관계로 이어져 있을까를 먼저 고민했던 것이 수많은 어려움을 극복하고 지금의 자리에 오게 된 계기가 아닌가 싶다. 또한 오랫동안 고민하고 숙고한 끝에 주위의 시선과 눈치를 보지 않고 강단 있게 추진한 결과가 오늘의 솔루에타를 있게 하는데 큰 역할을 했다고 생각한다.

5. 전자 제품 소재의 미래

위에서 언급했듯이 경박단소화되고 있는 기기 내부의 고집적화된 회로 간의 미세한 공간을 채우는 솔루에타의 제품은 더 복잡해지고 더 작아질수록 그에 맞추어 함께 발전해왔다. 업계 특성상 그 조건에 도달하지 못하는 업체는 만들기 쉽고 단순하지만 부가 가치가 낮은 저가형 가공소재만을 생산하게 된다. 솔루에타는 이를 반증하듯 세계 메이저 기업에 고루 납품하면서 품질의 우수성을 인정받고 있다. 최초 핸드폰이 점점 작아지면서 오작동의 원인 규명과 그에 따른 대안으로 떠오른 것이 결국 차폐제인 것은 누구나 다 아는 사실이다. 핸드폰이 작아지면서 PCB가 FPCB로 진화하듯 최초 차폐제 역할을 한 것은 구리판이었지만 이 또한 핸드폰의 크기가 작아지면서 그 특성상 무게와 두께와 신축성 및 유지력 등의 한계로 지금의 차폐제가 그 자리를 대신하게 된 것이다.

이처럼 커다란 주요 구성요소들은 모바일 기기의 크기 변화로 인해 변형되거나 대체되는 행보를 보여주고 있다. 하지만 스마트폰의 UI(User Interface), 즉 사람이 사용하려면 더 이상 작아지면 안 되며, 보다 작게 만들기 위해 쏜살같이 달려온 휴대폰의 역사를 볼 때 아이러니하게도 더 작게 만들 수 있지만 그렇게 하지 못하는 근본적인 크기의 문제도 갖고 있다.

하지만 스마트 기기의 추세가 최초 통신기능만 있던 핸드폰으로 집약돼가는 것은 개발자나 사용자 모두가 동의하는 부분이며, 더 이상 크기를 줄일 필요는 없지만 한정된 크기 안에 더 많은 기능을 탑재하려는 시도는 아직도 현재 진행형이다. 이런 추세는 세계 시장에서 스마트 기기의 발전을 주도하며 새로운 시도와 변화를 창출하여 트렌드를 만들어가는 삼성전자의 고민과도 같다.

현재 세계 시장 점유율이 부동의 1위인 삼성전자는 핸드폰의 변천사와 함께하는 세계적인 글로벌 기업으로 반도체를 포함한 모든 주요 부품의 자체 생산 라인을 보유한 유일한 기업임을 부인할 수 없을 것이다. 그렇기에 스마트 기기 사용자 비율이 가장 높은 나라가 대한민국이 될 수밖에 없음은 당연한 결과일 수 있다. 이처럼 공급의 1위, 사용의 1위를 차지한 한국 시장은 전세계의 실험무대가 되었으며, 한국 시장에서의 성공은 세계 시장에서의 성공으로 이어질 만큼 그 파급효과는 대단한 것이라 할 수 있다.

이런 환경으로 우리는 IT 산업의 큰 이슈 중 하나인 유비쿼터스(Ubiquitous)의 현장을 쉽게 체험할 수 있다. 불과 10년 전만 해도 상상할 수 없던 일들이 내가 들고 있는 스마트폰에서 이뤄지고 있기 때문이다. 그 중심엔 삼성과 애플이 있다. 이 두 거대 기업은 우리의 최대 고객이며, 앞으로 이들의 소재에 대한 욕구는 더 얇게, 더 정밀하게, 더 유연하게, 더 강한 유지력을 요구하고 있다.

이러한 삼성과 애플 같은 대기업의 요구에 발맞추지 못하는 소재 사업은 도태될 수밖에 없음은 너무도 당연하다. 이 조건에 대한 욕구를 만족시켜야만 그들이 할 수 있는 일이 많아지게 되며, 보다 안정적인 스마트 기기가 탄생되는 것이다. 이처럼 고집적화된 회로에 더 정밀하며 더 얇고 유연한 차폐제는 선택이 아닌 필수가 되고, 더불어 발열 문제는 더 뜨거운 감자가 될 것이다. 고객의 욕구에 따라 발전하는 모든 초정밀 전자기기와 스마트 기기들과 함께 소재산업 분야의 업체들이 도달해야 하는 숙제가 된 것이다.

6. 맺는말

기술 분야에서 창업하고자 하는 예비 창업자들에게 필자가 경험하고 실행해온 경영 마인드가 조금은 도움이 되리라고 생각해 간략히 피력하고자 한다.

필자는 창업 이후 꾸준히 R&D 인력을 충원하고 신소재 개발과 양산 기술에 집중적으로 투자하였다. 또한 고객이 요구하는 제품 니즈(Needs)를 예상하여 급변하는 제품 트렌드에 경쟁사보다 더 빠르게 부응함으로써 세계 유수 대기업의 수주 물량을 따낼 수 있었고, 적정한 마진 확보가 가능했다. '고객이 원하는 것을 정해진 기한보다 먼저 납품하자'와 '바이어가 원하는 것보다 더 많은 아이디어를 제안하자'를 모토로 뛰고 또 뛰었다. 필자는 '고객이 원하는 것 이상의 서비스를 지향하는 것'이 곧 고객에게 인정받는 지름길이라고 생각한다. 전자파 해결과 관련된 다양한 제품을 개발하고 복합 기능 제품 개발의 아이디어를 낸 것도 이런 정신에서 비롯된 것이다.

현대사회의 기업경쟁력은 사람에게 달려 있다고 믿는다. 필자는 회사에서 이익이 나는 만큼 그것을 직원들에게 분배하는 '나눔의 철학'을 실천하고 있다. 합리적인 대우가 보장되고 윤리적인 기업 문화가 조성될 때, 조직원의 자부심과 국가 산업 발전의 일원이라는 보람을 느낄 때 그 기업은 고객 신뢰도 향상으로 인한 기업 이미지 제고와 경쟁력 향상으로 이어진다고 필자는 생각한다. 필자는 이러한 회사 경영에 대한 목적의식이 현재의 회사 발전 그 자체라 봐도 과언이 아니라고 생각한다. 그리고 이러한 경영 철학을 토대로 향후 솔루에타가 나아갈 방향과 목표에 한 발 한 발 다가가는 중이다. 가야 할 먼 길이지만 벌써 이만큼 도달했다.

필자는 전자부품 소재산업의 리딩기업으로서 그 입지를 굳건히 하는 강소(强小)기업, 스마트 기기의 부품소재로서 3M과 같은 세계 최고의 제품을 생산하는 기업으로 독자들에게 영원히 기억되는 회사가 되기 위해 끊임없이 노력하고자 한다.

우린 국경이 없는 무한경쟁시대에 살고 있다. 이젠 누구든 상품을 들고 해외에 나가 팔면 되는 것이다. 필자는 지칠 줄 모르는 영업맨 출신이라 영업적 마인드가 풍부한 경영자이다. 그래서 그런지 회사 사장실은 거의 비다시피 한다. 가만히 있지 못하고 해외든 국내든

가리지 않고 모든 필요한 비즈니스 스케줄을 소화한다. 이동시 사용하는 스마트 패드와 그룹웨어 시스템으로 연결된 결재 업무와 회의 내용 전달 등 사무 업무에서 공간의 제약을 받지 않기에 가능한 일이다.

이런 노력이 솔루레타의 매출액을 해마다 2배씩 증가시키는 결과를 만들었다 해도 과언이 아니다. 2010년 '500만불 수출의 탑' 수상에 이어 불과 3년만인 2013년에 '3,000만불 수출의 탑'을 수상했다. 필자가 가장 잘하는 일은 정보 수집과 그것을 활용한 영업과 경영이다. 오랜 세월 영업으로 다져진 결과 스스로의 특기를 살려 잘하는 것엔 최선을 다하고, 부족한 면에 대해서는 잘할 수 있는 임직원들에게 믿고 맡기면서 열심히 독려하는 것이 필자의 경영 자세이다.

지금까지 경영자의 길을 걸어오면서 '앞으로도 먼 길을 가야 하는 겸허한 자세 또한 잊어선 안 된다'는 사전적인 멘트보다 당연히 해야 할 일, 지금 당장 아니면 미룰 수 없는 일, 내가 아니면 안 되는 일들을 망설임 없이 하나하나 행동으로 이행할 때 몸이 말을 하게 되는 경험을 하게 된다. 즉 나를 보고 믿고 의지하고 함께하는 솔루에타 가족에게 몸으로 말을 해왔던 것 같아 언제나 힘든 줄 모르고 일을 하게 되었다.

필자는 예비 창업자들에게 다음과 같이 말하고 싶다. "'말'이 제일 약하고 '뜻'이 그 다음 약하고 '의지'는 그 다음으로 약하지만 '마음'은 그 무엇으로도 무너뜨릴 수 없다"는 생각이다. 이는 '말을 해서 뜻을 다지고 의지를 굳히며 마음을 잡는다'는 의미이다. 마음이 동하면 몸이 움직이는 이치처럼 필자는 어렵고 고되고 힘든 상황 속에서도 항상 마음의 중심을 잡아왔다.

사람은 완벽할 수 없다. 아무리 노력해도 절대로 이룰 수 없는 것이 완벽이다. 필자도 실수로 인한 큰 손해나 주변 상황이나 여건으로 인한 고달픈 대책 강구와 해결의 일상을 수없이 겪었다. 하지만 실수를 만회하고 문제를 해결하는데 망설인 적이 없었다. 누구나 어떤 문제가 닥치게 되면 본능적으로 하기 싫지만, 그래도 무엇인가를 해야 한다는 것쯤은 안다.

필자는 조금 해보고 안 되면 포기하고 마는 사람, 아예 하고 싶은 대책만을 강구하는 사람 등 실패하는 방법을 선택 지향하는 사람들을 많이 보아왔다. 하지만 해야 할 일을 망설임 없이 꾸준히 진득하게 열과 성을 다해 노력하다가 실패한 사람들은 결코 좌절하지 않고 다시 도전하여 결국 손실을 만회한다. 그런 사람들이 우리 주위에는 많이 있다. 정답이 없는 인간의 삶과 세상 속에서 완벽한 준비, 완벽한 방법, 완벽한 결과란 없음을 안다면 자신이 추구하는 목적을 위해 주저하지 말고 힘차게 비상할 수 있는 예비 창업자가 되었으면 한다.

퇴직 후 제2 인생설계와
올바른 마음가짐

민찬기

1. 들어가는 말

'인간은 누구나 태어나면 반드시 죽는다는 것'은 유사 이래로 불변의 진리이다. 하지만 '인간은 혼자서가 아니라 더불어 살아가야 한다'는 사실도 마찬가지다. 따라서 평생을 유기적 관계 속에서 공동체의 일원으로 살면서 각자의 삶을 꾸려가는 것이 지구상에서 살아가는 모든 인간의 삶의 법칙이라 할 수 있다. 이렇듯 지구의 기운을 받고 태어나 삶의 법칙에 따라 살아가야 할 인간은 생명의 씨앗으로부터 유년기와 성장기를 거친 다음, 성년이 되어 각자의 직업 전선에서 여러 가지 모양새를 갖춰 서로서로 도움을 주고받으면서 활동하다가 마침내 생을 마감하는 것이다.

오늘날 우리 사회에서 일어나고 있는 수많은 퇴직 현상은 거의가 비자발적인 퇴직 형태이다. 이런 식의 강제 퇴직은 자칫 당사자에게 인간이 타고난 삶의 법칙을 포기하게 만들고 있다는 사실이다. 즉 많은 사람들이 이런 상황을 스스로 극복하지 못한 채 실망감이나 좌절감, 우울증에 빠져 불행한 황혼을 맞는 것이다. 특히 당사자의 대다수가 한 가정의 경제를 책임져야 할 중년의 남성이라는 점에서 문제는 더욱 심각하다. 그들은 어떻게 하든 퇴직 전의 생활이나 또는 이에 못 미치더라도 가정 경제에 도움이 되는 나름의 기틀을 마련하려 안간힘을 쓰지만 현실은 그렇게 만만치 않기 때문이다.

이런 상황에서 '민찬기 운동처방연구소'와 '창조경제지원협동조합'을 꾸려오면서 주변 퇴직자들의 모습을 관심 있게 관찰한 필자는 중년 퇴직자들이 '제2의 인생'을 어떻게 준비하고, 또한 어떠한 생활 태도와 마음자세를 가져야 하는지에 대해 조언을 드리고자 한다.

2. 퇴직자에게 닥치는 두 가지 심각한 문제

대다수 퇴직자들은 자신이 일터에서 쫓겨났다고 생각하기 때문에 심리적으로나 육체적으로 자신감을 잃고 위축되게 마련이다. 그러다 보니 스스로를 위안한다고 '그동안 열심히 달려왔으니 이제는 조금 쉬어야지' 하는 생각에서 일상생활을 느슨하게 관리하다 보니 생활의 리듬이 깨지게 된다. 그 결과 퇴직한 지 1년도 안 되어 심각한 건강 문제가 발생하는 경우가 허다하다.

사실 규칙적인 출근과 퇴근이라는 생활 리듬은 인간의 정신적 생명선이나 다름없다. 그리고 생활 리듬이 깨지면 가족이나 친지, 사회와의 관계에서도 예측 못할 여러 갈등이 생기게 되어 자칫 심리적으로 추락할 수도 있다. 그렇게 되면 50세 이상의 퇴직자들은 자신도 모르게 건강 궤도에서 이탈하게 되어 제2의 직업전선으로의 복귀가 어려워지면서 자연스럽게 뒷방 늙은이로 대접받게 되는 것이다. 따라서 '인생 2모작'을 준비하는 퇴직자들은 활력이 될 무언가를 자기 스스로에게서 끄집어낼 수 있도록 끊임없는 운동을 통해 정신적·육체적 탄력성을 유지하는 것이 무엇보다도 중요하다.

한편 본인의 퇴직 문제는 함께 생활하는 부인이나 가족에게도 큰 영향을 미친다. 최근 국민연금관리공단 석상훈 연구원(2011. 2. 10)의 연구 자료에 따르면, 퇴직자의 건강 상태가 나쁠 확률이 직장에 다닐 때보다 1.95배나 높은 것으로 나타났다고 한다. 또한 영국에서 15~64세까지의 남자 실업자를 대상으로 10년(1971~1981) 동안 조사한 적이 있는데, 이 조사에서도 퇴직자의 사망률이 높게 나타났으며, 한 가지 특이한 사실은 퇴직자 부인의 사망률도 평균 20%나 높게 나타났다는 것이다.

퇴직자 부인의 높은 사망률은 남편의 퇴직에 스트레스가 쌓여 침묵으로 일관하고 있는 데서 기인하고 있다고 한다. 정말로 심각한 사회문제가 아닐 수 없다. 우리 현실에서 일자리 하나하나가 이렇게 중요하게 연결되어 있음을 다시 한 번 자각하여 우리 모두는 일자리 창출에 매진해야 하겠다.

두 번째 문제는 역시 경제적 어려움이다. 50대 퇴직자의 경우 자녀 2명 정도의 취업 문제, 혼사 및 결혼 후의 A/S 문제, 연로한 부모 봉양 문제, 치아 등 고(高)의료비 부담 문제 등 돈 들어갈 구멍이 하나둘이 아니다. 그뿐이 아니다. 의료보험료 등 공공요금 고지서는 매달 어김없이 우편함 속에 차곡차곡 쌓인다.

그러다 보니 괜히 마음이 바빠져 주변의 친지나 선배에게 투자 조언을 구하는 경우가 많은데, 자칫 잘못하면 본의 아니게 실수하여 인생을 망치는 경우가 생긴다. 주변 사기꾼의 표적이 되어 제2의 인생이 물거품으로 변하거나, 심한 경우 목숨까지 잃게 되는 것이다.

주변 사기꾼들의 돈 냄새 맡는 실력은 가히 우리의 상상을 초월한다. 아무튼 퇴직자 주변에는 초기 단계에 친지나 친척 할 것 없이 사기꾼들이 도사리고 있음을 명심해야 한다. 본래 친지나 친척이 사기꾼이었겠는가? 처음부터 나쁜 마음으로 접근하는 경우도 없진 않겠지만, 대부분의 경우가 동업이나 투자 요청으로 시작되었다가 피치 못해 사기꾼으로 몰리고 마는 것이다. 필자의 경우에도 여러 번의 경험이 있는데, 그 중 몇 가지 사례만 간략히 들어보겠다.

1) 사례 1

고급 승용차며 비서에 집무실 등 매력적인 조건으로 채용한 지 몇 개월 뒤에 온갖 구실을 붙여 자금이 부족하니 '자금 조달을 요청'하는 경우이다. 쉽게 말하면 당사자 소유의 부동산 담보 대출이나 퇴직금을 노리고 은근히 접근하는 경우이다.

종업원 급여라든지 어음 결제대금 등에 자금이 없어 마치 당장 회사가 부도날 것처럼 분위기를 만들어 퇴직금을 노리거나 담보 제공을 통해 은행 대출을 받게 하는 것이다. 그 다음에는 회사 경영에 노력하는 척하다가 고의 부도 등으로 도피하면 모든 것은 끝난다. 필자 역시 이런 경우를 겪는 상황에서 자발적으로 사표를 쓰고 말았는데,

정말로 간발의 차이였다. 지금도 그 생각만 하면 아찔해진다.

2) 사례 2

첫 번째 사례처럼 몇 개월간 좋은 조건으로 근무하게 하여 환심을
산 후, 회사가 어려우니 '아예 지분을 인수해서 경영을 함께 하자고
권유'하는 경우이다. 이는 지분 인수로 당사자 신분을 상승(대표이사,
회장 등)시키고, 그 분위기로 퇴직금 또는 소유 부동산에 대한 융자를
알선해 지분을 출자시킨 다음, 고의로 노출시킨 약점을 잡아 반복적
인 출자를 요구하면서 횡령, 착복, 고의 부도 등으로 피해를 입히는
경우이다.

3) 사례 3

당사자의 인맥을 활용해 전자제품이나 건강식품, 보험상품 판매
등의 '판매 실적을 올리라고 권유'하는 경우이다. 처음에는 당사자의
품위를 고려해 '판매 행위는 없고 관리 업무만 맡으면 되니 절대 믿
고 교육에 임해주기만 하라'는 감언이설로 접근한다. 사실 초기 단계
에는 일정 기간 동안 교육만 진행한다. 그러다가 어느 정도 시간이
지나면 바람잡이를 동원해 목표액을 부추기고 조기 달성했다는 포상
분위기를 조장해 심리적 경쟁을 부추기는 것이다.

이런 경우 대개 당사자가 심리적으로 조급해져 친척이나 친구, 심
지어는 친분 있는 거래처에까지 도움을 요청하게 되고, 체면 때문에
거래가 성사되기도 한다. 하지만 그 후로는 도움을 준 사람과의 연락
이 두절되거나 모임에서 만날 때 서로 불편한 관계가 되고 마는 것이

다. 이런 경우 수십 년간 쌓아온 인간관계가 한순간에 깨질 수도 있으므로 신중을 기해야 한다.

3. 제2의 인생을 어떻게 설계해야 하나?

21세기는 강제 퇴직이 아니더라도 '인생 2모작'을 피할 수 없는 시대이다. 의학의 발달로 100세 시대가 성큼 다가오면서 정상적인 은퇴를 하더라도 향후 20~30년은 더 일해야 안정적인 생활을 꾸릴 수 있기 때문이다. 따라서 본인과 가족의 안정된 삶을 위해 경제 활동을 하고 건강을 유지하는 등 제2의 인생을 설계해야 한다.

필자는 은퇴시장으로 쏟아져 나오는 수많은 베이비부머들이 취업과 창업의 갈림길에 서 있는 경우를 많이 본다. 문제는 제2의 인생을 영위하기 위한 방법이 호락호락하지 않다는 점이다. 그래서 많은 퇴직자들이 선택하는 흔한 방법이 창업이다. 창업은 남녀노소 누구나 할 수 있다고 하나, 50세 이후 퇴직자들의 창업은 아주 어렵고 두려운 작업이다. 필자는 창업을 선택했지만 오랫동안 직장 생활만 해온 많은 퇴직자들은 사업 자본을 스스로 마련해야 하는 창업 자체가 두렵기 마련이다. 하지만 별다른 대안이 없다면 어쩔 수 없이 선택해야 하는 길이기도 하다.

필자는 퇴직자들이 어떻게 제2의 인생을 준비해야 할지 본인의 사례에 비추어 간접적이나마 조언을 드리고 싶다.

필자는 2003년 7월 비자발적인 퇴직을 했다. 울타리 안에 갇혀만 있다가 밖으로 나오니 세상이 완전히 달라보였다. 학교와 직장에서 배운 신호등 색이 실제 밖으로 나오니까 전혀 다른 느낌이랄까? 그래서 밑바닥에서부터 뛰면서 현실을 다시 배워야겠다고 생각했다. 친구가 경영하는 물탱크 회사에서 직접 운전대를 잡고 혼자 힘으로 영업 현장을 경험했다. 그 뒤로도 여러 일을 전전하면서 생계를 이어갔다. 그러다가 어느 날 문득 고독함이 밀려왔다. 여러 가지 일들이 필자가 바라던 것이 아니어서 생활 안정이 되지 않았기 때문이다. '계속 이렇게 살 수는 없다. 장기적인 안정을 위해 앞으로 꾸준히 할 일을 찾아야겠다'고 생각했다. 그래서 그때부터 행복감을 느끼고 정체성을 발견할 수 있는 일을 찾기 위해 고민했다.

사실 여기까지는 단지 시기의 차이일 뿐이지 은퇴자라면 누구에게나 닥치는 일이다. 문제는 그 다음이다. 이 단계를 어떻게 넘어서느냐에 따라 은퇴 후의 삶이 건강한 삶이 되느냐 안 되느냐가 결정되기 때문이다. 여기서 가장 중요한 것은 '내 안에 있는 거인'을 끄집어내는 과정이다. 알을 깨고 나오기가 어렵듯 그 과정은 굉장한 고통과 고민을 수반한다. 대부분의 퇴직자들이 이 과정을 벗어나는 구체적 방법을 모르거나, 알아도 쉽게 넘어가려고 하기 때문에 오래 가지 못하는 길로 빠져들게 되는 것이다.

필자는 스스로에 대해 하나하나 꼼꼼히 뜯어가면서 파악하기 시작했다. 깊은 암흑 같은 고독과 고민 속에서 그래도 '나는 이것만은 남에게 자신 있다'는 것을 골라 창업을 하기로 가닥을 잡았다. 그것은 '운동'이었다. 직장 생활 초기부터 운동을 좋아하여 운동하는 내내 피트니스 원리, 운동역학, 생리학 등의 복합적인 관계에 대해 호기심을 갖고 연구했다. 그 결과 복합적이고 실용적인 이론을 바탕으로 나름의 '운동각(Exercise Angles)' 이론을 개발해 적용할 수 있는 논리를 발상했던 것이다. 그래서 이 운동각 이론으로 운동 지도 및 워크숍 사업을 시작해야겠다고 마음먹었다.

2010년 3월부터 본격적인 사업 구상에 들어갔다. 수년간 모아 연구한 자료를 정리하고, 아이디어가 나올 때마다 반드시 메모를 했다. 이런 과정을 거치면서 사업 구상은 다듬어져 갔다. 재취업 활동 과정 중에 마침 1인 창업을 지원하는 소상공인진흥원의 시니어 창업 스쿨에 전문 컨설턴트 과정이 있다는 정보를 들었다. '필자가 생각하는 1인 창조기업의 생각과 같겠다'는 생각에 바로 수강신청을 했다. 80시간의 교육을 받으면서 필자가 구상하던 비즈니스 모델의 구체적인 진도가 많이 앞당겨졌다. 2010년 12월에 시니어 창업 스쿨 수료 후 '민찬기 운동처방연구소'의 사업자등록을 마쳤다. 연구소가 3년차의 끝자락에 접어들면서 자리를 잡아 이제 수익도 서서히 상승 곡선을 타고 있다.

필자는 이 외에도 건강을 위한 강의 콘텐츠를 제작해 비자발적 은퇴자들을 위한 클래식 멘토단 전문위원, 시장경영진흥원 전문강사, 부천문화재단 전문강사로 활동하고 있으며, 어르신, 학부모, 청소년, 교사를 대상으로 한 '어르신과 청소년 건강을 위한 재능기부' 등의 사회활동도 이어가고 있다. 또한 운동 관련 서적의 집필도 준비 중이며, 체형관리운동 관련 기본지침 교재(1·2권)도 출간했다.

일정이 바빠지면서 필자가 맡은 모든 일을 감당하기에 벅차다는 느낌도 들지만, 그래도 지금까지 필자를 받쳐주는 힘은 강단에 섰을 때의 희열과 책임감이다. 처음 강단에 섰을 때의 느낌은 '이런 다른 감정도 있구나' 하는 것이었다. 대중 앞에서 마이크를 잡고 필자의 생각과 이론을 이야기한다는 것은 굉장한 희열이었다. 그런 한편으로 다른 쪽에서 느껴지는 책임감도 이루 말할 수 없었다. 남들이 하는 대로 대충할 수가 없고, 항상 새로운 이론이 샘솟아야 했기 때문이다. 필자는 그것이 일에 대한 필자의 진정성이라고 나름대로 생각한다.

필자는 앞으로 다섯 군데의 미니 피트니스 스튜디오를 만들 계획으로 있다. 필자의 운동각 이론 강의에 관심을 갖고 문의하는 이들이 점차 늘어남에 따라 직접 시연하고 실습할 수 있는 장소를 마련하기 위함이다. 필자는 현재 저비용 고수익의 원스톱 방식의 시스템 설계를 완료한 상태이며, 청년들의 일자리 창출은 물론 베이비부머 세대의 창업 모델 케이스로 키워내 창업의 진가를 보여주고 싶다.

4. 퇴직 이후의 올바른 삶을 위한 창조적 마음가짐

그러면 퇴직자들이 창업을 통해 제2의 인생을 성공적으로 만들려면 어떤 준비가 필요할까? 퇴직자들은 '깜깜한 태평양 한가운데 불빛 하나도 보이지 않는 무서운 바다에 홀로 빠져 있는 상태'이기 때문에 희미한 불빛이라도 찾아서 좌표를 정하고 기운을 차리지 않으면 안 된다. 필자는 퇴직자에게 필요한 최선의 방법은 바로 '호기심을 가진 꾸준한 학습'이라고 생각한다.

퇴직자들은 매사에 본인이 잘 했던 일, 하고 싶었던 일, 해야만 하는 일을 스스로 찾아 마음의 불빛을 찾아내야 한다. 이를 위해서는 학습하는 분위기에 접어들어야 하는데, 초기 단계에서는 상당한 인내와 노력이 필요하다. 이 과정은 자신의 본 모습을 찾기 위한 필수 과정이기 때문에 본인 스스로 학습 분위기를 만들어내야 한다. 새끼새가 날갯죽지 밑의 흰털을 보이면서 하늘을 나는 능력을 습득하기 위해 되풀이 연습하는 것처럼 남에게 의존하지 말고 오로지 스스로 학습해야 한다. 그 첫째 방법은 도서관 같은 학습에 몰입할 수 있는 장소를 찾는 것이다. 우리 주변을 살펴보면 얼마든지 있다. 하지만 주변 시선이 부담스럽다면 속내를 이야기할 수 있는 친구와 얼마 동안 동행하기를 권하고 싶다. 또 다른 방법은 부부가 함께 학습 분위기에 몰입해보는 것이다. 이 모습은 주변 사람들에게도 정말로 아름다운 모습으로 비칠 수 있을 것이다.

필자가 권하는 대로의 학습 분위기에 몰입하고 시간이 지남에 따라 적응하게 되면, 마치 아픈 상처에서 새 살이 돋는 것처럼 마음속에 새로운 심안(心眼)이 싹 트고 있음을 느낄 수 있을 것이다. 이 심안이 바로 캄캄한 태평양 바다에서의 희미한 불빛인 것이다. 여러분은 바로 이것을 잡아야 한다. 이 불빛만 잡으면 이제 여러분의 성공은 시간과 스스로의 노력에 좌우되기 때문이다. 이 불씨를 살려 재취업이든 자영업이든 아니면 본격적인 사업 시작이든 구체적으로 실천해보기 바란다.

학습 분위기에 접어들어 마음이 안정되면, 그 다음으로는 집에 머물지 말고 직장인 시절의 출퇴근처럼 규칙적으로 시간을 지켜 밖에서 단돈 100원이라도 버는 연습을 해야 한다. 집에 머물기만 하면 오히려 건강을 악화시키고 쓸데없는 경제적 낭비만 하게 된다. 오늘 하루 비용 이상의 의미 있는 활동을 하면 된다. 도서관에서의 학습 활동은 모든 비용을 능가한다. 꾸준한 학습 활동은 아무리 강조해도 지나치지 않다. 여러 측면에서 호기심을 가지고 꾸준히 읽고, 쓰고, 연구하고, 새롭게 생각하고, 다르게 꾸미고, IT 기술을 접목해 보아야 한다. 그러면 새로운 서막이 열릴 것이다. 훌륭한 인격을 갖추고 사회에 공헌한 사람들의 공통점은 모름지기 꾸준한 학습 활동이었다.

필자가 마지막으로 권하고 싶은 것은 꾸준한 운동이다. 단순히 동작을 취하는 움직임에서부터 각자의 몸에 맞는 운동 방법을 나름대로 개발해야 한다. 남들이 하는 방법으로 무작정 따라하는 것이 아니고 자신만의 운동 방법에 따라 운동 스케줄을 짜서 활용할 수 있어야 한다. 왜냐하면 누구나 알고 있듯이 '건강을 잃으면 아무 것도 할 수 없기' 때문이다. 식생활, 호흡, 절식, 근력운동, 걷기운동, 등산, 광합성 등 합리적이고 복합적인 운동 계획이 필요하다. 결국 호기심을 가진 학습 활동도 운동의 일부라는 것을 깨달아야 한다. 운동의 목적은 '멘탈 피트니스(Mental Fitness)'라고 결론지을 수 있기 때문이다.

과거에는 60~70세를 가리켜 '노인 세대'라 불렀지만 지금은 의료 기술의 발달과 영양이 풍부한 식생활 덕택에 사람들이 건강해져서 60~75세의 세대를 '6075 신중년(新中年)'이라 부른다는 사실을 상기하기 바란다.

5. 맺는말

지금까지 이야기한 내용을 바탕으로 '100세 시대를 맞아 건강한 신중년 세대가 제2의 인생을 보람 있게 사는 방법과 마음가짐'에 대한 결론을 마무리하면 다음의 세 가지로 정리할 수 있겠다.

첫째, '퇴직 후의 생활은 어떤 경우라도 집에 머무르면 안 된다'는 것이다. 바깥에서 단돈 100원을 벌더라도 나가서 활동해야 한다. 그렇다고 일 없는 노인들이 많이 모이는 공원에 가거나 할 일 없이 지하철 타고 온양이나 소요산, 춘천을 오고가는 일을 해서는 안 된다.

둘째, '취미 생활이건, 아니면 자영업이나 1인 창조기업에 나서기 위한 것이건 필요한 전문서적을 꾸준히 읽어 학습 활동이 몸에 배도록 해야 한다'는 것이다. 독서 습관을 갖는 것은 나중에 사회 활동을 하지 못할 노후 시절의 대안으로도 가장 좋은 것이다. 태웅철 노원문화원 명예원장은 2013년 7월 월간 〈프리지던트〉에 실은 '최고, 최선의 노후 대책은 책읽기'라는 기고문에서 "노후 대책은 재산 축적이 아니다. 책읽기다. 인생은 소급의 대상이다. 그러므로 마지막 마무리의 질과 수준은 그 이전의 전체 삶의 과정으로 소급된다. 그 마지막 마무리 질과 수준을 높이기 위해 노년에 공부하고 책을 읽어야 한다"고 역설했다.

셋째, 노년의 경제 활동과 건강관리를 위해 맨손체조, 걷기운동, 등산 등 꾸준한 운동과 산책, 취미 활동을 계속 실천해야 한다.

적어도 위에서 언급한 세 가지 원칙만 지키더라도 퇴직자들은 이 세상에 태어난 정체성과 의미를 확립할 수 있고, 뒷방의 뒷짐진 노인네로 전락하지 않는 멋있고 빛나는 광채로 인생 제2막의 재취업은 물론 성공적인 창업도 가능하다.

끝으로 정부에 당부하고 싶은 것은 건강하고 사회 경험이 풍부한

6075 신중년들이 제2의 인생을 위해 창업이나 재취업을 보다 쉽게 할 수 있도록 종합 대책을 신속하게 강구했으면 하는 것이다. 100세 시대를 맞고 있는 이 시점에서 급속히 늘고 있는 6075 신중년들이 본격적인 생산 활동을 하지 못하고 국가 지원금에 의존해서 놀고만 있다면 정부의 복지예산은 눈덩이처럼 폭증하게 되어 지금보다 훨씬 심각한 재정적자가 발생할 것이다. 이러한 위기의식을 갖고 박근혜 정부는 창조경제를 지원한다는 차원에서라도 6075 신중년 세대의 창업문제에 대해 깊은 관심을 가져야 할 것이다.

창조경제의 등불,
창조와 모순 갈등의 조화

김영기

1. 들어가는 말

요즘 들어 우리 사회는 창조경제라는 말이 거의 모든 분야에서 회자되고 있다. 그러나 창조라는 말은 우리의 삶과는 꽤 거리가 있는 것처럼 보이고, 더구나 창조와 경제의 관련성은 훨씬 더 멀게만 느껴진다. 따라서 필자는 이러한 사고의 관성에 대한 작은 실마리를 제공해보고자 한다.

창조는 단순히 창의적인 아이디어만으로는 부족하고 실행이 결합되어야 비로소 완성된다. 창의적인 아이디어에는 두 가지 형태가 있다. 무(無)에서 유(有)를 창조해내는 것과 유(有)에서 유(有)를 창출해내는 것이다.

무에서 유를 만들어내는 것은 무한한 상상력에서 비롯되며, 유에서 유를 만들어내는 것은 풍부한 지식에서 비롯된다. 무에서 유를 창조하기 위해서는 풍부한 감성과 열정 및 사고의 유연성이 필요하며, 이런 역량은 교육과 체험에 의해 체득될 수 있다. 반면, 유에서 유를 창출하기 위해서는 사물이나 인간사의 원리와 흐름에 대한 지식과 통찰 및 열정이 필요하다.

그리하여 이러한 창조를 좀 더 효율적이고 효과적으로 신속·정확하게 진행하기 위해 역사적으로 많은 사고 방법이나 명상법이 제시되어 왔다. 짧은 시간에 다량의 아이디어를 창출하기 위한 초점 대상법(焦點 對象法)이나 브레인스토밍(Brain Storming) 같은 발산적(發散的) 사고 기법, 아이디어를 정리·분석하여 체계적으로 사고하기 위한 체크리스트(Checklist) 법과 같은 수렴적(收斂的) 사고 기법, 이들 두 가지를 통합한 통합적 사고 기법, 비(非)논리적인 직관력을 향상시키는 태도 기법 등이 그것이다. 이런 기법들은 아이디어를 잘 만들어낼 수 있는 장점이 있는 반면, 사고 체계나 방향성이 제한되거나 부족해지는 단점도 있다.

우리가 살고 있는 시대는 정보나 아이디어가 차고 넘친다. 하지만 문제나 갈등을 해결하기 위해 많은 시간이나 자원이 주어지지 않는다. 즉 우리는 한정된 자원과 시간 내에서 수없이 일어나는 문제들을 신속·정확하게 해결해야만 하는 시대에 살고 있는 것이다. 따라서 21세기에는 에디슨 시절에 통했던 수많은 시행착오를 통한 결과 도출, 방향성이 없는 수많은 아이디어 도출 또는 아이디어의 신이 강림하기를 기다리는 방식은 더 이상 적합하지 못하다.

직원이 입사한 후 10년 동안 오직 한 가지 문제에 집중해 1만 번의 실험을 통해 좋은 결과를 얻었다고 하자. 고객의 요구를 알아차린 사장이 수많은 노력 끝에 5년 만에 신제품을 만들었다고 하자. 이런 경우 상사나 고객이나 국민은 그를 기다려줄까? 아니다. 이미 시장은 지나가고 없다. 선거에서 당선된 정치인이 수많은 갈등 문제 중의 하나를 오랜 시간과 인력을 들여 마침내 해결했다고 치자. 이 경우 국민은 그 정치인을 기다려줄까? 역시 아니다.

세상은 넓고 해결할 일은 많지만 우리가 가진 과거의 방법론으로는 더 이상 통하지 않게 된 것이다. 그러면 우리는 이런 문제들을 어떻게 해결해야 할까? 신속·정확한 속도전이 필요하다. 여기서 그 구체적인 방법론을 몇 가지 사례를 통해 설명하고자 한다.

2. 문명 문제와 문화 문제

세상의 문제는 두 가지 문제, 즉 문명 문제와 문화 문제로 나눌 수 있다. 문명 문제는 과학기술 발전에 관련되어 나타난 과제로서 표면적 모순·기술적 모순·물리적 모순으로 세분되지만, 사람 사이에 발생하는 문화 문제는 표면적 갈등(Position)과 내면적 갈등(Interest)으로 구분된다. 따라서 문명 문제의 해결은 표면적 모순 내부에 숨겨져 있는 물리적 모순을 찾아내 해결하는 것이 근원적 해결책이라면, 문화 문제의 근본적 해결 방안은 표면적 갈등의 이면에 숨겨져 있는 내면적 갈등을 찾아내 해결하는 것이다.

문명 문제의 해결에는 사물이 존재하는 자연법칙과 과학기술이 발전하는 진화법칙을 이해하고, 이를 바탕으로 개개의 구성 요소나 외부 객체와의 사이에서 일어나는 모순을 해결해나가는 방법론이 필요하다. 반면 문화 문제의 해결에는 인간이 존재하는 본성에 대한 심리 법칙과 문명이 발전하는 조화법칙을 이해하고, 이를 바탕으로 개개의 구성원이나 외부 객체와의 사이에 일어나는 갈등을 해결해나가는 방법론이 필요한 것이다.

1) 문명 문제의 해결 사례

문명을 뒷받침하는 것은 과학과 기술이다. 과학과 기술은 특허, 디자인, 상표 등의 산업재산권으로 대별된다. 과학의 문제는 사물의 작동 원리인 자연법칙을 발견하는 것이며, 기술은 발견된 자연법칙을 이용하여 인간에게 이로운 문명의 이기를 창조하는 것이다. 과거에는 이들 간에 구분이 없었으나 근대에 들어와 일시적으로 명확히 구분되는 듯하더니 현대에는 다시 그 구분이 없어져 가고 있다. 과학의 발견을 위해서는 첨단기술 장비의 도움이 필요하고, 첨단기술의 문제 해결을 위해서는 과학 원리의 규명이 필요하기 때문이다.

기술 문제를 해결한 총합체가 바로 특허이다. 특허는 종래의 기술적 문제를 파악하고 이를 독자적으로 해결한 결과물이다. 러시아 철학자이자 발명가인 겐리흐 알트슐러(Genrich S. Altshuller)는 이러한 기술적 문제의 요소로 39가지가 존재하며, 그 해결책 또한 40가지의 원리가 존재함을 규명하였다. 39가지 문제 요소를 대별하면 운동 상태에 따라 달라지는 특성으로 인한 문제, 물질의 내적 특성으로 인한 문제, 물건의 제조과정에서 나타나는 문제로 나눌 수 있으며, 이들 기술 문제는 이론상으로는 $39 \times 39 = 1,521$가지나 되지만, 두 가지의 다른 요소만 고려하면 39가지를 제외한 $39 \times 38 = 1,482$가지가 된다.

그런데 그는 이 1,482가지를 '기술적 모순'으로 정의하고, 나머지 39가지를 '물리적 모순'으로 정의한 것이다.

기술적 모순은 '제품의 질을 높이려면 가격은 낮출 수 없다'와 같이 동시에 모두를 만족시킬 수 없는 상황을 의미한다. 이러한 기술적 모순은 근본적으로 사람들이 바라는 이상적인 모습에 의해 결정되며, 기술은 그 이상적인 모습을 이루기 위해 지속적으로 진화한다는 '기술진화 법칙'이 발표됐다. 따라서 기술진화 법칙을 알면 미래 기술을 예측할 수 있고, 진화의 바탕에는 고객의 요구 사항이 존재하고 있음을 알 수 있다. 이러한 기술적 모순을 해결한 예시 답안이 40가지 발명 원리이다.

예컨대 40가지 발명 원리 중 제1원리인 '분할의 원리'를 예로 들어 보겠다. 기후 온난화로 비가 많이 와서 수박 값이 천정부지로 뛰었다. 서민이 수박을 사먹고 싶으나 돈이 부족하다. 이럴 때 수박을 여러 조각으로 분할하여 팔게 되면, 사먹으려는 사람은 값이 싸져서 좋고, 파는 사람은 재고가 적게 남아 좋은 '누이 좋고 매부 좋은' 관계가 된다.

또 하나의 예를 들겠다. 사랑하는 아내의 생일이어서 생일 케이크를 사려고 할 때, 누구의 입맛에 맞추어야 할까? 아내가 좋아하는 생크림 케이크, 아들이 좋아하는 초코 케이크, 본인이 좋아하는 떡 케이크를 모두 다 사자니 경제적 부담이 매우 크다. 그래서 하나만 사려고 하니 나머지 사람의 불만은 명약관화해 보인다. 이런 상황은 일상생활에서 늘 반복된다. 가족 수가 많을수록 문제는 더 심각해진다. 어떻게 하면 동일한 금액으로 가족 모두를 만족시킬 수 있을까?

상점에 케이크를 쪼개서 선택적으로 팔 것을 제안했고, 그 후로는 가게나 고객 모두 만족해했다.

물리적 모순은 연필을 오래 쓰려면 단단해야 하지만, 또한 글씨가 잘 써지려면 적당히 부드러워야 하는 것처럼 한 가지 특성이 좋기도 하고 나쁘기도 해야 하는 상황을 말한다. 이러한 진퇴양난을 해결하기 위해 등장한 이론이 '분리의 원리'이다. 이 원리에는 시간 분리, 공간 분리, 조건 분리 등의 세부적 이론이 있다. 왜냐하면 세상에 존재하는 사물들은 과거·현재·미래에 걸쳐 존재하며, 이성적인 상황에 따라 지속적으로 발전하므로 시간적인 면에서 문제가 충돌하는 경우에 공간을 분리함으로써 충분히 해결할 수 있기 때문이다.

또한 세상 사물은 공간적인 측면에서 볼 때, 소립자부터 구성 부분, 완성 제품, 또 다른 상위의 완성체를 거쳐 우주 전체의 일부로 볼 수 있다. 따라서 공간적인 면에서 문제가 충돌할 경우 시간을 분리하여 해결할 수도 있는 것이다. 그리고 마지막으로 동일한 시간에 동일한 공간에서 문제가 충돌할 경우, 시간 분리나 공간 분리로는 해결할 수 없기 때문에 조건을 변경하는 등 조건이나 관계를 분리하면 또한 문제를 해결할 수 있다.

2) 문화 문제의 해결 사례

문화를 뒷받침하는 것은 인문학적 교양이다. 인문학적 교양은 어학, 문학, 영화, 미술 등의 저작권으로 대표된다. 사람 사이의 대표적인 갈등 문제로 꼽히는 고부(姑婦) 간의 갈등을 한 번 살펴보자.

동서고금을 막론하고 시어머니와 며느리는 평생을 불화로 지내는 경우가 많다. 하루는 남편의 생일이어서 고부(姑婦)가 각자 생일 음식을 준비하려고 한다. 시어머니는 아들을 매우 사랑하므로 고기와 인공 조미료를 듬뿍 넣고 미역도 많이 넣기를 원한다. 하지만 역시 남편을 끔찍이 사랑하는 며느리는 최고급 한우와 고품질의 천연 조미료로 적은 양을 정성스럽게 준비하고자 한다. 두 사람은 부엌에서 충돌하며 한 치의 양보도 없다. 이럴 때 문제를 어떻게 해결해야 할까?

이 문제의 발생 원인은 성장 과정에서 확립된 가치관이 서로 다른 데 있다. 즉 과거의 상위 시스템(성장 환경)에 그 원인이 있는 것이다. 이 문제는 '분리의 원리'로 해결이 가능하다. 갈등은 동일한 조건에 대하여 동일한 시간과 장소에서 공존하기 때문에 발생한다. 따라서 이들을 분리해주면 간단히 해결되는 것이다.

우선 시간을 분리해서 해마다 번갈아가며 준비하거나 또는 아침·저녁을 따로 준비하게 하는 것이다. 다음으로 공간을 분리해서 두 사람이 동일한 일에 대하여 다른 공간에서 일하도록 조치하는 것이다. 즉 며느리가 음식을 준비할 때 시어머니는 경로당이나 문화센터에 가도록 한다. 마지막으로 조건을 분리하여 며느리와 시어머니가 역할을 분담하거나, 두 사람이 공통의 취미 생활을 하도록 하는 것이다. 그렇게 되면 두 사람은 시간이 지날수록 가치관을 공유하게 됨으로써 자연스럽게 모두가 좋아하는 이상적인 방향으로 발전하게 된다. 이상적인 목표는 두 사람 모두 주인공의 건강과 가정의 행복에 있기 때문이다.

3) 문명·문화의 복합 문제 해결 사례

　주로 정치와 사업에서 발생하는 문제가 이 경우에 해당한다. 정부는 국정과제를 각 분야별로 제시하고 있다. 그러나 그 안에는 반드시 해결돼야 할 이해당사자들의 극단적인 모순이 숨어 있다. 이런 문제 역시 창조적인 갈등 해결 원리로 지혜롭게 그 실마리를 찾을 수 있다.

　정치나 기업은 모순과 갈등의 발견 및 창조적인 해결 여부에 그 성패가 달려 있다. 기업의 문제는 인사 조직의 갈등, 마케팅 문제, 경영 문제, 미래 사업 아이템 발굴 등 풀어야 할 과제가 상존한다. 마찬가지로 정치의 문제 또한 공정성과 효율성의 모순, 성장과 분배의 모순, 모방의 저비용성과 창조의 고효율성 간의 모순, 통일정책에서 유화와 강경의 모순, 정치지도자의 혁신 의지와 기득권자들의 안정 욕구 간의 갈등, 사용자와 근로자의 비용성 및 안정성 갈등, 농어촌과 도시의 경쟁과 협력의 모순, 교육에서 성과 우선과 창의 우선의 모순, 자녀보육에서 소득과 비용의 모순, 사회에서 비용과 안전의 모순 등이다. 이 문제는 한 마디로 비용과 효율의 문제로 요약될 수 있다.

　기업 경영의 문제는 분야가 매우 넓기 때문에 여기서는 생략하기로 하고, 정부의 문제만을 간략히 언급하겠다. 갈등의 원인은 상대적인 이해관계이고, 이러한 이해관계의 상위 시스템에는 가치관과 이상 간의 차이가 존재한다. 따라서 개략적으로 보면 갈등 자체의 물리적 모순을 분리를 통해 해결하거나, 상위 시스템을 조정하여 해결하는 방식이 가능할 것이다. 정부의 문제는 인간의 문제이므로 문제 해결의 가장 중요한 과정은 소통이며, 그 방식 또한 단계적 해결 방식이어야 한다.

아래 표에서 이에 대한 간략한 예시를 들어보았는데, 단견적이고 일시적인 해결안 대신 중장기적인 로드맵과 프로세스를 제시하는 것이 뒷받침되어야 할 것이다. 프로세스에는 아주 잘게 미분된 세부 목표가 설정되어야 상호 간에 불신이나 갈등이 줄어들 것이다. 궁극적인 이상은 서로 같은 경우가 많기 때문에 과정을 잘 조정하는 것이 성공의 핵심 요인이 될 것이다.

| 정책과 갈등 해결 |

대선공약	문 제	해 결 안	모순·갈등
(경제) 공정성을 높이는 경제민주화	우리 경제는 그동안 효율성을 지나치게 강조한 반면, 공정성을 간과하였음	좋은 일자리를 많이 창출하고 소득분배의 왜곡 시정을 위해 조세·재정정책 통한 소득재분배 정책을 강화해 양극화 현상을 확대하지 않도록 함	공정성과 효율성의 모순
(복지) 한국형 복지체계 구축	소득보장과 복지서비스를 제공받아야 할 저소득층마저 사각지대에 방치되거나 이용상 불편을 경험하고 복지 확대를 체감하지 못하는 문제가 심각	임기 동안 소득보장과 복지서비스를 균형적으로 제공할 사회안전망 구축 및 일자리를 통한 소득창출 및 자아실현이 가능하도록 일과 함께 하는 고용 복지 확대 계획	성장과 분배의 모순
(노동) 창조경제 통한 성장 동력 확보와 일자리 창출	기존 경제발전 방향이 추격·모방형, 경제성장률 지향, 양적 성장 추구로 일자리와 삶의 질을 함께 개선할 수 없고, 새로운 성장 동력 발굴로 지속가능한 경제발전 체계구축에 한계	정보통신기술 등 첨단기술을 산업 전반에 적용하고, 소프트웨어 산업 집중 육성으로 일자리 창출 및 성장률보다 고용률 높이는 방향으로의 경제정책 전환	모방 저비용성과 창조 고효율성의 모순

(외교) 한반도 신뢰 프로세스 정착	유화적 포용정책과 원칙적 대북정책 모두 북한의 의미 있는 변화 유도에 실패	남북대화 재개, 인도적 지원 활성화, 남북한간 및 북한·국제사회간 기존 약속 확인과 실천을 통한 신뢰 프로세스 작동	유화와 강경의 모순
(정치) 정치혁신 통한 신뢰회복과 미래형 창조정부 구현	뇌물수수 같은 부정부패의 지속발생 등 정치권에 대한 국민 불신 심각	투명하고 유능한 서비스 정부 구현 위해 정보공개 확대 및 공공정보 개방, 정부내 협업 시스템 구축, 정부·민간간 협업 확대, 클라우드 컴퓨팅 기반의 정부 지식경영 시스템 구축, 맞춤형 서비스 제공, 국가미래전략센터 구축 등을 실천	정치지도자의 혁신의지와 기득권자의 안정욕구의 갈등
(노동) 차별 없는 고용시장	임금 근로자의 1/2이 비정규직으로 OECD 국가 중 비중이 가장 높음	상시업무 담당 비정규직의 정규직 전환이라는 고용관행 정착으로 실질적 고용안정 실현 및 OECD 평균 수준으로 낮추도록 노력	사용자와 근로자의 비용성 및 안정성 갈등
(농업) 농어촌 활력화와 중소·중견 기업 육성	농어촌의 경제사회적 여건 열악으로 삶의 질 저하 및 도농간 소득격차 확대 중앙·지방정부간 유사 기업지원정책 추진 및 부처간 칸막이식 지원 문제	직불제 확충과 유통개혁 등 농어민 소득증대 및 농수산 재해대책 개편 등 경영 안정망 강화 칸막이식 지원 방식과 중복 사업의 통폐합 문제 해결	농어촌과 도시의 경쟁과 협력의 모순
(교육) 꿈과 끼를 마음껏 키우는 행복 교육	점수따기 무한경쟁으로 학업성취도 대비 학습 흥미와 창의력 저하	교원 전문성 및 사기 제고로 공교육 회복 전기 마련, 교육지원청을 행정업무 중심에서 수업 연구 및 지원 중심 기관으로 전환	성과 우선과 창의 우선의 모순

(여성) 맞춤형 보육과 일·가정 양립	자녀 양육 부담이 여성의 경제활동 참여에 걸림돌로 작용	세제지원 포함 다양한 지원방안 추진, 일시 보육시스템 구축, 방과후 돌봄 서비스 및 학교 프로그램 활성화, 임신 중 근로시간 단축 및 '아빠의 달' 도입으로 임신, 출산, 자녀양육의 사회적 책임 확대 및 여성의 자녀양육 부담을 경감	자녀보육에서 소득과 비용의 모순
(치안) 안전한 사회	성폭력, 납치, 살해 등 아동 및 여성에 대한 강력범죄의 잇단 발생과 흉포화로 불안감 고조, 현실불만형·사이코패스형·정신질환형 등 '묻지마 범죄' 증가	반인륜·파렴치 범죄자의 정보공개 확대, 성범죄자 거주지 이동 및 동선관리 시스템화 통한 체계적 관리, 재범률 높은 우범자 관리 강화방안 마련, 방범 CCTV 설치 확대	사회에서 비용과 안전의 모순

　　분리의 원리를 통해 정책이나 의사 결정의 갈등 문제를 해결하는 것은 다음과 같다. 예컨대 민영화된 어느 철도 역사 내에서 노숙인과 승객의 불편한 접촉이 문제가 되었다고 하자. 이를 정리해보면 러시아워에 대합실에서 상호 불편한 관계로 만났기 때문에 갈등이 발생하는 것이다. 따라서 러시아워가 아닌 때, 대합실이 아닌 데서 각자 따로 활동하면 이런 갈등은 발생하지 않는다. 그러므로 해결책은 시간을 다르게, 공간을 다르게, 관계를 다르게 분리함으로써 가능할 수 있다. 노숙인 배식 시간을 출퇴근이 아닌 시간으로 정기적으로 바꾸고, 노숙인 활동 무대를 교육장과 재활 환경으로 이끄는 등 노숙인과 열차 승객을 다른 관계를 통해 만나게 하거나 아예 접촉이 없도록 하는 방식을 통해 해결하는 원리이다.

3. 문제의 궁극적 해결을 위한 방안

이러한 정책이나 문제가 궁극적으로 해결되기 위해서는 시스템 전체의 완전한 구성과 진화가 필수적이라 할 수 있다. 따라서 필자는 정책 차원에서 시스템 전체의 기능을 분석하고, 개별 구성 주체 간의 가장 이상적인 상태와 관계에 대해 보다 구체적으로 논의해보고자 한다.

| 행정 시스템 |

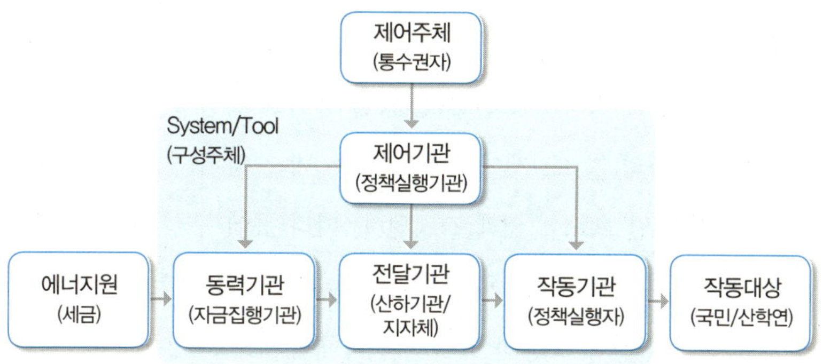

행정을 시스템적으로 분석해보기로 하자. 행정 시스템의 구성 요소는 에너지원, 동력기관, 전달기관, 제어기관, 작동기관, 작동대상 등으로 대별할 수 있다. 행정 시스템의 에너지원은 세금이 될 것이다. 그리고 동력기관은 자금 집행기관, 전달기관은 정부 산하기관이나 지방자치단체가 될 것이다. 또한 작동기관은 정책을 일선에서 실행하는 공무원이다. 한편 정책을 집행하는 외부에도 3가지가 존재한다. 정책 집행의 에너지원인 세금, 정책 집행의 최고 의사결정자인

통수권자, 정책 집행의 대상인 국민과 산학연이 있다.

　행정 시스템의 존재 목적은 국민행복에 있다. 에너지원인 세금은 동력기관인 정책자금 집행기관과 함께 전달기관에 해당하는 정부 산하기관 및 지자체를 통해서 집행이 가능하도록 작동기관인 국민과 산학연에 제대로 전달되어야 할 것이다. 제어기관인 대통령은 작동기관인 국민과 산학연이 동력기관인 금융의 지원을 잘 받을 수 있도록 하고, 선순환으로 창조되고 재투자될 수 있는 풍토를 조성해야 한다. 작동기관은 궁극적인 대상인 국민 개인 또는 개인사업자와 직접 일자리를 창출하는 법인사업자, 그 중에서도 창조형 기업이 된다. 창조형 기업은 대기업, 중기업, 소기업, 1인 기업 등 크기에는 상관없으며 혁신성을 바탕으로 한 시장 창출 능력으로 결정된다.

　이렇게 국가의 창조경제에 대한 성패는 네 가지 구성 요소의 역할과 세 가지 주변 요소에 의해 결정된다. 따라서 이 구성 요소들을 어떻게 배치하고 제어하는지에 따라 성공 여부가 결정되는 것이다. 그 외에도 구성원 간에 소통과 효율성이 극대화되도록 해야 한다. 따라서 제어기관인 정부는 전체 시스템의 효율을 높이기 위해 혈액에 해당하는 금융과 창조적 에너지가 잘 흐르도록 관리·감독해야 한다. 조화가 잘 이루어지지 못하거나 혈액이 순조롭게 흐르지 않으면 성과물인 일자리 창출이 이루어지지 않고 변형되거나 병들기 때문이다.

　이 모든 문제의 중심에는 사람이 있고, 그 사람의 중심에는 가치관과 의식이 자리해 있다. 따라서 창조적인 해결을 원천적으로 수행하기 위해서는 조직과 개개인의 창조적 혁신을 위한 지속적인 교육과 피드백이 가장 중요한 부분이라 하겠다. 창조사관학교는 이러한 목표를 두고 현재 진행 중에 있다.

4. 맺는말

지금까지 문명적 모순과 문화적 갈등 문제에 대해 창조적으로 해결하는 방법론에 대해 살펴보았다. 모든 문제의 이상적 해결책이 바로 결과를 보증하는 것은 아니다. 창조는 창의적인 아이디어에 실행이라는 기름을 부어야 활활 타오를 수 있다. 결과를 얻기 위해서는 실행이 수반되어야 하고, 실행에는 리스크를 감당하는 의사 결정과 실행을 위한 자원이 필요하며, 리스크를 감당하는 의사 결정에는 사명감과 더불어 사람에 대한 사랑과 열정이 필요하다.

세상에서 가장 행복한 청소부가 있는가 하면, 세상에서 가장 불행한 부자도 있다. 크게 욕심내면 현재 상태가 차고 넘쳐도 문제가 많고, 고통이 크게 된다. 반면에 작게 욕심내면 현재 상태가 약간 모자라도 문제가 없고, 고통이 작게 되는 것이다. 문제가 없는 세상은 없다. 문제의 크기는 그 사람이 욕심내는 바에 따라 달라진다. 관건은 '우리가 문제를 어떻게 바라보고 해결해나갈 것인가?'와 함께 '어떻게 소통하고 나눌 것인가?'이다.

오늘날 우리 사회는 복잡하고 빠르게 변하며, 문제와 갈등이 증폭되고 있다. 우리 모두 지혜를 활용해 가진 것을 모아 함께 성장해야 한다. 여기에는 창조적 인재의 육성 및 지원과 함께 정신적·물질적으로 풍요한 사람들의 봉사와 나눔이 더욱 중요하다고 생각한다.

| 지은이 |

김재관 조합 고문
진주고, 국민대, 건국대 행정대학
원 졸업
감정평가사 자격 취득(1975)
엘리트 감정평가사무소 대표, 여
행 작가
저서 〈발길 따라 세계문화여행〉

유동일 조합 이사
경기대 일반대학원 경영학 박사
한국 보석감정평가연구원 원장
한국보석마케팅협회 회장, 한국
보석경영학회 회장
경기대 서비스경영대학원 보석마
케팅전공 교수

신부용 조합 이사(고문)
서울사대부고, 서울공대, 토론토
대학 교통공학박사
교통개발연구원장 역임
KAIST 겸직교수, KAIST 한글공학
연구소 소장
저서 〈도로 위의 과학〉 〈대안 없
는 대안 원자력 발전〉

나용환 에너지관리공단 부이사장
광주 사레지오고등학교
전남대학교 화학공학과 졸업
에너지관리공단 경영기획실장
역임

이명우 조합 이사장
경동고, 한양대 전자과, 한양대
산업대학원 졸업
호서대 벤처경영대학원 TIP과정
수료
(주)애니라인 테크놀러지 대표이사
(사)디지털금융정보화연구소 이
사장

방기홍 조합원
이태리페스카라음악대학원 오페
라지휘과 졸업
이태리국립피자학교(ROMA) 졸업
(주)씨뇨르방 대표이사, (사)한국
피자협회 회장
저서 〈예술가가 꾸미는 세상〉 〈화
덕피자 창업 시크릿〉

박영원 조합 이사
한양대 전자과, 오클라호마대 대
학원 공학박사
아주대 시스템공학과 전임교수
역임
국제시스템엔지니어링협의회 이
사/아시아 담당
에스이테크놀로지(주) 대표이사

민찬기 조합 이사(사무총장)
성균관대 무역대학원 졸업
광주은행 지점장, (주)아리코 대
표이사 역임
아도나이 휘트니스센타 대표 컨
설턴트 역임
민찬기운동처방연구 소장/ 체형
관리운동협회 본부장

이원영 조합 이사(감사)
진주고, 성균관대 경제과 졸업
고려대 공학대학원 CMP과정 수료
과기처, 국토교통부 감사관
(주)한국카쉐어링 부회장

김선환 조합원
건국대학교 행정대학원
대학 입시학원 강사(1987~2007)
(주)하라테크 대표이사
2013년 1000만불 수출의 탑 수상

하호선 조합원
진주고, 동국대, 미국 텍사스주립
대 대학원 졸업
KAIST 벤처최고경영자과정 수료
삼성SDS, 칸홀딩스 대표이사
한국카쉐어링 대표이사, 강원도
투자유치자문역

김영기 조합 이사
광주인성고, 한양대 신소재공학
박사
(주)이노텍플러스대표이사 역임
(주)지상 대표이사, (사)창업지도
사협회 부회장
저서 〈인맥경영〉 〈TRIZ〉 〈창의클
럽사람들〉

조재위 조합 이사
경남 산청, 경상대 환경생명화학
과 졸업
(주)솔루에타 대표이사
2013년 3000만불 수출의 탑 수상
2013년 동탑산업훈장 수상

함경숙 조합 자문위원
강화여고, 성신여대 국문과, 호서
대 창업대학원 수료
한국언론협동조합 사무국장
투데이미디어그룹 총괄 편집국장
저서 〈인맥특강(공저)〉

한용주 조합 이사
부산대 물리학과 졸업
삼성전자(주) 해외마케팅, 허밍
투자컨설팅 대표 역임
삼성생명보험(주) 컨설턴트 수석
팀장

장완수 조합원
우송대 행정과, 청주대학교 산업
경영연구소
서울대 리더십 2기
GP창현 상무, 국제디자인교류재
단 이사
한국식생활안전과학연구소 대표

박양석 조합 기술이사
상북고, 울산대 공과대학 전기과
졸업
(주)원석하이테크 대표이사
(사)디지털금융정보화연구소 이사

최경희 조합원
영명고, Earist대 경영학 석사
국민은행, 하나은행 근무
창업 멘토 교수, S=B&A 지도사
강사(리더십, 소통, 자기개발, 고
객만족 CS)

박성일 조합 기획이사
진주고, 서울대, 아주대 대학원
졸업
최병렬 국회의원 보좌관, 이원종
충북지사 특보 역임
예시스 사업본부장
저서 〈충북의 숨결〉 〈역사와 함께
푸는 창의수학〉

배기열 조합 이사
서울대학교 미술대 , 한국예술종
합학교 석사
중앙대학교 예술공학 박사과정
(주)케넬아이덴티티 CDO, 서울시
교육청시민감사관
한빛미디어갤러리 관장

홍윤기 조합원
진주고, 영남대, 고려대 대학원
졸업
전 삼성전자 IT솔루션디자인그룹
수석디자이너
달마사 기획홍보실장

창조경제, 정말 어려운가?

지은이 | 이명우 외
기획 편집 | 박성일
펴낸이 | 박영발
펴낸곳 | W미디어
등록| 제2005-000030호
1쇄 발행 | 2013년 12월 10일
주소 | 서울 양천구 목동 907 현대월드타워 1905호
전화 | 02-6678-0708
e-메일 | wmedia@naver.com

ISBN 978-89-91761-70-4   03320
값 15,000원